Jean Pierre Lehmann

ALERTA

AF175610

Jean Pierre Lehmann

ALERTA

Gedichte

Bibliografische Information der Deutschen
Nationalbibliothek:

Die Deutsche Nationalbibliothek verzeichnet diese
Publikation in der Deutschen Nationalbibliografie;
detaillierte bibliografische Daten sind im Internet über
www.dnb.de abrufbar.

Covergestaltung: Haideworks
Coverbild: Anne Nele Elsner
Klappentext: Miro Langenfeld
Korrektorat: Marieke Ahrens

Herstellung und Verlag: BoD – Books on Demand,
Norderstedt

ISBN: 978-3-7557-3979-1

Oma,
wem sonst als Dir.

Inhalt

11

Vorwort

Mancher „normaler" Mensch könnte meinen, er habe ein gutes Leben, das erfüllt von Wohlstand auf ein möglichst angenehmes Ende zurollt. Ein Leben ganz im Dienste des bestehenden Systems, in welches es hineingeboren wurde – ein System dessen Konstanz auf wiederkehrenden Krisen beruht – Krisen, die in ihrer Breite und Tiefe längst mehr als den Menschen mit ihrer scharfen Sense ergreifen. Vor der Tür steht ein Gerippe und es klopft mit seiner knochigen Hand kräftig an. Die fehlende Fähigkeit des Verhinderns eines Schicksals, das schon vor langer Zeit vorhergesehen wurde, charakterisiert unserer träges und schweres politisch-ökonomisches System.

Doch dies allein ist bei Weitem noch nicht das Schlimmste: das Fundament macht ein Bauwerk erst möglich. Das Fundament unseres Systems ist die Ausbeutung von allem, was sich ausbeuten lässt, weil es die Ausbeutung nicht bemerkt oder es sich der Ausbeutung gleichgültig und wissend hingibt. Aber beide Gründe – der Zement unseres Fundamentes – lassen sich mit Mühe und Passion beseitigen. Die Unwissenheit wird durch eine gleißende Welle der Aufklärung hinweggespült, bis nichts als Trümmer an den roten Strand gelangen. Die Gleichgültigkeit hingegen wird allein von ersterer Welle nicht erfasst, es ist eine zweite Welle der Überzeugung und Anregung nötig, die es mit *Sturm und Drang* vermag Gefühle der Gerechtigkeit in den Trägen zu erwecken.

Jene Gefühle verbunden mit dem strahlenden Wissen einer neuen Aufklärung soll das vorliegende Buch in seinen Leser*innen entfachen. Es möge der glimmende Funke für ein loderndes Feuer sein, das sich als rettende Walze zum blauen Horizont schiebt und den Himmel schließlich auf den Boden fallen lässt, dass wir unser Leben nicht mit dem stummen Warten auf den Tod verschwenden müssen. Der Tod ereilt uns gewiss, doch das *Leben danach* ist ein nichtiger Traum, der die Menschen von ihren versteckten Fesseln ablenken sollte – aber bald schon werden sie das klappernde Eisen entdecken! Bald schon wird das Eisen der Fesseln, Schwerter und Gewehre zu einer Glocke des Friedens geschmolzen, die ihren wohligen Klang wie Tau über das befreite Land der neuen Menschen legt.

Diesen Klang vermag ich mit Hebung und Senkung meiner Verse nicht mal im Ansatz zu erfassen. Dazu müsste ich den Klang schon selbst gehört haben …

J. Pierre Lehmann, Dessau, 9. März 2022

ENTEILTE ELEGIEN

LUXEMBURGER ELEGIEN

Präludium

Ihr nennt mich faul und ungestüm, obwohl
Ich täglich schufte für die eine Sache,
Die mir mein Leben ganz und gar bestimmt,
Denn ich bin Dichter. Ja! Ich bin ein Dichter,
Auch wenn das noch nicht alle sehen oder
Sehen wollen. Doch das wird mich gewiss
Am Schreiben und am Dichten niemals hindern.
Ich lebe, also schreib' ich und ich schreibe,
Dafür leb' ich! – Wie sonst sollt' ich mein Dasein
Auf dieser Welt erklären. Wie sonst die
Gehetzte Zeit auf unsrer Erde fristen?
Mir fällt nichts Bess'res ein, drum brenn' ich für
Das Schreiben. Brenn' mit glühend heißer Flamme,
So muss ich achtsam bleiben mich nicht zu
Verbrennen, wenn ich andre in das Feuer
Der Silben stecke, um sie zu beleuchten,
Sie zu betrachten im geweihten Schein
Von ihren eig'nen wahren Flammen. – Aber
Nun war ich unvorsichtig, brannte mir
Selbst ein das Zeichen meiner heißen Worte.
Jetzt muss ich für mich leiden und will gern
Mein Leid euch klagen in den Elegien,
Die ich in Luxemburg geschrieben habe,
Wo Größe sich mit Anmut leicht verbindet.
Trotz schlimmster Schmerzen bleibt mir Schreiben ganz
Gewiss und mit ihm bleib' auch ich der Welt
Für alle Zeit erhalten, denn wer schreibt,
Der bleibt (in seinen eig'nen Worten).

1. Nun lieg' ich hier und kann nicht mehr

Schnell ist mir mein Bett im Winter kalt geworden.
  Zu lang war ich fort, hatte viel zu tun.
Drum bin ich als Fremder in mein Haus gekommen.
  Alles stieß mich ab, ich fand keine Ruh;
Sollte in der Heimat Schmerzen nur empfinden.
  Doch ich hielt mich fest. Dacht' es wär' ein Traum,
Dass sich Worte bohr'n wie Eisen in die Adern
  Und ich zittern musst' - fror im warmen Raum.
Pflichten und Strukturen rangen mich zu Boden;
  Legten schwer sich auf meine zarte Brust.
Am Gewicht ich drohte quälend zu ersticken
  Wie ein Fisch an Land – Leben war Verlust.
Ich stand zwischen Toren und konnt' nicht mehr leben.
  Jeder Atemzug war ein Messerstich,
Der sich tiefer drängte in den steifen Körper,
  Dass die Freude flieht – lieber sieht sie dich.
Im Moment des Abschieds trat ich schwach ans Fenster.
  Noch ein letzter Schrei ging zu ihr hinaus;
Schallte voller Furcht in die gewonn'ne Leere,
  War noch einmal laut. Jetzt ist's still im Haus:
Ich lieg' hier am Boden, wartend auf das Echo,
  Das um Hilfe ruft … Aber es ist stumm.
So kann ich's nie hören, es bleibt mir verborgen –
  Ist wie ich zu schwach – unterm Minimum.
Jede weit're Stund', die ich vergebens warte,
  Sink' ich tiefer ein, schwinde ich dahin
In den sonst so harten unbewegten Boden.
  Fort! Ich will nicht mehr. Es hat keinen Sinn!
Wie der Sand im Stundenglas fließ' ich ins Weite,
  Aber bin nie frei. Alles schmerzt zu sehr.
Jeder Schritt, jedes Wort, jeder Kuss ist Leiden.
  In mir brodelt Zorn. Bald kann ich nicht mehr.

2. Flüchten heißt Siegen

Nur ein Weg scheint mir an diesen Tagen richtig.
  Dieser Weg ist gut – er ist immer frei.
Selbst wenn alle Stricke fester Ordnung reißen,
  Bleibt mir der Triumph und ich sag: *Bye, bye!*
Schwächelnd und gebrochen kehr' ich euch den Rücken.
  Stärker komme ich Heim zu euch zurück.
In der Ferne werden meine Wunden heilen:
  „Wo du Fremder bist, wächst für dich das Glück.
Lange blieb es dir umnachtet und verborgen,
  Nie hast du's geseh'n, denn es sucht dich nicht.
Du bist der, der sucht! Doch dazu musst du laufen
  In die Welt hinaus, sonst erlischt dein Licht …
Glück wird sicher nicht auf deine Ankunft warten –
  Lieber rennt's davon. Also auf zur Flucht!
Wenn du weißt, dass du verlierst, heißt Flüchten Siegen.
  Auf dem Weg der Flucht reift das Glück zur Frucht."

3. An Leo

Jetzt bin ich getrieben deinem Herzen ferner,
  Als ich's jemals war. Das ist für uns gut …
Sag ich mir zumindest und muss drüber lachen,
  Denn es ist nicht wahr. Liebe kostet Blut.
Und so wird mein Lachen schnell zu stillem Weinen,
  Das ich schweigend zu lang verbergen musst'.
Deshalb tanzte ich (dem Blick nach froh) im Regen;
  Tränen sahst du nicht oder den Verlust.
Ich will dich nicht quälen mit vergang'nen Leiden,
  Aber sie sind da, gehen woll'n sie nicht.
Nein! Sie werden immer größer, immer schwerer.
  Schwellen pochend an. Wo ist's Gleichgewicht?
Ich verlier's und stolper bis zuletzt ins Unglück;
  Ständig tiefer rein – kein Weg führt mehr raus.

Eine Frage sperrt mir selbst die letzte Straße:
  Wer legt sich zu dir? Wer betritt dein Haus?
Wer ist es, dem du verlangend und begierig
  Deine Liebe schenkst? Ich werd's niemals sein …
Die Gedanken kreisen dir um eine andre
  Seele, welche sich – ist's auch meine Pein –
Glücklich schätzen kann in deinem Arm zu liegen,
  Dir im Kopf zu sein und in jeder Nacht
Dich im Traum zu küssen und am Tag zu küssen
  Deinen vollen Mund – – – Oft hab ich gedacht,
Dies muss mein erhofftes Liebesschicksal werden,
  Doch ich hofft' zu sehr – Hoffnung wurde Zwang.
Aber Liebe lässt sich nun mal nicht erzwingen;
  Sie ist ungestüm, folgt des Herzens Drang.
Anders als die Silben kann ich sie nicht ordnen;
  Ungebunden bleibt Liebe selbst für mich.
Eines lässt mich dennoch auf die Zukunft hoffen:
  Ungebunden bleibt Liebe auch für dich.

4. Apollons Tod

Eines Nachts ging ich besuchen das Theater
  Und dort lief von Brecht ein bekanntes Stück,
Doch es wollt' mir nicht gefallen; zu oft spielten
  Sie's in ihrem Haus, drum ging ich zurück
Mit enttäuschtem Schritt durch fremde Straßen
                                                    heimwärts.
  Durch die ruh'nde Stadt führte mich mein Pfad.
Eng und finster lagen ihre alten Gassen
  Dicht gedrängt vor mir. Regen bot ein Bad,
Welches mich kühlend bis auf die Haut durchnässte,
  Dass ich zitternd-kalt meines Weges ging,
Der beleuchtet war durch warmes (aber schwaches)
  Licht aus jedem Haus, das die Nacht sich fing,

Wenn es kurz nur durch das Fenster sprang ... Da!

Plötzlich

Sprang gestochen ein Ding mit schwarzem Schal
Und mit schwarzem Mantel vor aus einer Gasse,
Die erfüllt war vom Wimmern schwerer Qual.
Leider konnt' ich die Gestalt im Lauf nicht sichten,
Denn sie war vermummt – es ging viel zu schnell.
Ich schlich in die Bucht dort zwischen Haus und

Häusern.

Dunkel war es nicht, Lorbeer brannte hell.
Neben diesem heißen Kranz da lag zerbrochen
Eine Leier mit blauem Blut beschmiert.
Um die Ecke klang es leis':

„Das Beste sollte
G'radeso gut sein, sonst ist Kunst fundiert –
Alles ihr entrissen, selbst der Schein von Anmut.
Doch es ist zu spät. Diesmal war's zu schlecht.
Auch das Beste war nicht gut genug. Geschieden
Ist die Kunst wie ich – wir sind nicht gerecht."

Als die Stimme schwieg, da trat ich still und leise
An den Leib heran – – – und dort lag: Apoll ...
Blutig ward' sein Haupt mit fester Hand zerschlagen.
Er bemerkt' mich nicht, denn sein Kopf, er schwoll.
Als ich dann für ihn um Hilfe rufen wollte,
Machte er mich stumm. Sprach mit düst'rem Wort:

„Licht wollt' ich in harte Tiefe eures Herzens
Senden, aber es strahlte doppelt fort.
Menschen mochten hohe Künste nie erfahren.
Sichtbar macht die Kunst, aber ihr seid blind.
Wollt nicht sehen jenes Sterben eurer Künste –
Wollt's nicht wissen, doch: Kunst ist euer Kind,

Das ihr auf die kalte Straße legt zum Sterben.
  Kunst ist der Triumph über Trägheit der
Menschen, aber diesmal siegte eure Trägheit,
  Die fest an euch klebt, fester noch als Teer.
Kunst will nicht mehr schön sein, muss sie auch nicht,
                                                  aber
  Wenn sie's nicht mehr kann, ist sie keine Kunst!"

Da verstummte sterbend unser Gott – ganz ohne,
  Dass es jemand wusst' – er verschwand wie Dunst.
Kurze Zeit stand ich vor seiner frischen Leiche;
  Starrte ihn fest an und er starrt' zurück.
Ich schloss seine toten gottverlass'nen Augen –
  Sehen braucht er nicht, finster ist sein Glück.
Finster so wie die vom Regen feuchten Gassen,
  In die ich floh, als der Lorbeerkranz
Flackernd still erlosch. Ich ließ den Gott alleine –
  Feige ist der Mensch, ihm fehlt die Substanz.
Lieber ließ ich ihn vom eisig-kalten Regen
  Säubern, dass er rein, ohne Blut am Haupt
(Ohne Mordverdacht) gefunden werden konnte.
  Niemand kannte ihn – Lorbeer'n war'n entlaubt.
Noch bis heute schwieg ich über die Begegnung,
  Denn ich sah zu viel; hielt den Täter nicht.
Wurd' ihm zum Komplizen – ließ Apollon liegen:
  Der Prozess beginnt. Kunst zieht vor's Gericht.
Ich muss jetzt für meine eig'ne Trägheit büßen,
  Denn mein Bestes war niemals gut genug.
Künste klagen ein das Schönsein nicht zu können – – –
  Und sie kriegen Recht, drum wird Kunst Betrug.

5. Im Grund

Das betäubte Licht des Mondes senkt sich nieder
  Durch das dichte Grau, das den Himmel deckt.

Schläfrig ziehen schwere Wolken, lassen blicken
  Auf den bleichen Freund, wenn ein Riss sich streckt,
Aufgetan vom seichten Wehen kühler Winde.
  Wässrig wiegt die Luft, weil der Niesel sprüht,
Tanzt im Strom und legt sich langsam auf die Dächer,
  Deren Schiefer durch Wind und Wasser glüht:
All die Lichter der Nacht spiegeln auf den schwarzen
  Köpfen dieser Stadt wie ein wirrer Traum,
Der sich in sich selbst verliert und doch bewahret.
  Ich zieh' meinen Weg unter kahlem Baum,
Denn ich find' nicht einen wirren Traum zum Schlafen
  Und du ziehst mich an – meine Zeit zieht fort.
Einsam lauf ich durch die engen kalten Gassen –
  Schweigend klingt kein Ton, ruhend spricht kein Wort.
Gerne würd' ich meine Verse an die Wände
  Schreiben, aber in meiner Tasche ist
Nichts als Kreide, die im Nieselregen schwindet.
  Schnell verläuft das Wort, schon verstreicht die Frist.
Du wirst meine bleiche Botschaft niemals lesen;
  Leicht schwimmt sie davon, eh' du bei mir bist.
Sprechen kann ich und bin trotzdem stumm, denn ohne
  Schrift ist nichts gesagt – später wird es trist.
Finsternis greift mahnend um sich in der Ecke,
  Wo ein Spiegel steht: „Du bist ziemlich blass."
In den dunklen Höfen starren tausend Augen
  Mich von hinten an – voll von Gier und Hass.
Selbst schau ich nach oben zu den hohen Zinnen,
  Wo die Häuser steh'n, sicher Stein auf Stein.
Ihre Lampen leuchten warm zu mir hinunter;
  Wärmen fast mein Herz, das bild' ich mir ein.
Viel zu weit sind sie dort oben, ich bin unten,
  Sitz' im tiefen Tal. Unerreichbar bleibt
Dein vertrautes Haus dort oben auf den Felsen …
  Ich bin hier im Grund, der mich einverleibt.

6. Bronzeschall

Unser Saal ist voll und leer stehen die Köpfe.
   Alle schreien wild, aber keiner spricht.
Menschgemachte Stimmen schwirren durcheinander
   Münden laut ins Meer, wo die Welle bricht,
Welche Hoffnung uns mit ihrem Schwung verkündet.
   Leider ist sie fort – abgeflacht ihr Sinn.
Keiner hört vor Taubheit all die andern sprechen;
   Jeder hört sich selbst: „Weiß ich wer ich bin?"
Nur die eig'ne Stimme klingt wie Engelszungen,
   In den fremden schallt dumpf des Teufels Ton.
Schleichend werd' ich krank, die schrillen Stimmen

                             dringen
   Tief in meinen Kopf – EINE INVASION!!!
Ständig will ich meine eig'nen Worte finden,
   Sie allein sind wahr – vom Herz ausgefragt.
Aber in mir drin find' ich nur die Fremden. Alles,
   Was ich sagen kann, wurde längst gesagt.
Dennoch schweig' ich nie, Worte könn'n sich

                        wiederholen.
   Wahnsinn ist, stets den gleichen Weg zu geh'n
Und dabei auf ein and'res Ziel als sonst zu hoffen.
   „Wahnsinnig zu geh'n – besser noch als Steh'n!"
Alle Diskussionen enden ohne Urteil.
   Jeder Streit keilt sich in der Sehnsucht fest.
In Gesprächen ist es die Moral, die Menschen
   Über Politik niemals streiten lässt.
Drum wird niemand richtig liegen. Alle werden
   Lauter. Keiner schweigt. Keiner … Außer mir.
Jeder schreit und will befreit sein Recht bekommen.
   Aus den Worten wird (ROT) ein wilder Stier!
Meine Ohren fangen an in Blut zu baden.
   Sie sind überfüllt – brechend quillt's hinaus.
Plötzlich setzt die schwere Masse an zu schwingen,
   Dass der Turm erbebt. Zorn und Furcht woll'n raus,

Bis sie sich in einem ersten Schlag entladen,
    Der so dröhnend schallt, bis ins Mark uns dringt.
Schmetternd jagt der Klang wie Donner durch die Lüfte.
    Ängstlich schweigt der Mensch. Bloß die Bronze singt.
Das ist unsrer Ehrfurcht Wiege, die im Turme
    Wuchtig schlägt und tönt. Wenn die Glocke spricht,
Gibt es nichts zu sagen. Ihre Würde blendet.
    Wär' es nur nicht Gott, der das Schreien bricht …

7. Der blutige Triton

Wo sich Erde und Gestirne fast vereinen
    Und die Türme wie Nadeln in das Grau
Des verdeckten Himmels stechen, wo der Nebel
    Tropfen hinterlässt und ich ins Trübe schau,
Wähnte ich mich sicher vor ihm. Alle Meere
    Schlugen hörbar fern an den gleichen Strand.
Niemals könnte er mich zwischen Bergen finden.
    Wasser hält ihn fest. Luft schließt sich zur Wand.
Doch im tiefsten Innern spür' ich seine Nähe.
    Pochend schlägt sie an mein gekränktes Herz.
Kräftig, aber mit Maß, strömt sie durch die Adern;
    Gießt sich in das Fleisch, mündet in den Schmerz.
Jeder Teil des Körpers scheint von ihm durchdrungen.
    Jede Vene schwillt, bläht sich mahnend auf.
Alle Bahnen des Blutes drohen zu bersten –
    Lebend staut sich der Saft in seinem Lauf.
Ständig pumpt das Zentrum, bis ich endlich merke,
    Dass das rote Meer seine Heimat ist.
Plötzlich, schmerzhaft bricht mir die Frequenz. Leicht
                                              stechend
    Bahnt er sich den Weg. Meine Sicht wird trist:
Schwarze Punkte legen sich auf meine Augen;
    Fügen sich ins Bild – nehmen's langsam ein.

Eisern bohrt der Dreizack aus dem warmen Innern.
  Spreizt mit Hass die Haut, dass erst schwächlich klein,
Dann befeuert groß das Blut in roten Strömen
  Seine Quelle mit müdem Geist verlässt.
Es verteilt sich dampfend auf dem kalten Boden.
  Aus der Lache steigt von Verstand durchnässt
Triton. Ernst und Lieblichkeit finden zusammen,
  Wenn die Schuppen mit meinem Blut bedeckt
Auf dem Silberschweif des rauen Gottes schimmern.
  Ich bin es, der dem Gott das Blut ableckt.
Meine Angst hab ich im Angesicht gestanden.
  Aber jeder Zug mit der Zunge brennt.
Mutig ist's nicht, seine Feigheit zu gestehen.
  Mutig ist, wer sich einen Staatsfeind nennt.

8. Melusina

Trunken vom Verschlafen zieh' ich meine Straße.
  Mate bändigt der Schlaf und den Verstand.
Zitternd bleib ich auf der alten Brücke stehen.
  Mehr schwach als mit Kraft leg ich meine Hand
Und dann meinen Körper auf die feucht bemooste
  Mauer. Wasser quillt aus dem Polster, zieht
Kühlend durch die Kleidung bis auf die entblößte
  Winterbleiche Haut, welche niemand sieht.
Schweigend blick ich in den Fluss, der immer anders
  Bleibt. So oft ich ihn sehe, nie betracht'
Ich in ihm das gleiche Wasser, nur die Häuser,
  Die sich spiegeln, sind gleich bei Tag und Nacht.
Freundlich-grüßend (innen tief verwundert) schauen
  Sie den Fremden an. Ich versuche scheu
Einen Weg zu finden, doch betrübter falle
  Ich auf's Moos zurück – bin mir selbst nicht treu.
Wo ist meine Jugend hin? … Sie wäre schöner,
  Käme sie erst spät. Jetzt fehlt mir der Blick

Sie zu schätzen. Ich verschwende sie gezwungen
  Mit dem, was ihr wollt – bin kein Bolschewik.
Glück ist nur ein Privileg, das jedes Wesen
  Hat, doch es wird ihm eingenommen von
Andern. Wer hat also mir mein Glück genommen?
  Ist's im trüben Fluss? Ruht im Pantheon?
Ich versuch's im wilden Treiben grauer Fluten
  Zu erkennen, doch Wühlen bleibt mein Fund.
Aber da! Verschüchtert schwimmt ein leiser Schatten
  Im Verquell. „Mein Glück im getrübten Strom!?"
Leider will es sich zu dieser Zeit nicht zeigen.
  Einsam steh' ich da, möcht' schon wieder geh'n.
Überraschend taucht in ihrer reinsten Schönheit
  Die Ersehnte auf. Wer mag sie versteh'n?
Purpur schwebt die zarte Masse durch die Alzig,
  Formt sich mit dem Fluss, tanzt in seinem Schutz.
Zögernd, aber wissend zeigt sie sich als Nymphe,
  Welche ungewollt glüht in all dem Schmutz.
Ihr von Blumen bunt geschmücktes Haar wiegt

scheinbar

  Frei und schwerelos im beschränkten Raum
Wie von Gold besetzte Schlangen. Für Sekunden
  Sind wir durch ein Band (oder einen Traum?)
Unsrer Blicke miteinander fest verbunden.
  Kurz, bloß im Moment spüre ich das Glück.
Wir zwei sehen uns tief in die blauen Augen,
  Sehen weit das Meer, sie will schon zurück.
Noch bevor wir uns verloren, rief sie flüsternd
  Aus der Ferne in mein verkanntes Ohr:
„Du! Vertrau den Menschen, die du liebst von Herzen,
  Sonst verlierst du sie! Siegfried war ein Tor …"

9. Das Kaffeehaus

Peitschend schlägt der nasse Sturm mit seinen Geißeln;
 Drückt mich schnell hinein in das Kaffeehaus.
Ich find' meinen Platz auf Polstern und auf Kissen,
 Drinnen liegt der Duft von Gebäck und Maus,
Die des Nachts sich nährt am Rest verfall'ner Ware.
 Kaffee deckt geschwärzt den bewehrten Lohn.
Scheint es auch gewollt, reiht alles sich zusammen:
 Aus der *Kolonie* in die Produktion.
Braunes Gold fährt halb um unsre blaue Erde …
 Nur für den Genuss! Nur für schwarze Sucht!
Alles kommt frei!! Fallen die moralisch Festen,
 Fallen sie sehr tief und mit großer Wucht,
Denn sie wollten Gutes und sie lagen richtig.
 Größenwahn macht stark, doch er wiegt zu viel.
Wer sich seiner Last bedient, muss letztlich stolpern
 Und kommt nur mit Kraft zum erhofften Ziel,
Auch nur wenn der Geist der andern hat verschlafen.
 Doch wer sind schon DIE andern und wer ICH?
Die, die ich verstöre langweil'n mich zu Tode –
 Sie sind nicht extrem, seh'n mein Wort als Stich.
Aber jene, die ich langweil' durch mein Leben,
 Die sind int'ressant, aber scheinbar scheu.
Jedes Mal, wenn sich die Türen eilig öffnen,
 Hoffe ich, was kommt, ist mir völlig neu.
Doch mein Blick geht schnell zurück zur grünen Flasche,
 Denn die kalte Luft ist mir wohl bekannt.
Die Gelegenheit ist Mutter unsrer Liebe!
 Schöner ist das, was Menschen nie benannt …

10. Über Leo

DIE REVOLUTION, sie lässt uns alle warten,
Während wir vergebens in die Zukunft sehen,
Die für uns nichts als den Tod bewahrt.

Menschen nehmen ihre Welt meist, wie sie ist
Und nicht, wie sie seien könnte. Schließt die Augen.
Lebt in eurer scheinbar schönen guten Welt,
Bis die Macht und Kraft der kämpfend-armen Masse
Euch erweckt aus eurem Schlafe der Vernunft,
Der euch lange vom Kapitalismus träumen ließ.
Letztlich werdet ihr's bereuen freie Menschen
Durch die Fesseln der Arbeit geknechtet zu
Haben, auch wenn es scheint, dass die Ketten halten.
Eisen lässt sich leider nur mit Feuer brechen –
Kampf, Gewalt und Herrschaft sind nie richtig, aber
Nötig, leiten sie zum gutgemeinten Ziel.
Doch der Weg zum Ziel wird erst dann angetreten,
Wenn das scharfe Leid die Löhne überwiegt.
In der Fremde scheint's erträglicher zu sein,
Aber nur weil alles neu und oberflächlich
Vor zwei Augen aus bekannter Ferne liegt.
Sie erkennen kein Problem im Schmuck der Häuser.
Die Fassaden decken nur das Gröbste ab.
Bald schon wird die reich verzierte Maske fallen
Auf den kalten schmutz'gen Boden voller Lügen.
Lieber flüchte ich nach Hause, wo das Echte –
Also Schlechte – längst in mir verankert ist
Und nicht nochmals seine Wurzeln schlagen muss
In den grau gerührten Brei des trüben Hirns.
Wo die Masken fielen, fallen keine mehr.
Leise surrt die Oberleitung über'm Gleis,
Mischt sich in das wirre Bahnhofstreiben ein.
Ein Geflüster zieht durch die Luft am Bahnsteig –
Angefüllt mit Strom … elektrisch überladen.
Diese Leitung führt in einem Strang nach Hause.
Dort, wo du mit leichtem Geist nicht auf mich wartest.
Deine Stimme zieht durch hochgelad'ne Drähte,
Die mein Herz zum Stehen bringen würden, wenn
Ich mit meiner Hand die bloße Haut berühre.

Ähnlich stand mein Herz in deiner stumpfen Nähe.
Leo! Wer bin ich? Und wer bist du? Wenn meine
Liebe an die deine niemals reichen sollte.
Aber ich bin mir genug – du selbst wohl nicht …
Denn woran sonst sollte unsre Liebe scheitern?
Mit gestellter Maske sagt' ich dir, es tut
Stumme Kälte deines Herzens mir nicht weh.
Doch das sagte ich nur, um dich zu bewahren
Vor alldem, was ich mir nicht ersparen konnte.
Jugend bringt uns keine Spinnerei'n hervor,
Sondern schafft Vertrauen in das [schöne] Leben.
Leichtsinn mag's die eine oder andre nennen,
Aber was ist besser als der leichte Weg
Des gewissen Scheiterns in der Welt, die scheitert … ?
   Wie gebroch'ne Knochen, die auf einer Treppe
   Jede harte Stufe dreimal runterfallen.

Postludium

Ich sehe fern das Kupfer und den Schiefer
Durch regennasse Scheiben leise blitzen,
Bevor das Schwarz des Tunnels unsre Wege
Zunächst in *Deutsch* und *Luxemburgisch* trennt,
Bis ich bald wiederkehre zu vereinen
In Versen, die sich beiden gleichsam widmen.
Die Welt ist klein und doch unendlich groß!
Wo ich steh, dort entdeck' ich etwas Neues.
Wo ich geh, ist mir alles schon bekannt,
Was ich mit meinem Wissen fassen kann.
Zwar bin ich flüchtig wie der Dampf im Ofen,
Doch meine Verse bleiben ewig stehen
Und diese zwölf Gedichte jüngster Zeiten,
Sie mögen hier in Luxemburg verweilen
Und meinen Namen in die Mauern schlagen.

Der Dichter kann nicht jede Stadt bereisen,
Doch wo er war, da wird er immer bleiben.

Wischt ihr mich fort,
Ritz ich mich ein –
Groß ist mein Wort
Und euer's klein!

Dunst und Dürre

Viel zu stark strahlet die Sonne auf unsern
                              ungeschützten Boden,
   Zehret ihm wichtige Kraft, welche das Leben so
                              braucht,
Um auf den trostlosen Weiten der Erde gedeihen zu
                              können.
   Jene bekannte Substanz – häufig ist sie, wie gesucht –
Dunstet dahin in den blauen, unendlich geweiteten
                              Himmel,
   Ist so entrissen der Welt, welche nun ohne sie ringt;
Ist für uns Menschen allein schon verloren durch jenes
                              Verdunsten,
   Welches das Wasser entzieht hoch zu den Göttern
                              hinauf.
Demnach entflieht gar der letztere Tropfen des
                              kühlenden Regens
   Aus der gebeutelten Hand jenes so irdischen Seins,
Das wohl ganz ohne die gütigen Kräfte des heilenden
                              Wassers
   Für sich bestehen nicht kann – es fehlt am wichtigsten
                              Gut.
Doch kann geleugnet nicht werden: das Leben selbst
                              muss Schuld auch tragen;
   Wohl ganz besonders der Mensch, der Verantwortung
                              trägt
Für die so schrecklichen Folgen von seiner bestehenden
                              Weise.
   Leider sind es nicht nur wir, welche die Rache jetzt
                              trifft.
Dürre fasst Fuß in gemäßigter Breite, die nimmer sie
                              kannte
   Und nun sie bändigen muss – aber gelingen tut nichts.

Wie wird es lange noch dauern, bis endliche Speicher
sich leeren,
Bis es uns Menschen gar fehlt, dieses so kraftvolle
Nass?
Ja! Denn uns fehlen die Wolken mit Regen im innersten
Körper.
Doch selbst, wenn Regen sich zeigt, schwindet er, so
schnell er kam,
Weil kaum erträgliche Hitze ihn brennt zu so flüchtigen
Dämpfen,
Welche entfliegen, für uns gar nicht zu fassen, ins Weit
Des so heiß schwelenden Äthers, der deutlich gleichet
dem Inferno.

Was soll so bloß noch besteh'n?
Alles muss letztlich
vergeh'n.

Keine Gewalt der Natur wird die Menschen vor Sühne
verschonen,
Keine so mächtige Kraft kann für Erlösung je sein;

Wie Dunst wir werden auch letztlich in höllischer Dürre
vergehen;
Uns trifft das höchste Gericht – keiner bestechen es
kann.
Ja, bald wir müssen für unsere Taten Verantwortung
tragen,
Finden wird sich kein Versteck vor der geballten
Macht.
Nichts wird davor uns bewahren, dem Ende entgegen
zu blicken!
So lasst die Augen noch auf – bald sind geschlossen sie
nur …

Im Meer der Schreie

Unsere Schreie verhallen in solchen gegrauten Weiten,
  Dass kein anderer Mensch diese je wahrnehmen kann.
Und selbst es nähme jemand entgegen unsere Klagen:
  Hätten sie denn je ein Recht, dass man beachten sie
                                                soll?
Immerhin hat jeder seine eigenen Klagen,
  Jeder schreit sie hinaus, jeder wird niemals gehört.
Gibt es da eine Hoffnung von andern gerettet zu
                                              werden,
  Wenn in noch tieferer Not Menschen sich ringen ums
                                              Glück?
Kann man aus dieser Masse von wehlichen Klagen
                                      entkommen,
  Sich befreien daraus oder auf ewig darin
Als Gefangener eigenen Lebens zum Ende sich
                                    schleppen?
  Es gibt wohl keinen Weg, der beim Entkommen uns
                                            hilft.
Alle Wege führen uns bloß in weitere Qualen,
  Welche zumindest uns nicht völlig Bekannte schon
                                            sind,
Denn sonst würde das Leben gar öde und langweilig
                                        werden –
  Ja, man könnte vielleicht seine erhaltene Qual
Durch die lebenslange Folter erträglicher finden.
  Dies kann jene Macht, die Existenz uns erschuf,
Wohl kaum für schicklich erachten, weil so sich
                                bewegen nichts würde –
  Nur allein durch den Druck, welcher steht hinter dem
                                          Schmerz,
Werden gedrängt wir zum Schaffen von größeren,
                                schöneren Dingen.
  Es ist aus dieser Sicht deutlich zu erkennen, dass

Alles Schöne dieser Welt – all die prachtvollen Werke
Nichts als Produkte von teuflischen Zwängen ganz
sind.
Aber das wäre noch zu ertragen, wenn wir es nicht
wüssten.
Leider ist es uns bewusst – wir führ'n vor unser
Gesicht

Jene Sinnlosigkeit des eigenen weiteren Lebens.
Jeder weitere Tag zieht uns nur tiefer ins Meer –
Und zwar ins Meer der klagenden Schreie, die letztlich
verkünden
Den unausweichlichen Tod eigenen sinnlosen Seins.

ELEGIEN DES VERLORENEN SOHNES

I.

Was ist das Schlimmste in unseren einfachen
                             menschlichen Welten?
  Alle wir haben es – kennen's und nennen's die Gier.
Diese treibt uns Menschen, bis wir uns gar bekämpfen;
  Treibt uns in den Krieg, aber wir lassen es zu.
Jene Gewalten schaden den allermeisten der Menschen.
  Nützen tun sie dem, welcher bekommt ganz die Welt.
Aber das betrifft auch nur die unlöblichen Dreisten;
  Ihnen geht's um eins – um das geschundene Geld.
Nicht nur Menschen kommen so zu schrecklichem
                             Schaden,
  Eine leidet mit – es ist die reine Natur;
Schlechtes muss sie viel von uns allein schon ertragen.
  Wie lang lebt sie noch – naht schon der tödliche
                             Schwur?
Gerne würde ich etwas zu ihrer Rettung versuchen,
  Doch es hilft wohl nichts, denn ich bin ziemlich allein;
Hab auch nur ein Leben, mehr kann ich ihr nicht geben;
  Reichen wird es nicht, aber mir hilft hier kein Schwein.
Um die wichtigste Rettung ganz allein sicher zu schaffen
  Müsst ich ein Gott schon sein, welcher die Kräfte
                             besitzt
Jene Menschen am unausweichlichen Scheitern zu
                             hindern.
  Doch das wird niemals gescheh'n, vorher werd ich
                             wohl vergeh'n.

II.

Ich kann mir den Tod als Sache gar nicht denken
  Oder den Prozess, der zum Ende führt

Und uns nimm die Zeit auf dieser schönen Erde,
  Wenn das Dunkle kommt oder ist es hell?
Bringt uns Menschen diese letzte Reise Schmerzen
  Oder bringt es Glück – öffnet neue Welt?
Nur die Toten werden jenes Wissen haben;
  Kennen werd ich's nicht, bis ich selber tot.
Leider wird es niemand dann von mir erfahren,
  Denn es ist vorbei, sprechen tu ich nicht.
Ruhe findet so das lange kurze Leben,
  Es verliert die Zeit, stehen sie wohl bleibt.
Wer entscheidet mir: „Die Zeit ist abgelaufen,
  Komm und sterbe nun, du kannst lange ruh'n"?
Steht dort jemand über all den vielen Menschen,
  Der uns kontrolliert, wie ein Lebensgeist,
Wie ein Gott von aller Welten Ding und Wesen?
  Ist es wirklich Gott, der uns Ende gibt?
Nein! Sag ich, das wär' zu einfach für die Weite
  Unsrer ganzen Welt – sie ist kompliziert.
Nichts, das sei, ist einfach zu verstehen;
  Gott ist bloß erdacht für die Einfachheit.
Doch ist es kein totes Wesen, es tut leben:
  Wir sind alle Gott – Gott ist die Natur,
Ist sich selber Diener, völlig unterworfen,
  Für den eignen Schutz – ja, das sei der Zweck.

III.

Es ist sicher keine von den leichten Sachen,
  Arm und schwach zu sein, ohne viel vom Geld,
Aber einfach ist's auch nicht, das Geld zu haben,
  Was doch jeder will, für das eigne Gut.
Gierig musst du sein, um deinen Stand zu halten;
  Alle neiden sie – neiden stark dein Geld.
Gier wird schließlich wieder aus dem fremden
  Neiden; Geld, das trachtet man – will es für sich selbst.

Arme kriegen Neid in sich auf's Geld der Reichen;
  Werden selber reich, wenn sie haben Glück:
Arme werden Reiche, Reiche werden Arme,
  So entsteht ein Kreis von der Gier zum Geld.
Dieser Kreis wird niemals selbst ein Ende finden,
  Bis das Geld verbraucht oder unsre Welt.
Dreimal könnt ihr raten, was wird eh'r passieren,
  Das ist gar nicht schwer, aber es ist schlecht.

IV.

Endlich mag ich mich befreien aus den Händen der
                                        Zwänge,
  Welche den Griff schon zu lang und viel zu gefestigt
                                        an
Meinen so zarten und freien Hals hart angelegt hatten,
  Dass mir die ganze Luft, um selbst zu atmen tief fehlt.
Ständig mussten mir andere beim sonst Einfachsten
                                        helfen.
  Fragen tat ich sie nicht, letztlich kamen sie doch.
Aber sie waren keine Hilfe, sondern sie schränkten
  Mich selbst dadurch bloß ein – zwangen mir
                                        Scheußliches auf.
Nie konnt' ich Entscheidungen für mich selber frei
                                        treffen –
  Immer bedrang mich ein Zwang, immer da hielt er
                                        mich auf.
Ständig und überall wurd' ich gezwungen von garstigen
                                        Kräften.
  Doch nun sei endlich Schluss – nicht mehr lang, dann
                                        bin ich frei.
Alle Zwänge soll'n sich von meiner Seele bald lösen
  Und für alle Zeit ohne die Seele vergeh'n.

Lediglich einer von ihnen muss jetzt dazu noch
                                    verschwinden;
  Wenn erst dieser gebannt, sind auch die anderen fort.
Ja, denn einer steht über allen – der König der Zwänge:
  Dieser kommt zuerst und geht gewiss auch zuletzt.
Kannst dich in deinem Leben von sämtlichen Zwängen
                                    erlösen;
  Und er zwingt dich doch, ohne ihn kannst du nie sein.
Lebendig wirst du ihm nicht weichen, denn er ist das
                                    Leben!
  Es ist dein größter Fluch – bloß durch eins wirst du
                                    frei:
Nur durch den Tod, er ist der einzige Weg in die
                                    Freiheit!
  Diesen werde ich geh'n. Dieser Weg führt mich heraus.
Denn warum sollt ich mein Leben lang scheiternd
                                    versuchen,
  Alle Zwänge zu lösen, wenn einer stets bleibt?
Da werd ich gut daran tun mir diesen einen zu bannen,
  Dass mit jenem auch die weiteren Zwänge vergeh'n
Und ich den Göttern gleich – weder tot, noch lebend –
                                    entschwinde
  In die bessere Welt, welche von Zwängen befreit.

V.

Es ist vorbei. Ja, vorbei für immer – ich bin gescheitert.
  Habe verloren den Kampf. Jenen Kampf gegen mich
                                    selbst,
In den ich sämtliche Kräfte meines Lebens doch steckte;
  Angetrieben vom Zorn, der mich im Tiefsten
                                    durchdrang.
Aber es sollte nichts nützen, von Anfang an war ich
                                    verloren.
  Mir war mein Lorbeerkranz schon längst verwelkt,

noch bevor

Ich ihn umfassen konnte mit meinem sieglosen Händen;
  Wie will ich selbst vergeh'n, so wie mein eig'ner
                                                    Triumph!
Mir selbst wäre das Scheitern noch erträglich gewesen,
  Wenn mir des Sieges Kranz erst in der eigenen Hand,
Durch des Träger Schuld, zu Staub zerfallen ganz wäre.
  Aber so kam es nicht. Mich traf noch tieferes Leid,
Welches in meine Seele auf qualvollste Weise gelangte,
  Dass mich mein Geist verließ, ich zum Schizophrenen
                                                    wurd'.
Selbst der Tod ist mir ein verwehrter Ausweg geblieben
  Und nun sitze ich hier, scheiternd an der Existenz,
Die wohl auf ewig kontrolliert wird von äußeren
                                                    Zwängen,
  Deren Knecht ich bin, weil sie zu Mächtige sind.
Aber soll mir dieses Scheitern mein Dasein bestimmen
  Oder soll ich es mir selbst verwandeln zum Sieg?

Kann ich denn wie ein Phönix aus der schwelenden
                                                    Asche
  Frisch mich erheben bis zum gleißenden Licht des
                                                    Olymp?
Kann ich die Saat der Niederlage auf das Feld säen
  Und es würden dort Lorbeeren prächtig erblüh'n?

Kann ich mein seelisches Inferno in elysisches Wasser
  Tauchen, dass dieses so höllische Feuer erlischt?
Jene Antworten gibt mir keiner – ich muss sie selbst
                                                    finden;
  Suchen in meiner Not, denn bloß sie führen heraus.

LUX

Über uns, da liegen schweigend graue Wolken.
  Alles drückt so schwer unter ihrer Last,
Wenn sie mächtig dicht den hellen Schein verdecken
  Und als Nebel dann werden unser Gast.
Was ist mir die Welt so trübe? Was ist alles
  Flüchtig und verhüllt? Nichts scheint fest zu sein;
Jedes Wesen, jedes Ding verschwimmt im Treiben
  Des verhassten Grau. Alles ist nur Schein!
Wahrheit und Erkenntnis bleiben mir verborgen,
  Denn das weise Licht kommt nie durch die Wand
Über meinem Himmel. Und selbst wenn es strahlet
  Schwach durch ihn hindurch, ist nichts anerkannt –
Es liegt leicht ein Wasserschleier über allem,
  Was ich sehen kann. Niemals ist es wahr!
Lichter werden so gebrochen und gespiegelt,
  Dass sie Fremde sind: unscharf und nicht klar.
Bilder sind Verzerrte… Bilder sind bloß Lügen,
  Die mich täuschen soll'n, doch ich bin nicht blind:
Schluss mit all dem Schwindel! Schluss mit dieser
                                        Täuschung!
  Nebel muss hier weg – fort weht ihn der Wind …
Licht kann jetzt mit allen Kräften weisend scheinen
  Auf die Welt hinab, so mag ich sie seh'n.
Gleißend strömt der Äther zu den Menschen nieder;
  Teilchen, Welle, Strahl – ich kann es versteh'n!
Was hier wirklich ist, zeigt sich jetzt meinen Augen.
  Was verborgen lag, ist nun endlich frei –
Frei, um von mir unverfälscht geschaut zu werden,
  Aber, was ich seh' – so laut ist kein Schrei.
Grässlich, grausam ist die wahre Welt der Menschen,
  Die das Licht bestrahlt. Bleib mir lieber fern
Du geballter LUX, der mir die Wahrheit zeigte.
  Ich ertrag sie nicht – Lügen seh' ich gern.

Wolken, Nebel kommt alsbald zurück! Verspiegelt
  Meine schlimme Welt, deckt sie wieder zu.
Echte Wahrheit kann und will ich nie ertragen.
  Ohne silbern Licht hab ich meine Ruh.

Was bleibt?

Meine Stadt schwindet dahin in meinen Zeiten.
  Sie verflüchtigt sich, alles zieht hinfort.
Will denn niemand diese Stadt mit Kraft begleiten?
  Keiner ist's der bleibt. Keiner hört mein Wort:
Was ist das Ziel längst vergess'ner Ideale?
  Was will dieser Ort? Was ist es, das bleibt?
Es ist wirklich nichts als alter Leut' Randale –
  Nichts als leere Zeit, in der niemand schreibt …
Bröckelnd, trauernd und verschwiegen steh'n Fassaden
  Dicht an dicht gedrängt, dennoch mit Distanz,
Die sich füllt mit unfreundlichen Eskapaden –
  Alles ist und bleibt verlor'ner Tanz,
Denn solang die meisten von uns alternd schweigen,
  Bleibt es, wie es ist. Bleibt es, wie es war.
Die Veränderung war vielen hier nie eigen.
  Fehlt Entschlossenheit, fehlt es ganz und gar.
Ohne Änderung, da sterben unsre Straßen.
  Alles geht davon, kommen tut die Not.
Was wir schätzen, ist was wir vergaßen.
  Was bleibt uns zum Schluss? Letztlich bleibt der Tod.

Die Schulelegie

Ein schon längst vergessener Geist schleicht des Nachts
auf den Fluren
Dieser Schule umher; möchte mit seinem Geschrei
Die verlorenen Schafe der Bildung wieder bekehren.
Doch sie hören ihn nicht – mit der Zeit wurden sie
taub
Und verloren das Gespür für Fortschritt und Wandel –
Halten das für recht, was schon jahrzehntelang gilt;
Sehen keinen Grund darin die Dinge zu ändern:
Es bleibt, wie es ist, denn sie verändern es nicht
Und sie lassen auch keine Veränderung zu, dass die
Mühle
Sich unaufhörlich dreht, gänzlich getrieben von den
Tränen der Schüler*innen, die sich selber nicht wehren.
Ach, wie sollten sie's auch? Gegen die schreckliche
Macht
Konnte nicht einmal die humanste Bildung gewinnen.
Dieser teuflische Kreis, den mensch als Schule
beschimpft,
Widerstand leider allen, die ihn zu formen versuchten.
Er bleibt fest, wie er war – hält uns in seiner Gewalt.

Die Kälte des Herzens

In der klaren Abendluft liegt feucht die Kälte,
  Welche wimmernd durch Stadt und Straßen zieht
Auf der Suche nach ein wenig warmer Nähe.
  Aber alles an echtem Leben flieht
Vor dem Stechen und dem Drängen des Gefrierens.
  Bloß die Dünste aus Spalt und Schlitz der Stadt
Tanzen freudig zuckend im Gestad' des Frostes,
  Weil es keiner ist, der sie in sich hat.
Beiden fehlt der Geist und Körper, um zu fühlen,
  Was die Kälte nimmt; was sie tückisch greift.
Doch ich weiß sehr wohl, was sie mir hat genommen:
  Als ich lange stand, da bin ich versteift
Und im Innern selber frierend kalt geworden.
  Kälte nimmt kein Leib. Kälte nimmt das Herz.
Meines nahm sie in nur einer dunklen Stunde –
  Nun: ich weiß nicht wie… Spüre noch den Schmerz.
Aber ich bin Schuld an meiner quälend Lage.
  Liebe flog davon, ich gab sie auch fort.
In der Nacht mocht' sie allein den Weg nie finden:
  Ich ließ ja frei … Leise war dein Wort,
Dass sie konnt's nicht hören in den stillen Nächten.
  Sie fand nie zu dir – du auch nie zu mir.
Alle diese falsche Liebe musst erfrieren;
  Nirgends fand sie Heim – Kälte fand sie hier.

Gelöste Tränen

Leise schlägt der Regen gegen meine Fenster.
  Dunkel ist der Tag, aber hell die Nacht;
Mich lockt es nach draußen, trotz der kalten Nässe,
  Denn es kommt die Zeit für die späte Wacht.
Los jetzt! In den Regen, auf die leeren Straßen.
  Fragt mich nicht wieso. Es steht für mich fest.
Eine Kraft zwingt mich das Wasser zu genießen.
  Diese Kraft ist's auch, die mich weinen lässt.
Zwischen all den Tropfen fallen meine Tränen
  Unbemerkt hinab auf den nassen Weg.
Sie sind nicht allein, sie mischen sich mit Wasser,
  Das vom Himmel fällt. Wenn ich mich beweg',
Kann mich niemand sehen. Wasser kommt zu Wasser.
  Doch mein Wasser ist, das muss ich gesteh'n,
Salzig und verdorben durch die vielen Zwänge,
  Welche mir Lust und Liebe schnell verweh'n.
Aber all das Salz der Tränen wird sich lösen
  In dem süßen Nass. Niemand merkt die Not
Und auch ich kann sie für kurze Zeit vergessen,
  Bis ich trocken bin und mein Leben tot.

Öffne die Tore!

Die kalten Herzen schlagen gern im Warmen;
Die eig'ne Kälte müssen sie nicht fürchten.
Hier, wo sie leben ist es gut und sicher,
Denn hinter Zäunen, Mauern und Geschossen
Kann sich der reiche Mensch in Freiheit wägen.
Dafür muss manch Verarmter seine Freiheit
In die durchtrieb'ne Hand des Krieges geben,
Sich für den Wohlstand ferner Länder opfern –
Ihr Leben scheint für's Spiel bestimmt zu seien …
Und wenn nun ihre dürren Hände klopfen
An die geschützten Tore unsrer Länder,
So wollen wir sie schweigend überhören
Und Stacheldraht an unsre Grenzen bringen,
Um nicht bloß ihre Herzen aufzureißen.
Wir reden gerne von den Idealen,
Die auf der Charta unverbindlich stehen.
Doch von den dicht bedruckten leeren Blättern,
Da setzten wir fast gar nichts um. Es lebe
Die Unverbindlichkeit der Konventionen!
Es lebe unser Traum von einer bess'ren,
Befreiten und vereinten Welt! Doch leider
Lebt eben nur der Traum als das Ergebnis.
Wen kümmert schon die Freiheit fremder Menschen,
Wenn wir bei uns so frei und sicher leben?
Uns geht es gut, uns plagen keine Zwänge,
Uns reicht Liberta ihre reinen Hände.
Das Licht der Freiheit strahlt auf unsre Städte!
Gerade deshalb müssen wir sie teilen.
Wir müssen unser vorteilhaftes Leben
Für jeden Menschen endlich möglich machen.
Wieso denn sollten wir allein die Rechte
Für ein befreites Leben in uns tragen?
Wir haben es vergessen, denn zu lange
Zeit waren wir schon nicht mehr festgehalten;

Zu lange schon trugen wir keine Fesseln.
Nur wer gefangen war, kann Freiheit kennen.
So schwand mit unsren Zwängen das Gedächtnis …
Doch müssen wir erinnern, um zu helfen?
Ja, müssen wir den selben Schmerz durchleben?
NEIN! Wir selbst müssen einfach richtig handeln:
Die Zäune und die Mauern niederreißen,
Den Schlagbaum hoch, die Grenzen endlich öffnen!
Denn niemand soll vor unserm Haus erfrieren,
Wenn er sich drinnen leicht erwärmen könnte.
Europas Werte soll'n für alle gelten,
Die mit der Freiheit gerne leben wollen.
Los jetzt Europa steh zu deinen Werten!
So öffne deine Tore, denn die Freiheit,
Sie steht mit leeren Händen vor den Zäunen!

Merkur und Psyche

Ein Hauch von Nichts zieht kühl in meinen Nacken.
Er schmerzt. Ich strecke angespannt den Hals,
Doch auch Giraffen haben harte Wirbel;
Sie schmerzen durch die schwere Last des Daseins.
In lauen Winden rascheln welke Pflanzen –
Verknöchert reibt ein Stängel an dem andern.
Ich bin nicht wirklich glücklich, aber Sterben
Ist keine bess're Möglichkeit als Leben,
Obwohl es selbst nichts als den Tod bewahrt –
Versteckt in seinen blumig-weichen Händen.
Die ganze Welt scheint leer und aussichtslos,
Betracht ich sie durch tränennasse Augen.
Die Psyche wurde heimlich mir gestohlen.
Ich merkte nicht, dass Merkur sie entführte,
Bis mich der kalte Griff des Witzes weckte.
Ich will in meinen Tränen schnell ersticken,
Um nur den leichten Atem reinsten Glücks
In meine engen Lungen einzusaugen.
Die Selbstverliebtheit leiht die wahren Kräfte ...
Schon Stalin hat gezeigt, was sie vollbringt.
Nun HOCH mit euren abgesenkten Köpfen
Und werft die Last von euren tauben Schultern!

Ostdeutsche Elegie

Ich sitze still und putze von den Schuhen
Morast und Elend der vergess'nen Straßen.
Laternenlicht scheint säuselnd in den Flur
Und eine Motte tanzt im feuchten Schrank.
Die Decke wankt und Mauer fall'n zusammen,
Ein Marder springt im Abendlicht vorbei –
Er ist getäuscht vom Antlitz junger Menschen.
Ein rost'ges Rohr droht sich ins Fleisch zu bohren;
Ertränktes Blut gerinnt zu brauner Farbe.
Ein weißes Lamm, das blökt mir: „Gute Nacht!"
Bevor ich es im tiefen Traum erdolche …
Die Treuhand war sich selbst am nächsten und
Blieb allein dem reichen Westen treu.
Einst: Aus Ruinen auferstanden. Jetzt:
Erneut hineingefallen in die Trümmer,
Die Mauersturz und Wende hinterließen.
Nun wird im Heime heimlich was gemacht.
Verheimlicht wird das Wahre, unheimlich
Das Echte hinter Harz und Inselberg.
Das Geld kam schnell, die Herzen sind verschwunden
Und Freiheit gibt es nur durch Kapital:

Lasst frei, was frei geboren!
Lasst frei, was ihr gefangen!

Allein

Die Wörter schlag ich tief in meine Haut.
Sie brennen und sie drängen wieder raus.
Ich halt sie trotzdem weiter in mir fest;
Ich weiß, von Herzen richt' ich sie an dich.
An dich ... Doch was nur richtest du an mich.
Die Kälte und die Ferne sind dein Wort.
Sie schwindet: Hoffnung auf die wahre Liebe.
Du bist so kahl zu mir und ohne Wärme
Lässt du mich hier am andern Ufer stehen.
Gib mir zurück, was niemals deines war.
Ich hab es nur aus Lust bei dir verloren:
Mein Herz. Drum lass es bitte liegen, wenn's
Nicht ganz zu deinem passt. Die Welle greift,
Was Abends an den Ufern liegen bleibt.
Ich weiß, du bist viel lieber mit dir selbst
Als mit der Liebe, die ich dir schenken kann.
Allein. Allein. Allein sind du und ich.
Allein und nicht zusammen wegen dir.
Du brauchst deine Zeit, ich hab leider keine.
Du fehlst mir, doch ich spür', du brauchst mich nicht.
Sag kurz den Sinn und alles ist vorbei –
Vorbei. Geschmolzen wie ein Eis im Ofen.
Allein. Ich lass dich jetzt allein für immer.

Berliner oder Pfannkuchen

Die Liebe macht mich krank … Der Himmel zieht
Die Glieder fest zusammen und es blitzt.
Der Donner schreit und in mir schrei ich mit
Vor Schmerzen, die mich aus dem Nichts zerreißen:
Sie sind, wo ich bin, aber nicht bei dir.
Bei dir, da heilen die Wunden des Denkens.
„Betrug!", ruft der eine und „Leben.", meint
Die andre. Überfluss im Zuckerguss
Mit süßem Pflaumenmus im weichen Kern.
Was ist nur mit dem Hunger in der Welt?
Ich will ihn nicht vergessen, doch das Elend
Verliert sich auf dem Weg in deine Straße.
Mein Wissen um das Leid geht mir verloren –
Bewahre mich vor Gier und Völlerei!
Die Liebe kocht mein rotes Ideal;
Jetzt ist es hohl mit Zucker oben drauf.
Drum spritz noch etwas Warmes mit hinein;
Die Füllung lässt es wieder voll erscheinen.
Die Liebe macht mich blind für alles Schlechte.
Sie nimmt mich mit und hält mich ab vom Leben,
Denn alles andre ist auf einmal leicht.
Ich kann es nicht mit meinen Händen fassen –
Verzweifelnd denk ich nach und denk an dich.
Ich bin verloren ohne klare Sicht.
Dort! Zwischen all den Wolken ist ein Spalt.
Dahinter sehe ich nur wieder dich.
Die Liebe macht mich krank … Ich kann jetzt nicht
Mehr ordnen, was schon festgenagelt schien.
Die Welt geht auseinander wie ein Teig;
Ich schreibe hier und fühle ganz woanders.

Ohne Bodenhaftung

Schlaf ich denn schon? Bin ich noch wach vom Tag?
Es ist so trübe vor dem Küchenfenster;
Die Hecken schon verschnitten im August.
Wo ist der Sommer hin? – Vorbei … Vorbei …
Es ist nicht immer schön an allen Tagen.
Es ist nicht immer Sommer übers Jahr.
Ich weiß, ein Abschied schmerzt mehr als ein Treffen,
Die Hitze aber wird mir unerträglich.
Ertragen. Liebe ist nicht zu ertragen,
Sie ist zu leben! Alles andre wäre
Gestellt, um wieder umzukippen. „Heute
Nicht.", sagst du. Wenn nicht heute, wann denn sonst?
„Wann passt es dir?", frag ich und kriege keine
Gerechte Antwort. Meine Worte schweben …
Sie haben ihre Bodenhaftung schon
Verloren, als ich sie an dich zu richten
Versuchte. Kein Durchdringen. Kein Erfolg.
Der schönste Sommer geht zu Ende. Ein
Verweinter Dichter sitzt allein im Garten,
Der seine bunte Sommerpracht verliert.
Verlier' ich dich? Verlierst du mich? Verlieren
Wir uns, wenn die bewährten Tage schwinden?
Wenn du dich jetzt nicht binden willst, dann bind
Mich nicht an dich. Die Riemen sitzen fest,
Ich krieg sie nicht mehr los. Und deine Riemen?
Sie liegen noch im Kasten unterm Bett.
Mir fehlt die Bodenhaftung und du stehst
Mit beiden Füßen fest in deinem Leben.

Unterm Nussbaum

Wieso kann ich unterm Himmel nicht atmen?
Es fällt so schwer, ich dacht' es wäre leicht.
Der Traum vom schönen Leben stürzt auf mich
Herein und ich ersticke an den Blättern,
Die auf gefällten Bäumen innig wuchsen.
Mein Leben ist kein Leben, wenn ich denke.
Das Denken fällt mir leicht, doch die Gedanken,
Sie liegen schwer in meinem Kopf und drücken
Das Glück in seiner Leichtigkeit hinaus.
Das Glück – ein Wort, das ich kenne und das
Mir doch so zärtlich fremd ist wie kein Zweites.
Vertrauen ist die Stärke, die mich schwächt.
Vertrauen ist es, was mir fehlt, um dich
Zu lieben. Meine Liebe wäre keine.
Ich kann es nicht. Ich kann nicht mehr so weiter,
So weiter wie zuvor; ich kenne dich.
An einer Oberfläche kratzen kann
Ich besser, als in sie hineinzudringen.
Ich stell mir immer wieder eine Frage,
Die ich mir besser niemals stellen sollte:
„Mag ich dich mehr, als du mich mögen kannst?"
Die Antwort zu erfahren wäre tragisch,
Denn selten lieben beide Menschen gleich.
Mein Leben ist kein Leben, wenn ich denke.
Wie blind starr ich ins Nichts und sehe dich.
Du siehst mich nicht in meiner Dunkelheit;
Du siehst mich nur im Licht, das selten strahlt.
Ich schreibe, um zu sagen, was ich sonst
Nicht sagen kann. Ich müsste stumm vergehen,
Denn was ich denke, denk ich oft allein
Und niemand hört die wahre, echte Stimme.
Ihr denkt, ihr kennt mich, doch ich kenn' mich selbst
Am wenigsten. Ich bin und bin doch nicht.
Nur unterm Nussbaum bin ich noch zufrieden,

Denn unterm Nussbaum bin ich kurz mit dir.
Ganz ohne dich fühl ich mich grau und matt.
Selbst meine Freunde sehen nur ein Lachen,
Das aufgesetzt ist wie dein Morgenkaffee.
Ich liebe und ich hasse, dass ich dich
Erkannte zwischen den Menschen der Welt.
Ich wollte, wir zwei wären jetzt für immer,
Doch für ein *Immer* ist es viel zu früh.
Ich will nur dich, doch willst du auch nur mich?
Du lässt nur schwer in deine Karten blicken.
Ich liege vor dir wie ein off'nes Buch.
Am Ende war es für dich nur ein Spiel –
Ein Spiel, das mich mein Herz und Leben kostet.
Das ganze Leben wird mir schnell zu viel.
Du rettest mich kurz, nur kurz unterm Nussbaum.
Ich weiß nicht, ob die kurze Zeit mir reicht,
Um alles andre wieder gut zu stellen.
Mein Leben ist kein Leben, wenn ich denke.

SODASONETTE

SONETTE IM NEBELTRAUM

I. Zwischenraum

da saß ich zwischen dicht gewebten stoffen,
umhüllt von tausend weißen tücherlagen,
allein für mich seit vielen langen tagen,
ein andern hab ich hier nicht angetroffen.

trotz allem will ich immer weiter hoffen,
doch eines liegt auch mir hier schwer im magen,
denn ich weiß nicht, was hat mich her verschlagen
und steht mir gar ein weg heraus noch offen?

dort! oben ist ein strahl des lichts zu sehen,
durch tücher kann der helle schein sich wehen;
kann dann auch ich den zwischenraum verlassen?

die FREIHEIT meinen namen ruft zu gehen;
kann ich wohl ihre kräfte überstehen?
ihr antlitz ließ mich schon einmal erblassen.

II. Elysium

ich kämpfte mich aus meiner weißen hülle;
der schutz wurd überboten von den gaben
der FREIHEIT, welche wollen alle haben,
doch stand ich auch nur in des nebels fülle.

bis ich mich fand in einer traumidylle
mit tempeln, welche blumen ganz umgaben;
an diesen bildern konnte ich mich laben,
als wäre EDEN in der leeren hülle.

es ist kein zweifel an den klaren hainen,
die freie SONNE wird hier immer scheinen
und grenzen wird es so wohl nimmer geben.

bald wird sich aller aus der welt vereinen,
im paradies gibt's keinen grund zum weinen;
so lasst uns alle zeiten hier verleben!

III. Astrale Schatten

das licht schien elysäisch-klar vom himmel;
der helle schein tut erst das glück gestatten,
doch, wo LICHT ist, gibt es auch immer SCHATTEN,
mit silhoutten spiel'n sie im gewimmel.

da rief nach mir ein Mann auf seinem schimmel
und dieser ließ gar meine kraft ermatten;
welch zauber geht im PARADIES von statten?
was soll'n die rufe nach dem dunklen himmel?

zum schluss folgt' ich astralen schattenrufen,
vielleicht sie heben mich zu neuen stufen;
die FREIHEIT lässt mich alle dinge wagen!

ich hoffte sie mir keine falle schufen,
da trugen sie mich fort auf ihren hufen,
die NEUGIER tat die FREIHEIT überragen …

IV. Inferno

nach langem weg kam ich zu finstren pforten,
die jene schatten selber nicht betraten,
ich aber sollt' sie ganz allein durchwaten,
ein andrer weg war für mich nicht zu orten.

ich sah bald hinter toren die eskorten
des teufels – alle waren sie missraten
und sollten wohl im FEGEFEUER braten;
doch was sollt' ich, wo sie Verdammte horten?

muss ich mich selber auch als SÜNDER sehen,
weil ich der FREIHEIT konnt' nicht wiederstehen!?
bin ich verdammt in Flammen nun zu schmoren?

ins feuer werft mich, wenn es soll geschehen;
die höllenqualen werd ich überstehen,
denn für die FREIHEIT kämpf ich unverforen!

V. Sturz in die Unendlichkeit

im feuer zwischen heißen schwefellüften
erblickte ich die augen des todbösen
und dieser tat mich von den Flammen lösen;
er wollte meine SEELE tief zerklüften,

nahm mir den boden unter meinen hüften,
so blieb mir wirklich keine zeit zum dösen;
ja, angst und schrecken wurden mir souffleusen,
die mich beim FALLEN furchtbar schlimm verblüfften.

nichts fürchten menschen wie endlose weiten,
wir waren vorher niemals die befreiten;
ich hielt mich für das maß von allen dingen.

nie kann ich je das ende überschreiten,
UNENDLICHKEIT wird immer mich begleiten,
bis mich die zeit wird letztlich auch bezwingen.

VI. Alles ist Nichts

der fall ins nichts bringt mir den geist zum schlingern:
die EWIGKEIT, sie hat kein klares ende
und ihre wege führen ins horrende;
was bleibt, wenn alles tut sich ganz verringern?

die welt zerrinnt mir zwischen meinen fingern.
die zeit war lang, doch wird nun zur legende;
wie morgentau vergeht in heller blende,
verschwinden auch die letzten zeitbezwinger.

ich werde nun die grenze überschreiten
zum ozean von den endlosigkeiten,
wo alle ströme werden einmal münden.

was sollten zwänge weiter uns begleiten,
wenn niemals je gab es vollständigkeiten,
denn ALLES ist NICHTS! das sich lässt begründen.

VII. Traum und Wirklichkeit

der wirre TRAUM wurd abgelöst vom morgen;
doch schienen mir die bilder gar so echte,
dabei sie waren meines geistes knechte
und haben sich die nacht bloß aus geborgen.

sie machen aber mir noch immer sorgen,
denn was steckt hinter diesem traumgeflechte?
Die träume kommen nur mit gutem rechte
und das von meinen bleibt mir ganz verborgen.

Nun hab ich keine zeit noch groß zu denken,
da niemand wird mir einen tag nur schenken
und ich kann meinen DIENST wohl schlecht versäumen.

Die WIRKLICHKEIT tut mir die träume henken,
so werde ich mich in den ALLTAG senken
und nur an allzu fernen tagen träumen ...

Dezember

Bruder! Bist mit Flüstern heimgekehrt.
Fandest deinen Weg in Dunkelheit.
Hast dich von der Wärme kühl befreit.
Deine Lieder klingen unbeschwert.

Kälte hat das Leben ausgezehrt.
Alles schläft. Was sich sonst regt, ist still.
Eisig brausen Winde des Kyrill,
Die das Frieren der Natur gelehrt.

Draußen fehlt die nahe Zweisamkeit.
Ich seh' keinen Menschen weit und breit.
Sie sind drinnen, dort brennt heiß der Herd.

In den Häusern tönt es laut und schrill –
Wie ein jeder Mensch die Weihnacht will.
Nur ich bin dem Treiben abgekehrt.

Gossenwein

Klatschend fließt der Regen aus der Rinne
Und ergießt sich auf die kalten Steine.
Da dacht' ich, die Wässer wären Weine,
Welche strömen über jede Zinne.

Voll Verlangen rannte ich hinunter,
Um das rote Silber zu probieren,
Doch die Geister wollten nicht rotieren.
Dieser klare Wein macht niemals munter.

Und trotz allem trinken wir ihn wieder,
Beugen uns zum schwarzen Rinnstein nieder,
Um noch einen Schluck zu nehmen.

Stecken unsern Kopf tief in die Gosse.
Ihre Keime bilden kranke Sprosse,
Welche langsam unser Denken lähmen.

Freiheit und Gefangenschaft

Da steht ihr nun bezwungen und gefangen!
Euch DREI zu knechten war ein leichtes Spiel;
Der Argumente brauchte es nicht viel.
Der Heuchler konnt' in euren Geist gelangen.

Um eure Freiheit wolltet ihr nie bangen.
So seht ihr jetzt, was Leichtsinn mit euch macht:
Die Torheit hat Gefangenschaft entfacht –
Libertas' Tage sind schon längst vergangen!

Doch ist das Ganze nicht bloß infantil,
Denn kehrt die Freiheit wieder vom Exil,
So lernt ihr sie mit vollem Herzen lieben!

Was vorher ihr mit Argwohn habt belacht,
Das schätzt ihr nun mit Klarheit und Bedacht:
Wo Fesseln war'n, ist Freiheit stets geblieben …

Perversion der Privilegierten
(oder An eine Schlampe)

Kannst du das Lästern in der Ferne hören?
Wie sie mit neustem gossip um sich schmeißen
Und sich die Mäuler kreischend-laut zerreißen,
Wenn sie sich an des andern Schönheit stören.

Du bist das Opfer ihrer fiesen Launen,
Weil deine Geister dich besonders machen –
Das Feuer deiner Seele sie entfachen:
Bald wird mensch über dich – die SCHLAMPE –

staunen!

So zeig den prüden Menschen deine Stärken.
Sie werden ihre Fehler schon bemerken.
Dann wird kein Richter ihre Schulden mindern …

Doch wollen sie das Privileg behalten,
Die Welt nach ihren Wünschen zu gestalten.
Dein Widerstand kann sie nur daran hindern!

Freundschaftliche Radikalisierung

Mit dir verbring ich gerne meine Zeiten,
Denn wir befeuern unser kritisch Denken –
Ja! Lassen uns von Marx und Stalin lenken.
Das deutsche Recht gilt es zu überschreiten!

Was manchmal so aus unsern Mündern tritt;
Mensch könnte meinen, es sei radikal:
Zusammen gegen Krieg und Kapital!
Den Nazis treten wir fest in den Schritt!

So mag es wirklich etwas kritisch klingen,
Wie wir vom Staat in linken Liedern singen.
Doch noch wurd' niemand von uns aufgehangen …

Selbst wenn, die neue Welt wird ziemlich gut.
Was zählt da schon ein wenig Menschenblut?
Der rote Stern ist für uns aufgegangen!

Golden Hour

EVA! Hörst du nicht das Licht?
Wie es durch die Bäume scheint.
Nur ein Sprung und alles bricht …
Manchmal ist es viel zu leicht,
Aber du weißt, das es reicht,
Wenn dein Herz es richtig meint.

Golden flimmert dieser Abend
Auf die reifen Erdbeer'n nieder;
Frösche, an der Röte labend,
Fordern nur das eine Leben –
Deines fängt jetzt an zu geben.
Quak und sag's den Fröschen wieder.

Menschen sind des Unglücks Söldner.

Trotzdem wird die Zukunft Göldner.

Blue Hour

Tausend Lichter sind ein Tag.
Noch schläft alles still und tief:
Sag, wo deine Brille lag;
Sie verändert dein Gesicht –
Zu viel Namen gibt es nicht!
DIES und DAS hängt manchmal schief.

Schief ist nicht gleich quer gedacht …
Arni schweigt und will noch mehr:
Orcas springen auch bei Nacht.
Doppelhelix windet sich –
Meine Helix trifft auf dich.
Wasserbrücken trennt mensch schwer.

Schlüssel-Schloß! es funktioniert!

Sieh doch, was mit uns passiert.

Säulen der Welt

In weißer Pracht da streben sie zum Äther
Und stehen dennoch fest an ihrem Platz –
Die eine hat zur andern stets Versatz.
In ihrer Statik gibt es kein Verräter.

Auf ihren Kapitellen tun wir thronen.
Sie tragen uns mit kühner Leichtigkeit –
Ja! Heben uns aus tiefster Dunkelheit.
Doch eitel sehen wir uns als die Kronen.

So wächst durch unsern Übermut die Masse;
In jeder Halle klingt bloß noch die Kasse.
→ Und Säulen bröckeln langsam vor sich hin.

Das schwarze Gold, es quillt aus ihren Rissen.
Nicht lang, dann sind sie alle umgeschmissen.
→ Der jüngste Tag sei letztlich der Gewinn.

Die Blüte der Rose

Von Tau behangen sind die zarten Knospen,
Die sich zu öffnen noch nicht gänzlich wagen –
Sie ruhen lieber bis zu hellen Tagen.
Erst dann tritt an die Blüte ihren Posten.

Wenn sie bald prangt am hohen Dornenstiele,
Kann keine Blume ihre Schönheit schlagen –
Die Rose tut sie alle überragen,
Doch ruft heran sich Neider zum Gespiele.

Ach, leider tut die Schönheit Kräfte kosten,
So muss die Pracht der Rose schließlich rosten.
Das lange Leben muss mensch ihr versagen.

Die höchste aller Blumen wird fragile.
Wo Blüten saßen, bleibt nur eine Schwiele
Und Blätter sind vom Wind längst fortgetragen.

MARITIMA

Die letzten Strahlen leuchten rot
Und alles träumt in warmen Tönen.
Am Abend kann die Welt versöhnen –
Vergessen ist des Tages Not.

Die Wolken ziehen leicht vorbei.
Das Wasser schweigt und will nicht sprechen;
Den Spiegel werd' ich nimmer brechen:
Zu dieser Zeit sind Menschen frei.

Doch auf das Rot folgt schließlich Schwarz.
Die Sterne funkeln schwach wie Quarz,
Sie wollen wie die Sonne strahlen.

Die Sonne kommt, die Sonne geht –
Allein das Meer, das ewig steht
Und in sich birgt die stummen Qualen.

Das Böse trägt Gelb (oder Sonett an die FDP)

Das Böse, es strebt stets nach Kapital
Und will das Geld zu hohen Bergen häufen,
Um sich voll Gier im Schampus zu ersäufen.
Ein Leben fern vor jedem Ideal …

Doch das ist unserm Dämon ganz egal.
Es geht darum die Märkte zu gewinnen –
Wer sollte da nach guten Taten sinnen?
Wer denkt schon an des armen Menschen Qual?

Viel wicht'ger ist als guter Typ zu scheinen;
Den freien Markt mit Hoffnung zu vereinen –
Der Wettbewerb ist wirklich optimal.

Die gelbe Farbe blendet schwache Augen,
So wollen sie den leeren Worten glauben –
Das Böse nenn' ich neoliberal.

Die queren Denker*innen

Wir glauben Dinge ohne eig'nes Wissen
Und meinen unsre Welt recht gut zu kennen –
Die Wahrheit sollte sich nach uns benennen;
Da lässt die Wissenschaft uns eins vermissen:

Der rote Apfel fällt vom Baum hinunter;
So meint der Mensch, die Schwerkraft sei's gewesen,
Doch konnt' er nie in ihren Augen lesen –
Die Wahrheit strahlt in ihnen noch viel bunter.

Zum Ende kann wohl niemand sich erwehren,
Dass all die Theorie ist bloß erdacht,
Sie woll'n uns alle treiben in die Nacht!

Drum bleibt ihr queren Denker auf der Wacht,
Denn eure Erde ist ganz abgeflacht.
Das Messer eures Wissens wird's [v]erklären!

An die preußischen Lehrer*innen

Mische Schwarz mit Rot und Gold zusammen:
Eine braune Masse geht hervor;
Sammelt sich des Morgens vor dem Tor,
Einzig um die Jugend zu verdammen.

Lehrer*innen würden sie gern sein,
Aber Disziplin macht's nicht allein.
Tränen lassen sich nicht unterdrücken.
Noten könn'n die Seele mager schmücken.

Unterdrückung, Wut und Repression
Zaubern einen depressiven Ton –
Alle Taten haben ihren Lohn …

Doch erfreut euch nur an unserm Leid,
Euer eig'nes liegt nicht allzu weit –
Schleichend mahlt die Mühle eure Zeit …

An meine Deutschlehrerin

Sie ließt die Verse und die Zeilen,
Die meinem Kopf entsprungen sind.
Ich bin für meine Fehler blind;
Die Augen wollen nicht verweilen.

Die Schule war nicht immer leicht.
So manches Fach war bloß geschunden.
Doch Deutsch! Das waren meine Stunden,
Wo Leidenschaft schon halbwegs reicht.

Ich geb' es zu, ich würde gerne
Noch einmal auf der Deutschbank sitzen
Und schauen in die eig'ne Ferne.

Sie haben's mehr als gut gemacht.
Der Neid wird bei den Schlechten blitzen.
Es war so schön, drum: „Gute Nacht!"

Amsterdam

Braunes Loch am IJsselmeer!
Deine Bilder täuschen sehr.
Nichts von schönen Straßenzügen.
All die Reisebücher lügen!

In Kloake spiegelt wieder,
Was die Gracht gefressen hat:
Kippen, Kotze, Fahrradglieder
Machen sie so richtig satt.

Der Morast auf allen Wegen
Gibt Gestank zum Blick hinzu.
Bissig klebt der Mist am Schuh.

Feuer würd' ich eilig legen,
Um den Brand in dieser Stadt
Zu ersticken kurz und knapp.

Steinschlag in Antwerpen

Ein Stein fällt aus der Kuppel auf den Mann,
Obwohl er seinen Platz behalten sollte.
Nun wird gefragt, wie er so fallen kann,
Wenn doch der Mensch das Fallen gar nicht wollte.

Die Zeiten fragen nicht nach unsrem Willen.
Die Zeiten nagen Stein und Bein zu Staub.
Wir wollen unsern Stolz mit Häusern stillen:
Doch ob ich an den Stolz im Hause glaub?

Das Warten ist Erleben stummer Zeit.
Wir sollten es zum Teil erträglich machen.
Die Zeit erfahren wir nicht durch das Lachen,
Sonst merkten wir, der Tod steht schon bereit.

Erst wenn zerfällt, wird wieder aufgebaut.
Der Stein macht Krach. Der Bau ist einfach laut.

Die Ruhe der Blumen

Im Licht des Frühlings leuchtet grün das Feld.
Der Wind streicht wärmend durch die frischen Blätter.
Vergessen ist das ungestüme Wetter,
Wenn erst der Lenz das schwere Zepter hält.

Wo Donner klang und Blitze kräftig schlugen,
Da war'n es Väter, die die Lasten trugen;
Da war'n es Mütter, die im Dunkeln saßen,
Das letzte Brot erst nach den Kindern aßen.

Still wiegen nun die Blumen hier im Wind.
Sie werfen ihren blut'gen Schatten hin.
Der Himmel ist die einz'ge Hüterin.

Nicht einer sieht, was tief im Boden liegt,
Wie leis' der Wurm das letzte Fleisch besiegt.
„Wo sind die Eltern?", fragte sich das Kind.

Mit Heine im Bett

War mein Tag auch noch so schwer;
Liege ich mit dir im Bett,
Ist mein Herz nicht mehr so leer
Und der Abend wird ganz nett.

Schwindet dann das Tränenmeer,
Leg' ich mich zu dir komplett
Ohne Kleid so leicht daher
Und wir singen ein Duett.

Singen unser Freiheitslied,
Denn wir seh'n kein Unterschied
Zwischen uns und aller Welt!

Jedes Wesen uns gefällt!
Doch ein Wesen mag ich mehr:
Heine, dich begehr' ich sehr …

Hinterm Schilf

Hinterm Schilf ist dein Versteck,
Dort bleibt deine Haut verborgen.
Es ist ein geschützter Fleck,
Du hast sicher keine Sorgen.

Doch mir sind die Sorgen groß:
Welcher Weg kann zu dir führen?
Werd ich meine Sehnsucht los?
Lass mich deinen Körper spüren!

Aber ich sollt' mich bewahren …
Nimmer werd ich sie erfahren –
Jene Kraft, die in dir wohnt.

Oder soll ich's lieber wagen,
Würd' ich später sonst verzagen?
„Los! Vielleicht wirst du belohnt!"

Unter den Linden

Der Abend naht. Die Stunden schwinden.
Im Dorf ist schon die Straße leer.
Ich steh allein hier unter Linden
Und sehe keine Menschen mehr.

Still saust der Wind durch grüne Bäume.
Wie werden meine Augen schwer?
Da sink' ich nieder in die Träume;
Von dort kommt alles Gute her.

Ich wache auf. Der Mond scheint fahl.
Nun kommt ein fremder Mensch vorbei.
Er fragt mich: „Diese Nacht wir zwei?"

Für mich gibt's klar nur eine Wahl:
„Was hält mich hier, was hält mich dort?
Mich zieht es immer weiter fort!"

Orpheus

Flammen strecken sich im Nebel fauchend nach oben,
Aber dieses Oben ist das schlechtere Unten –
Himmel einer Welt, in der sie Finsternis loben,
In der Leben starb und Fische sind nass ertrunken.

Die Geliebte folgt noch schwach vom Tode den Schritten
Des zerriss'nen Sängers. Ängstlich fiebern die Herzen:
„Hör! das schwere Röcheln und die heißen Tritte.
Es sind Plutos Hunde – fern, doch gierig nach

                                                Schmerzen.

Der Gefahr bewusst muss er das Umseh'n vermeiden,
Denn die Seele seiner Liebsten fesselt sich flüchtig.
Erst das Licht mag sie mit warmen Fleische verbinden.

Doch die Sonne ist weit und der Mutige süchtig.
Sacht von hinten streicheln ihn die liebenden Leiden,
Bis es kitzelt und die lieben Augen verschwinden.

DESSAUER SONETTE

I. Vergebene Liebe

Meine Liebe lebte im Geheimen,
Konnte sich bisher nie offenbaren –
Wollte sich das Leiden wohl ersparen …
„Kann mein Herz mit deinem sich vereinen?"

Wirst du meine Frage kalt verneinen,
Weiß ich nicht, wie soll ich's überstehen –
Ohne dich kann ich die Welt nicht sehen,
Möchte bloß mit blinden Augen weinen.

Auch wenn wir uns noch nicht lange kennen,
Würde ich es gerne Liebe nennen.
Sag mir, ob ich damit richtig wähle.

Bind' mein Herz an deine gute Seele,
Schau, ob's fliegt zu blonden Engelsstränen
Oder sinkt ins tiefe Tal der Tränen.

II. Kirschen im November

Die warmen Sommertage sind vergangen,
Doch mir ist noch viel heißer als zuvor;
Es öffnet sich ein ungeahntes Tor,
Durch welches mir die Liebe ist entgangen.

Nun aber kann ich durch die Pforten schreiten
Und auch an kalten Tagen ist mir warm –
Wie gerne läge ich in deinem Arm!
Wie gerne würde ich zum Sommer reiten!

Zum Sommer, wo die Kirschen saftig hängen
Und Tau auf ihnen liegt wie bei uns Schweiß –
Der Sommer sei das Ziel vom Liebeskreis.

Doch können wir die Jahreszeiten drängen,
Denn durch die Herzenswärme wachsen rot
Die Kirschen, auch wenn Kälte sie bedroht.

III. Was ich fühle, fühlte ich noch nie

Ich kann nicht mehr mehr in graden Strängen denken.
Verstricke mich im viel zu schönen Traum,
Wo neben dir das andre seh' ich kaum.
Doch weiß ich nicht, tu ich bloß Zeit verschenken?

In meinem Kopf, da schwirren deine Bilder.
Das rote Herz es spricht: „Mein Liebster, mein."
Ja, aber willst du denn mein Liebster sein?
Die Frage drängt mich immer mehr und wilder!

Die Antwort kann ich selber mir nicht geben;
Die Antwort, sie liegt ganz bei dir allein –
In dieser Frage ist der Dichter klein.

Nach deiner Liebe mag ich trunken streben;
Doch Streben sei noch keine Garantie …
Nur: Was ich fühle, fühlte ich noch nie.

IV. Leise Tränen auf Papier

Der Mond scheint fahl durch leichte Fensterscheiben.
Geraubt das Träumen – zu schwer wiegt die Nacht.
Du hast mich wieder um den Schlaf gebracht.
Wie weit wird mich die Liebe wohl noch treiben?

Ich kann nicht länger! Will nicht länger leiden!
Wieso nur konnte ich dich nie umgeh'n?
Noch lässt du mich im dunklen Zimmer steh'n,
Denn du siehst nicht, was ich seh' in uns beiden.

So tropfen Tränen leise auf Papier …
Im Bus, da sind wir beide Passagier,
Doch trau ich mich die Worte laut zu sagen?

Ich schieb' es lieber weiter vor mir her …
Ich fühle mich, als steckte ich in Teer.
Wie sollt' ich so nach deiner Liebe fragen!?

V. Sonne in der Nacht

Die Sonne ging am Morgen weinend unter …
Ich konnt' nicht fragen, drückte mich schon wieder
Und setzte mich zum Zweifeln trauernd nieder –
So wurde alles grauer und nicht bunter.

Doch jetzt, da war die rechte Zeit gekommen!
Ich mochte es dir leise-deutend sagen
Und konnte dich nach deiner Liebe fragen.
Ich hoffe nun, du bist nicht von benommen.

So mag ich dir die Zeit noch gern gestehen,
Zu denken über mein gestand'nes Wort.
Bis morgen bin ich erst mal wieder fort.

Kannst du die Liebe deutlich vor dir sehen?
Es kam die Sonne heut' nicht wie erdacht,
Denn du bist meine Sonne in der Nacht.

VI. Amo sole te!

Schweigend lieg' ich da.
Bin dir fern, doch nah,
Denn der Geist gewinnt,
Wo zwei Herzen sind.

Niemand mag sie seh'n
Oder gar versteh'n –
Leise flüstern sie,
Aber laut wie nie.

Selbst der Winter muss
Schwitzen durch den Kuss,
Der uns zwei vereint,

Bis die Drossel weint.
Es klingt fall'nder Schnee:
„Amo sole te!"

VII. Sturmsonett

Der Baum erzürnt. Der Baum erbebt.
Der Sturm pfeift schrill durch alte Zinnen,
Bis sich der erste Ziegel hebt!
Ein Glück: ich sitze sicher drinnen …

Der Wind hält mich vom Leben fern.
Er schreit im Wahn und lässt mich weinen.
Still hinter Wolken liegt dein Stern,
Der möchte niemals ganz erscheinen.

Wie liegt die Stadt im grauen Matt.
Ich habe ihre Menschen satt:
Sie sind nicht schlau. Sie sind nicht dumm,

Doch ihre Meinung zeigt sich stumm.
Die Heimat braun. Die Liebe kalt.
Ich weiß, ich werde hier nicht alt.

VIII. Ruf der Nacht

Die Straße rauscht in trüber Ferne.
Der Mond wischt alle Kanten weich,
Begräbt im bleichen Licht die Sterne –
Ein heller Riss im dunklen Reich.

Der Glockenton erfüllt die Leere,
Er wirft sich in die Nacht hinein.
Wenn Mensch nur etwas wacher wäre,
So wären unsre Nöte klein.

Die Nacht bricht an und ruft zu leben.
Ihr Herz schlägt schnell, wenn andre ruh'n
Und Achsen in den Himmel schlagen.

Sie kann den Menschen alles geben.
In ihrem Mantel kann ich tun,
Was helle Stunden mir versagen.

IX. Das Schieferdach: *Liebe ist kein Besitz!*

Morgens bin ich müde,
Abends bin ich wach.
Lichter scheinen trübe
Auf das Schieferdach.

Eh' die Lust gekommen,
Ist der Tag schon fort.

Liebe ist zerronnen
Stück für Stück im Wort.

All die Sterne fliegen
Über mich hinweg.
„Welchen wirst du kriegen?" –
Schert mich einen Dreck.

Besitz ist nichtig;
Nur die Liebe wichtig!

X. An Eva

Was fahre ich betrübt den Weg nach Hause?
Wo liegt der Sinn in all dem, was ich tu?
Das Leben gönnt mir keine einz'ge Pause –
Der *freie* Geist legt niemals sich zur Ruh.

Ich schreite morgens in den frischen Tag
Und krieche Abends in ein kaltes Bett.
Ich frag mich, wo das Glück begraben lag?
… es liegt, wo viel schon liegt, und frisst sich fett.

Die wirklich guten Menschen fühl'n sich schlecht.
Die wirklich schlechten Menschen fühl'n sich gut.
Doch keine fühlt sich, wie sie fühlt, mit Recht.

Die Schwere eurer Prüfung spannt den Arm.
Ich spüre es, mein Herz wird langsam warm
Und friedlich spritzt aus eurem Hals das Blut.

XI. Es hängt am Leben ...

Es hängt am Leben. Nein! Es hängt am Tod.
Das Glück im Herzen war einst mein Gebot.
Die Dornen drangen tief ins Fleisch hinein:
Es musste eine neue Chance sein!

Doch was sind Chancen and'res als Verderben?
Ihr Saft ist süß für jene, die ihn tranken.
Der Rest muss an der Ungewohnheit sterben.
Der Tod, er lauert unter losen Planken.

Den Wahnsinn unsrer Mächt'gen gilt's zu lindern,
Denn ihre Taten wiegen folgenschwer;
Die Hände zucken, sind die Köpfe leer.

Wer würde dich an Tod und Leben hindern?
Erwarte nichts und alles steht bereit ...
Dein Handeln sät und erntet mit der Zeit.

XII. Der Eisvogel

Das Wasser drückt sich langsam durch den Schleier
Aus Nebel, hell erstrahlt vom Sonnenlicht.
Am Ufer steht das Schilf in Flammen. Bricht
Die Dunkelheit der Nächte stille Feier.

Was wir auf kalten Schirmen träumend sehen,
Das haben and're längst in echt erlebt –
Der wahre Mensch im Warenmensch verklebt.
Gewalt wird laut auf uns'ren Wegen gehen;

Vielleicht nur unsichtbar im Fluss der Zeiten.
Erinn'rung ist die schmale Spur, die bleibt –
Ein Kreis, der sich an Wiederholung reibt.
Der Vogel fliegt von hier zu andern Seiten.

Es ist nicht schön zu schaffen und zu graben.
Es ist erst schön das Grab geschafft zu haben.

XIII. Die einsame Kohlroulade

Noch dampfend aus dem Topf gleich in den Bauch:
Wenn alle schweigen, wird ein Flüstern laut;
Ein warmer Atem über meiner Haut.
Die Zeit vergeht – das Leben wie im Schlauch.

Wir wickeln unser Fleisch in grünen Kohl,
Denn wir ertragen nicht die Einsamkeit;
Schon eine stille Stunde geht zu weit.
Ich frage mich, ist unser Herz so hohl?

Muss alles immer schnell und einfach geh'n?
Die Menschen sind nicht immer zu versteh'n:
Mal heizt die Liebe und mal kühlt der Hass …

Im tiefsten Innern sind wir nur ein Fass,
Dass jeden Tropfen Leben in sich fängt,
Bevor zu viel davon das Herz ertränkt.

XIV. Abschied aus dem Finkennapf

Der enge Himmel ist ergraut – kein Blau.
Es ging nie in die Breite, in die Tiefe,
Bis einer schreit. Mir war's, als ob ich schliefe:
In einer kleinen Schale ruht der Tau.

Zu Ende die Zeit mit euch, als wir
Die Tage bis zum Horizont verschoben.
Man soll den Tag nicht vor dem Abend loben,
Wir wussten unsre Tage jetzt und hier.

Die schönste Zeit vergeht im leisen Rauschen,
Denn schön ist nur, was nicht zu lange bleibt.
Ich möchte niemals mit den Finken tauschen.

Sie fliegen nur wohin der Wind sie treibt.
Wir werden auch woanders Finken lauschen
Und glauben fest, dass unsre Freundschaft bleibt.

ÖDE ODEN

ODEN AN DIE POLITISCHE NACHT

I.

Weit geöffnet entlässt ziehend das Fenster die
Wärme, welche im Raum mühsam gestaut war durch
        Kräftig schuftende Hand der
    Proletarier harter Zeit.

Trotzdem reißet auf die Fenster des Hungers! Sie
Müssen zahlen für die eigene Armut, die
        Ihre Lohnarbeit brachte.
    Dieses Schicksal ist selbstgewählt.

Langsam sterben mit Recht[s] jene, die unsern Staat
Auf verdorrtem Gebiet mit Hand und Fuß erbaut.
        Ihr seht glücklich erregt zu –
    Seht den eigenen Untergang ...

Denn ganz ohne sie seid ihr nichts als Reste der
Untergehenden Welt, die ihr herbeigeschwor'n.
        Ende aller Verarmten
    Heißt auch Ende der Bourgeoisie!

II.

Der verbrannte Keks glänzt im Schein der Lampe, die
Flackernd ihren Dienst mit Anmut verrichtet, dass
        Ich fast glaube die schwarze
    Kruste tanzt im Verdruss des Lichts.

Jeder Zyklus besteht aus Hell und Dunkel. Das
Helle sei gut und das Dunkle sei schlecht, jedoch
        Fürchte ich das Geschwärzte,
    Ich weiß, dass ihm Erhelltes folgt.

Dieser ewige Tanz macht mich ganz langsam krank.
Nüchtern wende ich die Augen vom Wechsel ab,
                    Doch sie wechseln sich selber:
            „Öffnen. Schließen. Öffnen. Schließen!"

Alles ändert sich und letztlich wird es, wie's schon
Lange Zeit war; nur Menschen erinnern sich
                    Nie an früheres Dasein.
            Nein! Gelobt sei Vergesslichkeit!

III.

Süßes rotes Blut des Kühlschranks ergießt sich ins
Glas. Es bilden sich rasch Tropfen am kalten Rand:
                    Nehmen der Luft das Wasser,
            Das sie dringend zum Atmen braucht.

Sie erstickt, doch das Blut blüht wie Kirschen, die
Wuchsen prächtig am Baum, wurden gepflückt von den
                    Kräftig pressenden Händen,
            Welche den Saft vom Kern befrei'n.

Lichter scheinen rot durch flüsternden Äther, der
Sich vom gläsernen Strang lösen will, aber bleibt.
                    „Das ist gut!" (Möcht' ich meinen …)
            Denn Rot ist gut und Rot ist links.

Links ist nicht rechts, doch links von Links ist wieder
                                        Rechts.
Der Kreis schließt sich, auch wenn er das nie wollte. Die
                    Zeit rennt und möcht' gern stehen.
            Stehen ist nie gut – es ist rechts.

Zuckersüß steigt mir der Kirschsaftgeist in den Kopf:
Flüchtig löst er sich vom Äther und zweifelt an
Dem System, das wir leben.
ROT!!! Es lebe der Kirschsaftgeist!!!

VI.

Hier nun sitze ich und wende still wie gespannt
Die Pailletten auf dem Kissen hin und her, als
Wär'n sie wogende Wellen.
Schwarz wird Weiß, das wird wieder Schwarz.

„Irgendwann wird das Weiß sicher Grau und nicht
Schwarz.",
Rede ich mir ein und streif' die Pailletten um
Und mit ihnen mein Leben,
Doch sie ändern sich immer gleich.

Wahnsinn ist, wenn wer das Gleiche tut, aber stets
Voll Sehnsucht auf ein and'res Ergebnis hofft.
Eine Strecke – kein Ende …
Ich geb' zu, er lebt auch in mir.

V.

Für mein Glück brauch' ich kein Zeugnis. Ich brauch'
nur mich
Und die Menschen, die ich mag. Leicht fällt mir die Last
Von den Schultern. Ich liebe
Meine köstliche Freiheit, die

Sich mit mäßiger Zeit von selbst ergibt, wenn du
Endlich siehst, dass all die Jahre der Qualen nichts
Für dein Leben erbrachten;
Außer, dass dir die Jugend fehlt …

Drum erhebt euch! Legt stolz drückende Fesseln ab,
Die euch fernhalten von Träumen und Wünschen. Los!
   Nieder jede der Schulen,
  Die uns Dreck und Verdammnis lehrt!

Menschen sollte mensch nie werten! Und doch wird es
Täglich, stündlich getan. Es ist pervers! Ihr und
    Das System seid die Schweine,
  Die uns erst in den Mist gebracht.

Oh, ich kotze auf euch, die ihr euch klammert an
Noten, Werte und Neid. Das macht euch wertlos! So
    Schwindet in die Versenkung,
  Wo ihr an euch verrecken mögt.

Fristet eure Zeit im Wettbewerb, während wir
Strahlend vor Glück und frei vom Zwang der Wertung
        sind.
   Glück braucht alles – kein Zeugnis!
  Wertung liegt klar bei jedem selbst!

VI.

Regen prasselt, gestärkt vom Wind auf meine Haut,
Dass sich gar nichts auf ihr halten kann. Alles fließt.
   Fluktuationen ziehen
  Über mir mit Verdacht hinweg.

Kräftig pfeifend reißt der Wind all die Fahnen mit,
Welche uns der Tag der Revolutionen ließ.
   Glücklich unterm Mars wehen
  Sie im schüchternen Strom der Zeit.

Dieser würd' mir fast die nasse Haut trocknen, doch
Ohne Unterlass schlägt gellend der Regen auf
Unsre eisernen Fronten,
Welche grundlos entstanden sind.

Aber im Grund woll'n wir alle, die wir uns als
Gut bezeichneten, das Gleiche in andrer Form.
Jeder dachte die Staaten
Würden absterben – ganz von selbst …

VII.

„Produktion steht ganz an ersterer Stelle des
Lebens", sagen frech die, welche nie einen Stein
Produzierten. Sie scheinen
Sich an anderer Produktion

Faul im tiefsten Herz zu freuen. Sie sehen nur
Den Gewinn, der sich heiß über den fetten Leib
So verteilt wie die Öle
Einer Plattform auf hoher See.

Was mensch produziert, wird von ihm nicht konsumiert.
Was mensch konsumiert, wird von ihm nicht produziert.
… der Gehalt ist entfremdet
Und sein Mark ist erschüttert, denn

Niemand schätzt den Prozess, den er selbst nicht
begann.
Unverständnis und Gier ließen vergessen, dass
Gold nie mehr wert sein sollte
Als der schützende Ziegelstein.

VIII.

Sie bezeichnen die Welt, namentlich hier und dort.
Wörter schreiben sich nicht selbst auf die Schilder. Sie
   Werden ausgesucht von uns,
  Bis es uns – nicht ihnen – passt.

Alle werden markiert, streng und sogleich gepackt
In die Akten und die Schubladen des Gehirns.
   Mehr, als ich mir zutraue,
  Ordne auch ich so meine Welt.

Sonnenschein und der Mond; Wolken und unten Dreck.
Zwischen dem hier und dort tragen du, ich und er
   Namen ohne Verstand und
  Ohne Sinn auf dem Rücken durch.

Namen sind ein Beleg für die Geburt und ein
Stempelbrett für den Tod. Namen sind Suche und
   Namen lassen sich finden.
  Alles findet den Weg zum Wort.

Eine folgt dem Geräusch. Eine macht das Geräusch.
Namen sind zu viel Licht. Keinen zu tragen ist
   Schwer und schwerer ist es noch
  Einen neuen zu geben … schwer.

Fliegt nicht alles vorbei? Liegen bleibt von uns nichts.
Namen sind Schall und dein Atem ist nur der Rauch.
   Lasst los all die Namen,
  Die sich niemand je merken wird.

MATER URBIUM

Stärker noch strahlt das Licht, wenn es auf diese Stadt
Niederscheint und im Gold prächtiger Dächer sich
　　　Spiegelt, bricht und erhellet,
　　Dass selbst Sunna vor Neid erblasst.

Voller Pracht reiht sich Haus an Haus zu einer Front,
Deren Schönheit für die Nächste nicht reichen kann.
　　　Schönes wechselt dem Schönsten,
　　Welches selbst nicht das Wärmste ist.

Erst zusammen, da mag die Stadt die Schönste sein,
Denn zusammen gehört sie für all uns're Zeit.
　　　Anders darf es nie kommen.
　　Trennung wär' Schmerz, der soll nicht sein.

Lieber binde dich für immer an Freud und Lust
In der grünenden Welt der Parks und Gärten, die
　　　Sich verbergen weit hinter
　　Dem Getöse und Lärm der Stadt.

Dort vielleicht mögt ihr euch endlich vereinen zu
Dem, was ihr schon lang von euch erwarten tut.
　　　Legt euch nur in die Arme
　　Dieser goldenen Stadt und seid

Teil der alten Geschicht', so schreibt sie weiter
Mit der Liebe und Kraft, die euch verbindet, wie
　　　Steine einer stahl-festen
　　Hohen Mauer der großen Burg.

Welche über der Stadt thront als die Krone der
Mater Urbium, als ihre Beschützerin,
　　　Als erleuchteter Abschluss
　　Dieser Stätte der alten Zeit.

WOLFSMILCH

Sie hat Tränen in den Augen durch schwarzen Rauch,
Der den Öfen entsprang, welche die Mutter und
          Auch den Vater verschlangen,
      Als sie lebten in Dunkelheit …

In der ewigen Nacht, die nur erleuchtet war
Von dem hetzenden Licht fauchender Fackeln, die
          Offen die Welt entzündet.
      Ohnmacht uns'res Volkes war ihr Tod.

Nur die Wolfsmilch war es, welche sie nährte in
Dieser schrecklichen Zeit tiefster Entbehrung. Jetzt
          Regnet es und mensch könnte
      Meinen, es sei die neue Welt.

Eine Welt, in der die Schuld schon vergessen ist,
In der dem Staat und den Mördern vergeben wird.
          Doch der HEILIGE REGEN
      Wäscht die Sünden des Hasses nicht!

Eine neue Welt kann und wird's nach Auschwitz nie
Geben. Was schon geschah, kann nicht vergehen. Zeigt
          Der Kopf stur auf den Boden,
      Kann der Blick nie nach vorne geh'n.

Alle Wölfe sind bald tot. Kein Vergeben und
Kein Vergessen! Sagt es laut, sonst geschieht's erNEUt.
          WOLFSMILCH muss sie nicht trinken,
      Aber immer bleibt der Geschmack.

Sie hat Tränen in den Augen durch weißen Rauch,
Der dem Mahnmal entspringt, welches an Mutter und
          Auch an Vater erinnert.
      Kein Mensch wird je vergessen sein!

Ode an die olympischen Haine

Euch ich sehe – Euch! Ihr weiten Götterhaine,
Welche uns die Heimat ewig seien werden,
         Welche strahl'n im hellen Licht,
    Welche über allem stehen.

Niemand wird's in seinem kurzen Leben schaffen,
Unser hohes Gleichgewicht auch nur zu stören:
         Es bleibt alles, wie es war –
    Gut und schön wird alles bleiben.

Blick ich gern von meinem überhohen Throne
Nieder auf die kleine Welt der kleinen Menschen;
         Sehe, was dort vor sich geht –
    Kann es nicht im Lied beschreiben.

Schau ich lieber hier auf meine schönen Haine;
Alles glänzt im hellsten Schein der Mutter Sonne:
         Alles hier hat sein'n Bestand,
    Doch ihr unten seid verloren!

Ode an die WEIBLICHKEIT

Die Haut ist gut verdeckt unter dem Leder des
Schwarzen Mantels, der sich eng schmiegt an Hebung

und

Senkung dieses so zarten
Körpers, welcher sich vor der Gier

Mancher Männer in Acht nehmen muss. Leider bleibt
Stets ein ängstlicher Kern, welcher die Kirsche der
Weiblichkeiten verderben
Muss, bevor sie zum Mund gelangt.

Zwar das Leder schützt vor Blicken, doch nicht vor den
Taten, welche erst der Mann trug in unsre Welt.
Das Geschlecht wird den Frauen
Zur Herausford'rung ihrer selbst.

Doch das Wissen der Frau wird ihr die Lösung sein.
Ihre Ahnung allein ist schon weit aus sich'rer als
Die Gewissheit des Mannes
Und ihr Flüstern besiegt den Krieg.

Die Frau hat durch Geist und Schönheiten leider nie
So viel Einfluss erlangt wie sonst der reiche Mann.
Ihr bleibt aber das Wissen
Um die größere Kraft im Herz.

Macht, Liebe und Hass

Mond und Sterne verdecken den rühmlichen Glanz,
Den das menschliche Leben vernünftig erschuf.
Nacht und Wahnsinn beginnen zu schlüpfen aus den
Weichen Stoffen der lieblichen, toten Natur.

Gifte bringen die Nerven zum stockenden Puls
Einer lange vergangenen Zeit, die den Weg
Zum Beginnen ihres eigenen Endes erfand
Und den Stolz aus der Liebe zur Tat nicht versteckt.

Macht und Liebe sind ungleiche Schwestern, die doch
Leider immer die andere stolpernd erfühl'n
Und den Ausbruch gewaltiger Kräfte beschwör'n,
Wo die Mauern zerfetzen wie Tücher im Sturm.

Macht und Hass sind sich liebende Schwestern, die gern
An dem gleichen Gewerke erbauen und zieh'n,
Bis sich unsere Liebe in Ketten vernimmt,
Wo vorher sie die Freiheit im Himmel erfuhr.

Karl-Marx-Stadt

Breite straßen

Freie luft

Der blaue himmel zu den bergen

Der klare fluss hinab ins tal

Scharfe häuser

Leichte kunst

Ein kurzes lächeln auf den lippen

Ein wenig gutes tief im herz

Schwere köpfe

Grober stein

Gewalt und hass aus braunen tonnnen

Zurück den müll woher er kam

Frische blüten

Warmer wind

Bewusstsein das die glocken wecken

Im westen wird es nicht gehört

Leise töne

Gut versteckt

Reißt auf! reißt auf! die welt soll sehen

In sachsen glimmt die hoffnung rot

Sommerode: *Die Liebe gibt*

Wolken gleiten vorbei, ich lieg' im feuchten Gras,
Denn die morgendlichen Strahlen vermochten es
   Nicht den Tau zu zersetzen.
 Aber nicht schlimm – die Liebe gibt.

Kühlend lädt uns der Fluss auf den vergess'nen Kai.
Blut. Blut. Blut strömt aus mir! Plötzlich wird es schwarz
           vor
   Meinen Augen. Ich falle!
 Aber nicht schlimm – die Liebe gibt.

Lichter! Stimmliches! auf für uns verbot'nem Pfad.
Jetzt erwischt und es geht alles ins Grau der Nacht.
   Falscher Alarm? Ist es weg?
 Aber nicht schlimm – die Liebe gibt.

Noch zwei Freunde sind schon jetzt fortgegangen. Wir
Bleiben länger noch hier. Aber wir wissen, dass
   Sie uns fehlen, Zeit für Zeit.
 Aber nicht schlimm – die Liebe gibt.

Ich bin heute allein und hab nicht viel zu tun.
Langeweile bringt mich um und um den Verstand.
   Bitte nicht! Netzmelone!
 Aber nicht schlimm – die Liebe gibt.

Ich weiß, schon bald ist der Sommer vorüber. Ich
Gehe fort von Zuhaus. Lasse die Lieben hier,
   Leider auch noch den Liebsten.
 Aber nicht schlimm – die Liebe gibt.

LEIBLICHE LIEDER

FEIGES FRIEDENSFEST AUS DER FERNE

FREIES KYJIW – СВОБОДНЫЙ КИЕВ

ALLE SEH'N NACH OSTEN,
WO SIE SONST NICHT SIND;
STEH'N AUF LEEREN POSTEN …
EISIG WEHT DER WIND.

PUTIN LÄDT DIE WAFFEN
UND WIR SCHAUEN ZU –
SIND GEÜBT IM GAFFEN,
HABEN UNSRE RUH.

ZÖGERND GEHT DER WINTER
UND DER FRÜHLING EILT;
RUSSLAND STEHT DAHINTER,
WENN DAS LAND ZERTEILT.

DOCH WER GAB DEN GROSSEN
DEREINST JENES RECHT
KLEINE ZU ERBOSSEN
DURCH DAS BLUTGEFECHT.

FREIHEIT LIEGT AM BODEN,
WO DIE RUSSEN SIND
MIT DEN ALTEN MODEN:
FÜR GESCHICHTE BLIND.

SOWJETS SIND VERGANGEN,
WAR DER GEIST AUCH GUT.
IHR KÖNNT NICHTS ERLANGEN
DURCH GEFECHT UND BLUT!

WAFFEN SIND ERZWUNGEN,
DOCH DIE FREIHEIT NICHT.

KEIN SIEG IST ERRUNGEN,
BRENNT EIN TOTENLICHT!

LEGT DIE WAFFEN NIEDER!
LASST DIE TAUBEN FREI!
KRIEG KOMMT IMMER WIEDER …
KEINE BARBAREI!!!

FREIES CHARKIW – СВОБОДНЫЙ ХАРЬКОВ

WO IST NUR DIE SONNE?
HINTER ALL DEM RAUCH …
SCHREITEND DIE KOLONNE –
BRENNEND BLÜHT DER STRAUCH.

EINE STADT HEISST LEBEN,
DOCH IM KRIEG AUCH TOD.
WIR UND IHR VERGEBEN …
EINIG IN DER NOT.

METROSCHÄCHTE SCHÜTZEN
VOR DEM SCHUSS DER NACHT.
MÜDE ARME STÜTZEN,
WAS DER TAG ENTFACHT.

FREIHEIT HÄLT ZUSAMMEN,
WO DER MENSCH NICHT GLEICH.
ABER IN DEN FLAMMEN
ZISCHT EIN ALTES REICH.

FENSTER KLIRREN NIEDER
UND DER BODEN BRICHT.
ICH SAG: „NIE MEHR WIEDER!"
… SCHRIEB NUR EIN GEDICHT.

FREIES LWIW – СВОБОДНЫЙ ЛЬВОВ

FERN SCHALLT EIN GEWITTER
ÜBER KAHLEM LAND;
HEIMAT SCHMECKT SCHARF-BITTER
DURCH DIE FREMDE HAND.

WOLKEN ZIEH'N MIT SCHWERE.
TRÜBE LIEGT DER TAG.
WENN'S NUR FRIEDLICH WÄRE,
WO DER HIMMEL LAG.

DOCH DIE HAND IST GIERIG,
STRECKT DIE FINGER AUS –
FRIEDEN WIRD SO SCHWIERIG …
PANZER ROLL'N INS HAUS.

EINIGKEIT – VON WEGEN;
ALLES LIEGT ENTZWEI.
PUTIN ZIEHT DEN DEGEN,
LÄSST DEN BÄREN FREI.

DIE VERGANG'NEN ÄNDERN
STÄNDIG IHR GESICHT.
VOR DEN ABENDLÄNDERN
GLÜHT EIN ROTES LICHT.

UNDURCHDRINGLICH SCHIMMERT
SCHWARZ DIE DUNKELHEIT
UND IM KELLER WIMMERT
DIE VERGÄNGLICHKEIT.

ЖИВІТЬ ЗА СВОБОДИ!
ES IST AN DER ZEIT!
МИР ДЛЯ УКРАЇНИ!
FÜR DIE EWIGKEIT!

FREIES ODESSA – СВОБОДНАЯ ОДЕССА

TRÄNEN FÜR DEN FRIEDEN
SIND GENUG GEWEINT –
WAFFEN LEGT HIENIEDEN,
FREUND UND FEIND VEREINT.

WOFÜR WOLLT IHR STERBEN?
FÜR ERDACHTES LAND?
GRENZEN SCHAFFEN SCHERBEN –
BLUTIG GREIFT DIE HAND.

WIRTSCHAFT TREIBT ZUSAMMEN,
FREIHEIT ABER MEHR!
KRIEG IST ZU VERDAMMEN,
WIEGT DER SIEG AUCH SCHWER.

SIEGER GIBT ES NIMMER,
WO EIN LEBEN FÄLLT.
DER TRIUMPH MACHT SCHLIMMER,
WAS DIE WELT ENTSTELLT.

AUGEN SIND'S STATT RÜCKEN,
DIE DER FEIND ERBLICKT.
HINDERT'S IHN AM DRÜCKEN?
NEIN … DER GRÖSS'RE NICKT …

KREUZE AUF DEN ZINNEN,
FÜR DEN TOD BESTIMMT,
LASSEN KURZ BESINNEN,
BIS DAS BLUT VERSCHWIMMT.

GELBE FELDER LAGEN
FRISCH BEDECKT VON TAU
AN VERGANG'NEN TAGEN
UNTERM HIMMELBLAU.

FREIES LEBEN – СВОБОДНАЯ ЖИЗНЬ

HEBT DIE FRISCHEN BLÄTTER,
SEHT DAS SONNENLICHT.
HINTERM RAUCH DER STÄDTER
SCHWEIGT DER HIMMEL NICHT.

FRIEDEN MIT DEN WAFFEN:
EINE ILLUSION!
WAS DAS VOLK GESCHAFFEN,
BRICHT DIE INFLATION.

MÄRKTE UND BETRIEBE
ZEIGEN IHRE MACHT;
SIND DIE WAHREN DIEBE
IN DER LAUEN NACHT.

KRIEG IST DIE BANDAGE
FÜR DIE GIER DER WELT.
SEINE FETTE GAGE
IST DES BONZEN HELD.

EINE SCHLEIFE WINDET
ENDLOS SICH HERUM,
BIS SIE FEST VERBINDET
UNSER VAKUUM.

FREI IST NUR DAS LEBEN.
ZWANGHAFT IST DER TOD.
WAFFEN AUSZUGEBEN
LINDERT NICHT DIE NOT.

FRIEDEN MIT DEN WAFFEN:
EINE ILLUSION!!
WAS DAS VOLK GESCHAFFEN,
BRICHT DIE INFLATION.

HUNDERT TAGE KRIEG – СТО ДНЕЙ ВОЙНЫ

SOMMERSONNENSTRAHLEN
RIESELN AUF DAS LAND.
SCHARFE SCHÜSSE MALEN
BLUT AUF EURE HAND.

HÄNDE SIND ZUM FÜHLEN –
SEI ES TROCK'NER STAUB.
DOCH DAS VIELE WÜHLEN
MACHT DIE HÄNDE TAUB.

HUNDERT TAUBEN FLIEGEN,
KEINE KOMMT ZURÜCK.
IHRE FEDERN LIEGEN
AUF DEM KURZEN STÜCK.

ERSTE SCHRITTE ZEIGEN
LÄUFERN IHRE KRAFT.
SICH ZUM START ZU NEIGEN,
HEISST, DASS MENSCH ES SCHAFFT.

SCHWEIGEN KANN NICHT RETTEN.
REDEN IST EIN SCHRITT.
RAUS AUS EUREN BETTEN!
DU! EUROPA! MIT!

HUNDERT TAGE LEIDEN.
SCHWARZ UND ROT DER SIEG.
WORTE ZU VERMEIDEN =
HUNDERT TAGE KRIEG.

KOPENHAGENER QUARTETT

Taglicht

Erwacht! die welt beginnt!
Ein frischer hauch im wind
befeuert schwache glut
wirft tränen in die flut.

Das leben sprießt und treibt
die welt entflammt im grün.
Ich frage mich was bleibt
wenn all die felder blüh'n.

Das schweigen schläft im meer –
es ist nicht seine zeit.
Die stummen sind zu schwer:
zum fliegen nicht bereit.

Die freiheit um den hals
und in der nase salz
die augen schwer vom blau
die ohren nass vom tau.

LUCIA

Lichter jagen die nacht in den himmel.
Mond und sterne strahlen bleich wie schimmel.
Glocken fliegen durch die glatten gassen –
ihr geschrei verwaschen durch den regen.
Frei der weg für jene die ihn lassen:
füchse die sich in die pfützen legen.

Regen malt das pflaster sich zu spiegeln.
Nur ein tritt zerstört das ebenbild
doch mein kopf vermag es zu versiegeln.

Straßen häuser türme schlösser lichter
fügen sich zu einem festen schild
der versteckt die tausenden gesichter

hinter einer masse aus zerstreuten.
Sprüht die nacht das leben in den tag?
Bis der morgen fragt „was soll's bedeuten?"

Dächer schlafen wo einst sonne lag.
Heißes wachs wird hart vom tropfenschlag.

Neben festen spuren liegt ein weg:
über lichterschranken schwebt das träumen.
Ich weiß nicht wohin mein herz ich leg
denn gewohnheit möcht' ich ungern räumen.

Pauken tief im magen übertönen
stimmen hoch im kopf die mich entwöhnen.

Eine stadt geworfen in die wellen.
Häuser die an meinem bein zerschellen.

Uhren die sich plötzlich überschlagen.
Lichter die im nassen schatten funkeln.
Still im regen löst sich kopenhagen.
Kerzen in den blassen fenstern dunkeln.

DAVID

Die schleuder stets bereit
verlangen tut's die zeit.
Den stein fest in der hand.
Dein wunsch geht straff auf's meer …
Da steh ich vor der wand
die deine augen sind

versuche ihr zu folgen:
wie folg' ich wem der steht?

Ich werf' mich schnell hinein –
ein schnitt der musste sein.

Die augen viel zu scharf
zerschneiden mir die luft.
Lern' ich erst jetzt zu hören
zu sehen und zu fühlen?
Gischt. Wellen schrei'n ins ohr.
Blau. Himmel in den augen.
Eis. Kaltes kupfer unter
den blutdurchströmten fingern.

Wo ist der puls im guss?
Versteckt in deinem schatten?
Von deinem bein ein fluss?
Ein grüner strom der streichelt
den harten toten fuß.
Pygmalion versteht
den drang zum kalten herzen.

Still – zeh – für – zeh – schleich ich
auf deinen marmorsockel
bis nur der atemhauch
uns voneinander trennt –
das unbekannte wünsch
ich näh'r als das gewohnte.

Nachtlicht

Entschlaft! die welt geht ein.
Wir soll'n nicht länger sein.

Wer wagt den ersten schritt?
Kommt jemand mit ihm mit?

Wohin führt unser weg?
Ein himmelmeer aus schauer:
die reue viel zu spät
und von zu kurzer dauer.

Worauf soll ich noch hoffen
wenn ihr nicht einmal denkt?
Die tore standen offen –
die schlüssel sind verschenkt.

Zuletzt schlägt der gewinn
auch euer leben hin.
Doch meine zeit verglüht
bevor ihr ruhm erblüht.

RHEINLIEDER

Proömium

Das große Epos weicht dem Lied,
Ich mach da keinen Unterschied.
Mit beiden möcht' ich was erzählen,
Den schlechten Mensch mit Worten quälen,
Die spiegelnd seine Fehler zeigen –
Wohl manche Schwächen sind mir eigen.
Zwar ist der Umfang nicht so groß,
In Kürze muss ich nämlich los.
Drum lass ich euch die Lieder gern.
Sie sind schön kurz und nicht zu schwer,
Sonst würd' vom Himmel fall'n mein Stern.
Das Ende liegt nie allzu fern –
Bald mündet unser Rhein ins Meer.
Zuvor fließt er durch meinen Stift,
Den ich im Rhein ertränken müsst'.

1. Lied: *Zwei Sextetten über Liebe*

Was ist Liebe? Was ist Leiden?
Noch da kenn' ich keins von beiden.
Doch dazu bin ich geboren,
Es mit Freud' herauszufinden.
Nicht erkoren, nicht verloren
Warte ich mein Herz zu binden

An ein Boot mit seinem Fahrer,
Der soll sein mein Leidbewahrer.
Dann seh' ich, ob's Boot wird sinken
Oder bis zur Nordsee schiffen.
Sollt' es sinken, will ich hinken.
Andernfalls hab ich's begriffen.

2. Lied: *Grüner Blitz in schwarzer Nacht*

Der Abend flog,
Die Sonne ging.
Der dunkle Sog
Mich eisig fing.

Die Nacht brach an,
Es wurde kalt.
Der Mond gewann.
Wo blieb mein Halt?

Zu tief fiel ich
In euren Grund.
Ich sah nur dich.
Mein Herz ward wund.

Verschling' mein Leid
Du grünes Licht!
Ich brach den Eid,
Die Hoffnung nicht.

Allein im Wald
Bin ich noch frei.
Der Nebel wallt –
Es ist vorbei.

Sie wollte fort,
Ich wollt' nicht mit.
Ich war ein Keck,
Dass ich mich stritt.

Hier ging sie her
In tiefster Nacht.
Es fällt noch schwer …
Die Tote wacht.

Was blitzte dort?
Was blitzte hier?
Ein einz'ges Wort,
Ich bin bei dir!

3. Lied: *Ophelia und ich*

Die Stadt, sie brennt, wir aber bleiben.
Den Flammen müssen wir nicht weichen.
Im Rhein, wo uns die Fluten treiben,
Sind wir geborgen und die Leichen,
Die für den Blutzoll sterben mussten,
Vom großen Schicksal doch nichts wussten.

Die Stadt, sie brennt, wir sind geblieben
Und treiben Hand in Hand durchs Wasser.
Vergessen ist, was ich geschrieben.
Mit jeder Stunde werd' ich blasser;
Zumindest werd' ich's nicht alleine:
Ophelia! Bist tot, doch meine!

4. Lied: *Das Lied vom Deutschen Eck*

Deutsches Eck,
        Du stolzer Fleck!

Sooo deutsch bist du nicht.
Deine Flüsse sind
Gar kein deutsches Kind;
Ström'n durch manches Land
Von der Quell' gesandt.
Grenzen war'n nie dicht!

Deutscher Ort sollst du
Nicht sein. Deutschland ruh'

Friedlich in der Erd',
Bess'res aus dir werd',
Wenn du dich verpisst,
In der Hölle bist!

Blau ist unser Lied,
Blau mit gelbem Stern –
Bläulich wie der Rhein,
Gelblich wie sein Stein.
Durch Europa zieht
Vater Rhein so gern.

Mutter Mosel singt,
Wo das Lied erklingt.
Nur gemeinsam sind
Wir Europas Kind
Und das deutsche Eck
Geht mit Nazis weg!

Deutsches Eck,
        Auf dir liegt Dreck!

5. Lied: *An den Tod*
Du liest diese Zeilen.
        Ich bin längst schon fort.

Du liest diese Zeilen,
        Nicht mein letztes Wort.

Du liest diese Zeilen,
        Denn ich bin entfloh'n.

Du liest diese Zeilen.
        Leben ist mein Lohn!

6. Lied: *Liebliche Rache*

Du weinst in der Nacht.
Ich komme zu dir
Der Trost gibt dir Kraft
Und du gibst sie mir.

Die Freundschaft wiegt viel
Und ist selbst das Ziel.

Noch ist's nicht lang her,
Dass sie mich verließ.
Der Schmerz wurd' so schwer,
Als sie zu dir stieß.

Für mich warst du tot –
Du brachst dein Gebot.

Und doch bin ich hier
Und treib' sie hinaus
Aus dir wie aus mir –
Doch krieg kein'n Applaus.

Ich weiß es ist schwer.
Mir fehlt sie noch mehr.

Wir ziehen den Kern
Aus unserem Herz.
Da fällt schon ihr Stern –
Sie spürt jetzt den Schmerz.

Genährt durch ihr Blut
Wächst Liebe mit Mut.

7. Lied: *Die Dichter*innen vom Rhein*

Viele Dichter*innen haben nie den Rhein beschrieben,
Doch ich schrieb die Lieder und bin's selber nicht
geblieben.

Viele Dichter*innen haben schon vom Rhein gehört,
Doch sie wurden nie von ihm zu einem Lied gestört.

Viele Dichter*innen haben schon den Rhein gesehen,
Doch nur mancher Vers blieb fest im Buch von ihnen
stehen.

Viele Dichter*innen haben schon den Rhein gespürt,
Doch nur wen'ge war'ns, die seinen Musenkuss gespürt.

Viele Dichter*innen haben schon den Rhein besungen,
Doch noch nie hat jemand über diese selbst gesungen.

8. Lied: *Die Eibe*

Schnell zieht das Land vorbei;
Verschwimmt an meiner Scheibe.
Die Äste liegen frei
Allein nur eine Eibe

Steht grün im tristen Wald.
Ihr Haupt ist dicht bewachsen –
Der Winter abgeprallt.
Und selbst das eis'ge Knacksen

Der kalten Liturgie
Mag ihren Lauf nicht stören.
Ich frage mich nur, wie
Kann ich dazugehören?

In all dem toten Grau
Seh' ich die Eibe grünen.
Mir schmilzt das Eis zu Tau
Und all das Leid muss sühnen.

9. Lied: *Die Loreley*

Über'm Rhein stand hoch am Himmel
Klar der Mond im Lichtgewimmel:
    Warf die Schatten bis ins Tal,
    Warf sie mit dem hellen Strahl;
Schmückte auch die Burgruinen,
Die dem Schiffer trotzig schienen.

Jener Schiffer musst' nach Norden,
Denn es ist schon spät geworden:
    Keiner war mehr auf dem Fluss,
    Keiner kam in den Genuss,
Strom und Berge so zu sehen,
Wie sie grade vor ihm stehen.

Einsam trieb er in den Wogen,
Fuhr entlang des Flusses Bogen:
    Auf den Bergen stand der Wein,
    Auf den Bergen ist sein Heim.
Unten schliefen schon die Leute –
Es war wohl genug für heute.

Als der Schiffer kurz nach Bingen,
Hört' er eine Frau schön singen:
    Es klang wundersam vertraut,
    Es klang wie Apollons Laut.
Doch noch war'n die Lieder ferne
Wie in Wüsten die Luzerne.

Schließlich kam er zu dem Brocken,
Wo Gesang tat ihn hinlocken:
      Oben sah er jene Frau,
      Oben sang sie frisch wie Tau,
Spielte auch noch mit der Leier,
Hüllte sich in Nebelschleier:

„Hör du Schiffer meine Klänge,
Wohl des Rheines Nachtgepränge:
      Lorela, oh Lorelei
      Lorela, die Melodei.
Sicher wirst du es nicht büßen,
Ich will dich doch nur begrüßen.“

Er sah nur zu ihr nach oben,
Hörte nicht den Strudel toben:
      Es ihn zog zum Felsenkliff,
      Es ihn zog der Todesgriff.
Noch er hielt sich auf den Beinen,
Bis sein Schiff zerschellt an Steinen.

Steine griff er im Getose,
Aber rutschte ab durch Moose:
      So es fasste ihn der Strom,
      So es fasst' ihn ein Phantom.
Jener Schiffer wurd' Legende,
Nun fand er sein nasses Ende.

Und die Nacht, sie wurde stille;
Ja, es zirpte keine Grille:
      Es klang nur die Melodei,
      Es klang nur die Loreley:
„Kommt zu mir, in meine Wogen,
Torheit wird euch feiernd loben!“

10. Lied: *Siedende Sühne*

Glühend gießt der Strahl ins Becken,
Will mit heißem Wasser decken,
Was so eisig lag im Rhein –
Jetzt soll es lebendig sein.

In den Fluten fast ertrunken,
Sitzt's im Höllenbad versunken.
Was!? Das heiße Wasser brennt? (*gehässiges Lachen.*)
Weil es dich Verräter nennt!!!

„Lass das heiße Wasser laufen,
Ich will mich im Feuer taufen.
Dann bin ich von Sünden rein,
WERD' EIN GUTER BÜRGER SEIN."

Tag und Nacht

Die Sonne fliegt.
Die Luft ist rein.
Ein Vogel singt
Zur Nacht hinein.

Der Abend naht.
Das Mühlrad springt:
In leichter Luft…
Der Stahl erklingt.

Vom Boden hebt
Den müden Kopf!
Werft eure Not
In einen Topf!

Die Nacht bricht an.
Die Nacht ist blind:
Was hier geschieht,
Verweht der Wind …

Die Straße ruft!
Der Stein lockt an;
Fliegt aus der Hand,
So weit er kann.

Die Nacht wird hell
Vom warmen Schein;
Es muss der Brand
Im Reichstag sein.

Papier brennt hell,
Das Geld gleich mit.
Im leeren Gang
Der scheue Tritt.

So langsam rennt
Die Zeit hinauf;
Die Tür ist zu,
Doch nicht ihr Knauf.

Drum rempelt, brecht
Und schlagt entzwei:
Gewalt ist gut,
Doch selten frei.

Ein Brand verschont
Den Zünder nicht.
Daraus entsteht
Ein rotes Licht.

Der Morgen wacht
Vom Schrecken auf
Und taucht ins Rot
Den Wasserlauf.

Die Sonne fliegt.
Die Luft ist rein.
Ein Vogel singt
Zum Tag hinein.

Seelendämmerung in IJburg

Der Schrei der Möwen bricht die Luft entzwei
Und schlägt das Wasser an den weichen Sand.
Die Sonne kündet stumm von einem Brand,
Doch keiner hört den Tanz der zarten Strahlen,
Bis auch der letzte Stein vom Meer zermahlen.
Verkümmert springen Stimmen an dein Ohr
Und leise zieh' ich meine Ängste vor.
Charakter ist wie Kaffee aufgesetzt,
Denn Treue ist es, was der Mensch zerfetzt.
Allein die Wellen schlagen noch im Takt,
Weil nur der Mensch den Strom der Zeit nicht packt.
Ich lebe, weil die große Liebe geht,
Denn auch die letzte Burg im toten Sand
Wird schnell vom Sturm der eignen Gier verweht.
Mein Leben sei ein einz'ger großer Brand.
Er löscht nur durch die Tränen meiner Hand.

Das Mädchen mit den drei Äpfeln

Auf der Schale Tropfen,
Innen glüht das Fleisch,
Saft dringt aus den Poren.
Spür': die Adern schwellen.
Sitten sind verloren,
Wenn die Glut entflammt.
Äpfel können kochen:
Sieh in deine Hand!

Brauchst dich nicht zu schämen.
Es gibt keinen Grund,
Wenn du keinen willst.
Aber deine Scham
Kann ich dir nicht nehmen.
Tag für Tag nur denken –
Denke nicht zu viel.
Zeit kann ich nicht schenken:
Sag, was ist dein Ziel?

Lust und Scham zusammen
Schmecken bittersüß
Und verbrennen deine
Zunge. Aus den Äpfeln
Werden schwere Steine,
Die im Magen rumpeln.
Mach dir keine Sorgen.
Alle tun den Schritt.
Manche Eulen heulen
Auch am frühen Morgen.

Appell an das Mädchen mit den drei Äpfeln

„Die Tage sind vergangen.
Was fragst du nach dem Licht?
Ich möcht' es nicht verlangen.
Die Lippen halten dicht.

Der Schlaf war viel zu müde.
Ich nehm' es nicht mehr hin.
Die Menschen wurden prüde.
Wo steht ein fester Sinn?

Drum lass die andern leben.
Sie wissen nicht warum.
Lass los das träge Streben:
Die Hoffnung hält dich dumm.

Die Nächte sind zum kotzen;
Die Tage viel zu still.
Was nützt das eitle Protzen,
Wenn's jeder machen will?

Du liebst, doch liebst nicht richtig,
Denn ich lieg' hier allein.
Sag! Ist dein Herz dir wichtig?
So lass dich auf mich ein.",

Sprach ich und schrieb's dir nieder,
Doch letztlich bleib ich stumm.
Die Hoffnung packt mich wieder
Und hält den Dichter dumm.

Das Mädchen mit den drei Äpfeln und das Meer

Das kühle Meer schlägt in den heißen Sand.
Die Sonne spielt mit roten Strahlen,
Bevor sie in die Tiefe sinkt.
Du sitzt still; dein Herz, das springt
Und möcht' sich in den Himmel malen,
Denn *ROT zu ROT*. Die schwere blaue Wand
Beginnt sich auf das Meer zu senken.
[Ob ein Wort oder viele tönen,]
Sie alle schluckt die stille See.
Ein jedes Wort zu dir tut weh:
Ich will dir meine Stimme schenken;
Du schließt sofort die ausgestreckte Hand.
Ich wasch sie rein in schwarzen Wellen,
Die nur der bleiche Mond bescheint.
Mein einz'ger Wunsch: wir zwei
vereint.
Du aber willst … Die Hunde bellen!
Am heit'ren Himmel tobt ein wilder Brand
Und du willst mit den Muscheln spielen.
Die Sonne stirbt für diesen Tag!
Ein andrer wird's, an dem ich frag,
Zu wem die hellsten Sterne fielen.
Die Nacht hat mich in Dunkelheit verbannt.

Schwarze Phase

Schreie aus der Ferne
Stehen nicht allein.
Alles, was sie waren;
Alles, was sie sind,
Ist verweht vom Wind,
Bis ich endlich lerne,
Wer das Spiel gewinnt.

Meine Feder wird
Schwer wie Blei und Zinn,
Wenn ich einsam denke,
Wer ich wirklich bin.
Lichter fremder Städte
Habe ich gesehen,
Doch sie warfen Schatten:
„Sonne magst du gehen?"

Alles, was ich fühle,
Fühle ich zu sehr:
Finger zittern müde,
Augen schauen leer
Und die Füße brennen,
Aber ich will meer!

Mein Verlangen holt
Mich am Ende ein,
Denn ich krieg nicht alles
In den Kopf hinein.
All die bunten Farben
Ferner naher Welt
Mischen sich Zuhause.
Schwarz ist schon bestellt …

Schnee auf dem Schirm

Ein Rauschen aus dem Wald,
Das in mein Zimmer schallt,
        Beendet meinen Schlaf.

        Ein Brechen auf dem Biegen –
Schon ist die Nacht vorbei.
Der Spannungsbogen bröckelt
Und seine Trümmer liegen
Verteilt auf meinem Kissen.
Fast möcht' ich dich vermissen:

Fragst nicht nach meinen Tränen.
Fragst nur nach deinem Geld.
Ich würde mich gern schämen:
Das ist nicht meine Welt.

        Ich treffe keinen Punkt,
                Der auf der Stelle steht.
Ich ziele in die Nähe,
Doch alles, was noch geht,
Sind Schüsse in die Leere …
        Wenn Schnee so einfach wäre.

Freiheit ohne Willen

Es will sich nichts bewegen.
Der Tag zieht still vorbei.
Ich schlaf an seinen Wegen;
Bin lustlos aber frei.
   Hab ich was dagegen?

Das Licht belebt die Stunden,
Die Freuden aber nicht.
Was hab ich mich geschunden
Für Freiheit vor Gericht?
   Körper sind aus Wunden.

Die Fesseln aufzusprengen,
Das war ein schneller Zug.
Sich wieder rein zu zwängen
Geht nur durch Lug und Trug.
   Schuften vor dem Drängen …

Ich lieg' und will nicht liegen;
Die Glieder sind zu schwer.
Was seid ihr so verschwiegen?
Im Schweigen rauscht ein Meer:
   „Zahlen sind gestiegen!"

Keine Lust auf gar nichts

Die Füße auf den Rücken.
Die Hände in den Sand.
Die Augen zu zwei Brücken.
Im Nacken Sonnenbrand.

Was zieh'n die Wolken rüber –
Verstreut ein grauer Brei.
Die Tage sind hinüber:
So lasst die Sonne frei!

Der braune Fluss zieht träge
Den ausgehöhlten Weg.
Was ich nicht darum gäbe,
Dass mancher in ihm läg'.

Ergrünte Wiesen wogen
Wie Wellen mit dem Wind.
Ich habe dich belogen;
Du liebst dein eig'nes Kind …

Dir fliegt's blau durch die Haare.
Der Himmel ist und bleibt
Die einz'ge freie Ware,
Die keine Rechnung schreibt.

Greif ruhig nach den Sternen,
Sie halten für dich still.
Im Schauer wirst du lernen,
Dass ich nichts von dir will.

Was sollt' ich mich bewegen,
Wenn schon ein Anfang steht.
Ich muss nicht überlegen;
Das Ende kommt und geht.

Die Wespentränke

Ihr Blätter rauscht im Wind
Und eure Schatten tanzen,
Wo keine Lieder sind
Und nur die Hitze klingt.

Ein keuchend Vogel singt,
Der keine Tränke findet.
Der dürre Röhricht schwingt;
Das Leben ist verstummt.

Die letzte Biene summt
In Feldern ohne Blüten.
Wie Knochenschlägel brummt
Die Wespe, die noch fliegt.

Der Finkennapf versiegt
Und wird zur Wespentränke,
An der das Leben liegt,
Das mehr als Tropfen braucht.

Von unten durch das Wasser

Von oben durch das Wasser
  Strahlt die Sonne rein.
Es muss der letzte Sommer
  Vor dem Feuer sein.

Es zündelt auf den Halmen:
  Gelb und Braun wird Rot.
Noch einmal friedlich planschen,
  Wenn die Hölle droht.

Die Sprenger sollen laufen:
  All das Wasser raus!
Es brennt in allen Wäldern,
  Kühl ist's um mein Haus.

Von unten durch das Wasser
  Ist der Himmel blau.
Am Beckenrand die Flammen
  Und wir steh'n im Stau.

Die Tragödie des Allgemeinguts

Wär's nicht schön, wenn alles all'n gehören könnte?
Mehr als die Toiletten sollten uns gehören:
Wir sind mehr als das, was hinten übrig bleibt!

*

Wenn einer auf die Brille pisst,
  Dann setzt sich niemand hin.
Da frag ich mich, ob ihr denn wisst,
  Euch fehlt hier der Gewinn.

Die andern sind schlimmer, aber selbst bin ich schlecht.
Ich wüsste so gerne, ab wann wird's ungerecht.

Für kurze Zeit mögt ihr gewinnen,
  Doch lange hält es nicht.
Auf nasser Brille zu besinnen …
  Auf trock'ner brennt ein Licht.

*

Fragt nicht, warum die Toilette dreckig ist.
        Fragt, warum sie nicht sauber blieb.

Aurora weckt den Tag

Die stummen Türme tragen die Welt auch ohne mich
Und heben sie aus eisiger Tiefe stiller Nächte,
Bevor der Mond der glühenden Sonne schmelzend wich,
In zarter Macht der täglichen roten Morgenkräfte.

Erbleicht! denn ROT verkündet die Zukunft neuen
                                        Lebens
Und übertrumpft die wimmernde Schwärze wilder
                                        Nacht.
Das Streben nach Verdeckung: im Himmel ist's
                                        vergebens.
Kein einz'ger Schatten bleibt in des Morgens warmer
                                        Pracht.

Die Welt muss sich den menschlichen Wesen nicht
                                        erklären.
Sie schweigt und deckt die schwindende Vielfalt eisern
                                        zu.
Sie kennt sich selbst am besten, der Mensch muss sich
                                        nicht wehren.
Die ganze Politik ist doch nichts als ein Dessous.

Blick in die Leine

Der Regen, wenn die laue Sonne scheint,
Ist alles, was ein Leben hinterlässt.
Wenn Licht und Schatten sich zum Nebel eint,
So hält die Trägheit uns – die Menschen – fest:
Ihr fragt die Eltern nach dem Sinn des Lebens.
Ihr fragt die Lehrer nach dem Sinn des Lebens.
Ihr fragt die Mächt'gen nach dem Sinn des Lebens.
Ihr fragt die Götter nach dem Sinn des Lebens.
Ihr fragt fast alles nach dem Sinn des Lebens.
Die Fragensteller aber fragt ihr nicht;
Drum ist die Frage nach dem Sinn vergebens.
Der wahre Sinn liegt hinter dem Gesicht:
Sieh tief ins Wasser und dann öffne dich!
Im Grün und Blau entsteht ein zartes Bild –
Nach ein zwei Tropfen zieht ein ruh'ger Strich
Das trübe Wasser ein und macht es mild.
Die Wahrheit liegt uns offen ohne Fragen,
Denn Fragen trüben manchmal unsern Blick.
Allein mehr Mut zum eig'nen Handeln wagen.
Mit jedem Sprung erzittert das Genick.
Doch ohne Sprünge bleibt das stumme Stehen.
        Hieß es nicht, wir sollen vorwärts gehen?

Was lässt mich dich vermissen?

Was lässt mich dich vermissen
Am heißen Sommertag?
      Ist es der Gedanke,
Dass ich dich wirklich mag?

Schon eine ruh'ge Stunde
Ist meiner Zeit zu viel.
      Jeder Herzschlag wimmert:
„Was ist dein wahres Ziel?"

Was lässt mich dich vermissen?
Das Leben ist zu schnell.
      Deine Augen strahlen
Wie blauer Himmel hell.

Sag, hörst du nicht die Stimme,
Die laut und ständig schreit?
      Stille ist ihr Name,
Man hört sie nie zu zweit.

Was lässt mich dich vermissen
Mit jedem Atemzug?
      Luft! so heiß wie Feuer –
Noch immer nicht genug.

Antwort von dir

Ich wart' auf deine Worte
Und alles ist so leer …
Ich will mich nicht bewegen;
Das Atmen fällt mir schwer.

Was lässt du meine Nachricht
Ganz ohne Kommentar?
Ich fang an mich zu fragen,
Was ich denn für dich war.

Spiel nicht mit meinem Herzen –
Vorsicht! es zerbricht.
Das Schweigen zu beschreiben:
Nur Dunkelheit, kein Licht.

Ich sitz' und warte weiter,
Bis alle Zeit vergeht.
Versuche zu entziffern,
Was auf dein'm Herzen steht.

Fast alles, nur nicht Liebe –
Sonst hörte ich von dir.
Ich wein' und weiß nicht weiter.
Was denkst du nur von mir?

Fünf Sinne

Träume in den Tag.
Ohnmacht über mir.
Mir scheint, es liegt an dir.

Hör ich im Wind das Rauschen,
Denk ich, es ist dein Klang,
Dabei ist es die Amsel
Im reißenden Gesang.

Riech' ich an meinen Sachen
Am Tag, als wir uns sah'n,
Dann riech' ich dich noch immer –
Es ist um mich getan.

Und nachts in meiner Decke
Fühl ich das Kissen weich,
Glaub mich in deinen Armen,
Werd wach und bin ganz bleich.

Am Mittag in den Wolken
Erkenn ich dein Gesicht.
Ich kann es nicht erreichen,
Zu weit entfernt das Licht.

Wie gern würd' ich noch schreiben,
Dass du nach Zucker schmeckst?
Noch hab ich nicht gekostet,
Mir reicht's, wenn du dich streckst.

Triebe knospen aus.
Oleander blüht.
Mir scheint, es liegt an dir.

Ja oder Nein zum Dichter?

Ich rede gerne große Worte,
Wenn sie nicht allzu wichtig sind.
Ein Dichter schreibt am ruh'gen Orte,
Am andern schweigt er und bleibt blind.
Die Augen rot, das Glied schon steif;
Ich glaub die Zeit wird langsam reif.

Ich bin zu stürmisch. Das liegt offen.
Ich denke und ich fühl zu sehr.
Doch trotzdem! etwas lässt mich hoffen –
Mein Rettungsboot im Tränenmeer.
Ich weiß nicht, wie ich's nennen soll,
Mal ist's zu leer und mal zu voll.

Drum schreib ich, was ich grade fühle:
Ist's Liebe oder ist sie's nicht?
Im Kopf mahlt eine stumpfe Mühle;
Im Herzen brennt ein helles Licht.
Das Wort der „Liebe" meint zu viel.
Ich schieß es los und treff' kein Ziel.

Nicht lange und ich bin gegangen,
Doch würd' dich gerne wiederseh'n.
Sag, kann ich das von dir verlangen?
Geliebt an deiner Seite steh'n?
Ja oder Nein zum Dichterling,
Der sich so schnell in dir verfing.

Kein Abschied für immer

Ich möchte euch vermissen,
Wenn ihr verschwunden seid.
Ihr sollt es von mir wissen –
Das Ende unsrer Zeit.

Was haben wir für Stunden
Mit Lachen einst verbracht.
Es bleiben tiefe Wunden,
Die Tränen fallen sacht.

Das Hungern und das Essen,
Der Schatten und das Licht:
Die Freundschaft hier zu messen,
Für euch wär' es zu schlicht.

Der Süden ruft mit Hitze.
Genießt das Sonnenbad.
Wenn ich mit Tom hier schwitze,
Dreht euer Bus das Rad.

So fahrt mit euren Winden
Und seid jetzt endlich frei.
Ihr werdet nicht verschwinden,
Denn alles geht vorbei.

Die Liebe liebt das Wandern,
Die Freundschaft ebenso;
Von einem zu dem andern
Und zu uns sowieso.

Ich möchte euch vermissen,
Wenn ihr verschwunden seid.
Ihr sollt es von mir wissen –
Der Neustart unsrer Zeit.

BLASSE BALLADEN

INGLORIA – DER DOMBAU ZU KÖLN

I. Akt

Der alte Dom war nicht mehr schön zu sehen;
Sein Stil zu schwach. Nun endlich muss er gehen.
Ein neuer Dom mit gottesgleicher Pracht
Soll sich erheben aus der geist'gen Nacht.
Der Meister Gerhard muss die Sache richten;
Die neue Kirche für den Bischof dichten.
Französisch, gotisch wollt' der Pfaff' es haben –
Allein das Geld kommt aus der Bettler Gaben.
Ein Jahr war Zeit die Pläne zu vollenden.
Ganz eisig zog die Furcht durch Gerhards Lenden,
Weil ihm noch immer fehlte jeder Plan
Und langsam wuchs in seinem Kopf der Wahn.
Drum ging er zum Spazieren an den Rhein.
Dort sollten seine Zweifel kleiner sein.

GERHARD.   Der Rhein fließt schnell.
            Der Rhein fließt weit.
            Im Morgenhell
            Rinnt meine Zeit.

            Wie lange soll mein Kopf noch brennen?
            Ich glaub, ich will die Antwort kennen,
            Doch dann fällt mir der Dom zusammen.
            Der Teufel sollte mich verdammen!

            Der Plan geht fort,
            Doch bricht entzwei.

Vom Bischofswort
Wär' ich gern frei.

Der Schlaf hilft mir mich zu besinnen,
Danach will ich mein Werk beginnen.
Danach will ich als andrer stehen.
Den Plan werd ich im Traum ersehen.

Der Rhein fließt leis'.
Der Rhein fließt schwach.
Ich seh' es weiß:
Des Domes Dach …

So schlief der Meister Gerhard zweifelnd ein
An einem Fels, den nennt man Teufelsstein.
Er dient als Lager nur für kurze Zeit;
Hart ist der Stein und tödlich sein Geleit …

II. Akt

Geweckt vom Plätschern sanften Uferstroms
Sieht Gerhard gleich die Pläne eines Doms,
Die schnell und spitz von sehr geschickter Hand
Mit einem Stock gemalt sind in den Sand.
So blickte er mit scheuem Aug' nach oben.
Da hat ein Fremder seinen Hut gehoben,
Der sah aus, als ob er aus Frankreich kam
Und grüßte schon bevor man ihn vernahm.
Doch Gerhard starrte bloß auf dessen Plan.
Er schien die Lösung für den üblen Wahn.

GERHARD.　　　Sag, Fremder, was ist dein Begehr,
　　　　　　　Wo hast du diese Pläne her?
　　　　　　　Sie scheinen mir von Meisterhand –
　　　　　　　Auf ihnen liegt ein scharfes Band.

FREMDER.　　　Nun glaub, die Pläne sind von mir.
　　　　　　　Ich lasse sie dir gerne hier.

GERHARD.　　　Wie gern würd' ich der Meister sein,
　　　　　　　Der diese Werke trieb sich ein.
　　　　　　　Oh leider fehlt mir jeder Glanz;
　　　　　　　Mein Geist verwehrte mir den Tanz.
　　　　　　　Drum sag, was ist der stolze Preis?

FREMDER.　　　(Jetzt hab ich ihn, er ist schon heiß!)
　　　　　　　Der Preis liegt hier am Uferrand:
　　　　　　　Du bist es selbst mein lieber Mann.
　　　　　　　Drum gib mir fix jetzt deine Hand!
　　　　　　　Ich heb' den Dienst noch etwas an:
　　　　　　　Für Frau und Kind helf' ich dir mit
　　　　　　　Und bau' den Dom im schnellsten Schritt.
　　　　　　　Im dritten Jahr soll er dann steh'n –
　　　　　　　Du wirst den Himmel vor dir seh'n;
　　　　　　　Noch vor dem ersten Hahnenschrei
　　　　　　　Am Morgen ist der Bau vorbei!
　　　　　　　Sollt' ich bis dann nicht fertig sein,
　　　　　　　Bleibt Frau und Kind [und selbst du dein].

GERHARD.　　　(Das ist ein wirklich leichtes Spiel!
　　　　　　　Der Fremde hofft sich viel zu viel!)

Ich stimm' dir zu die Wette gilt:
Im dritten Jahr des Domes Bild.

So gaben beide sich die Hand zur Wette.
Wer wünscht sich bald, dass er es nimmer hätte?

III. Akt

Der Bau des Doms schritt schnell im Sturm voran.
Schon sah sich Gerhard als verlor'ner Mann.
Die Steine türmten sich zu mächt'gen Mauern –
Der Meister fing schon an darin zu trauern:
Er sah mit jedem Meter, der sich hob:
Die Wette ist des Todes höchstes Lob!
Und eines Nachts stieg er den Turm hinauf,
Der nahm schon fast zur Spitze seinen Lauf.
Der Chor erhob sich mit erhoffter Pracht.
Das Strebewerk setzt an zur ersten Wacht
Und Zierrat über Zierrat wächst hervor,
Er wächst und strebt zum Firmament empor,
Als wär's das Ziel den Schöpfer zu erreichen,
Doch nicht auf Bergen von gestürzten Leichen,
Die sich hier häufen beinah wie die Steine.
Der finstre Fremde macht den Knechten Beine.
Sie müssen schuften wie versklavte Affen,
Wie soll'n sie es sonst in drei Jahren schaffen
Die größte Kirche ihrer Zeit zu bauen?
Ob Tag, ob Nacht: der Stein er wird behauen.

ARBEITER (*Singend.*).   Der Dom, er wächst empor,
                  Erreicht das Himmelstor

Und öffnet uns den Weg,
Wo sonst Gebein nur läg'.
Der Bischof meint es so!
Durchs Bauen sind wir froh!

Drum hauen wir den Stein
Und setzen ihn hinein.
Mit jedem Block geht's ran;
Ein jeder, was er kann.
Der Bischof meint es so!
Durchs Bauen sind wir froh!

Und fällt ein Stein uns – ach –
Hinunter von dem Dach.
Dann fällt er schon vorbei,
Sonst ist der unten Brei.
Der Bischof meint es so!
Durchs Bauen sind wir froh!

Und stirbt ein Armer doch,
Gebrochen ist sein Joch.
So baute er am Dom
Und kriegt dafür den Lohn.
Der Bischof meint es so!
Durchs Bauen sind wir froh!

Als Gerhard diesen Drang zum Schuften sah,
Da trat sein Herz dem Stillstand schrecklich nah.
Er schwankte auf den luftig-lock'ren Planken,
Versank schon längst in seinen Schmerzgedanken.

GERHARD.   Mein Leiden wächst mit jedem neuen
                                               Meter.
          Mein Leiden wächst mit jedem neuen Stein.
          Mein Leiden wächst mit jedem neuen Fenster.
          Er wird den Dom nach Plan getaktet bauen;
          Vollendet ist das Werk in nur drei Jahren.
          Ich kann ihn nicht mehr stoppen, wie sollt' ich's
          Auch machen? Geh mein Leben! Flieg hinfort!
          Du wirst ein Fremder sein. Schon alle sehen
          Dich in der Stadt mit fiesen Blicken an,
          Weil du dich ziehst ins Innerste zurück.
          Doch raus! Nur raus, bevor der Fremde kommt,
          Den Preis für die gewonn'ne Wette sich
          Von dir und Frau und Kind mit Recht zu holen,
          Wenn vorher nicht die Bürger*innen toben,
          Weil sie sich denken, dass der Teufel mich
          Im Würgegriff der Schwefelhände hat.
          Doch diesen Quatsch könn'n Bauern nur
                                               erdichten!

IV. Akt

An einem Morgen saß der Meister still
Am Tisch Zuhaus' und wusst' nicht, was er will.
Die Wette drückte schwer auf seinen Geist.
Er mag nicht wissen, was der Tod verheißt.

FRAU GERHARD.   Oh Gerhard du blickst gar so
                                               dunkel.
          In deinen Augen steckt kein Funkel.
          Der Bau soll dir doch Freude machen;
          Jetzt hält dein Mund kein einz'ges Lachen.

Das Feuer für den Dom erloschen –
Verklungen zwischen goldnen Groschen?
Ist all die Arbeit dir zu schwer?
Der Bau! Der Bau! Nichts andres mehr?
Du hältst es fest. Es bringt dir Schmerzen.
Nun sag, was liegt dir auf dem Herzen?

Erst blickt er still ins warme Ofenfeuer.
Er meint darin ein rotes Ungeheuer.
Dann plötzlich springt die Glut aus heißer Flamme;
Sie hinterlässt auf Eichenboden eine Schramme
Und er spricht zögernd zur geliebten Frau,
Die selber wird vom Hören völlig grau.
Die Wette scheint das Ende ihrer Zeit,
Doch für das Gehen sind sie nicht bereit.
Vergeblich wird nach einem Weg gesucht.
Da meinen sie, der Teufel hat geflucht.

V. Akt

Frau Gerhard ging mit Grübeln auf die Märkte
Und suchte einen Stand, der sie bestärkte.
Verloren zwischen Mensch und Mensch der Gasse
Entkommt ihr flink der Sohn in wilder Masse.
Sie sucht und sucht, doch kann ihn nicht mehr finden:
„Wo ist er hin? Woran tat er sich binden?"
Da hört' sie plötzlich lautes Hahnenkrähen,
Doch nicht vom Hahn – vom Sohn, den konnt' sie sehen.
Er ahmte nach den schillernd stolzen Hahn
Und schenkte seiner Mutter so den Plan:
Sie wollte nun das Krähen selber üben,
Bis sie die Hähne grüßen hier und drüben.

Die Wette will sie still und heimlich lenken,
Denn an die Hähne würde niemand denken.
Die Zeit kann sie mit ihrem Plan nicht stellen.
Sie kann die Nacht zum Morgen nicht erhellen;
Allein der erste Hahnenschrei im Ohr,
Denn diesen sieht die blut'ge Wette vor.

VI. Akt

Am späten Abend ging der Meister in
Den Dom und suchte zweifelnd nach dem Sinn,
Warum er diese Todeswette schloss.
Schon bald holt ihn das knöchern-weiße Ross.
Der Regen schlägt vom Wind gepeitscht ans Fenster;
Die Bäume steh'n im Mondlicht wie Gespenster
Und knarzend hebt das Dach sich durch den Sturm;
Die Winde pfeifen mächtig durch den Turm.
Der Fremde schleicht sich durch die Schatten an
Und weiß, dass seinen Trumpf nichts halten kann.

FREMDER.   Der Meister steht allein im Dom,
                Doch seine Kunst ist ohne Lohn.
                Er wird die Arbeit niemals seh'n,
                Denn tut das Werk hier erst mal steh'n,
                Dann muss der Meister schon vergeh'n.

GERHARD.   Die Wette kannst du nicht verlieren.
                Du wirst von Zweien triumphieren.
                Das Spiel, es schien mir sicher, bloß
                Du bist zu schnell, zu schlau, zu groß.

FREMDER. Mein Lieber, endlich siehst du's ein,
          Du konntest nie Gewinner sein.
          Die Chancen für dich standen schlecht.
          Ich bin im Wetten nicht gerecht.
          Ich bin ein ganz gewiefter Hund,
          Entsprang dereinst dem Höllenschlund!

Da wandelt' sich der fremde Mensch zum Tier
Und läuft geschwinde auf der Beine vier
Zum Tor hinaus und geht im Schwarz davon
Und meidet Licht wie Schlangen Estragon.

VII. Akt

Nun war's soweit, der letzte Morgen naht,
Wo längst schon keimt der Teufelswette Saat.
Es zeigt sich, ob die Frau sie retten kann.
Mephisto glaubt, dass er beim Schlag gewann.
Das dritte Jahr ist schon sehr bald vorbei,
Ertönt auch nur der erste Hahnenschrei.
Der Dom erstrahlt im frühsten Morgenrot;
Vergessen ist für kurze Zeit die Not:
Die Fenster schimmern wie ein Morgenstern.
Das Dach und seine Zinnen glühen fern.
Der Sandstein hüllt sich in ein Feuerkleid –
Es brennt hinaus und zeugt von Ewigkeit.
Im roten Glanze leuchtet weit der Dom
In seinen kalten Flammen fließt der Strom,
Bis auch das letzte Kreuz der Spitze steht,
Bevor im Hahnenschrei die Nacht vergeht.
Da setzt die schlaue Frau zum Krähen an
Und betet noch, dass sie es wirklich kann.

FRAU GERHARD.	Nun sitz' ich betend hier,
Doch bete nicht zu dir.
Ich brauche keinen Gott,
Für ihn heg' ich nur Spott.
Ich bet' zu mein'm Verstand –
Es liegt in meiner Hand!
Drum kräh' ich stark und laut,
Es fährt euch aus der Haut!
Kikeriki,
Der Tag ist hie!
Kikeriki,
Der Dom noch nie!

Und wie die Frau gestartet hat ihr Lied,
Da regte sich so mancher Risalit.
Die Sterne schwankten zitternd-krank umher.
Der Schrei der Hähne wurde immer mehr;
Sie hörten ihren Nächsten heut' so früh
Und gaben sich beim Krähen doppelt Müh'.
So hat der Fremde seine Wett' verloren;
Der Kölner Dom ward so schnell nicht geboren.
Er bebte stark und stürzte schließlich ein,
Doch Frau und Kind muss nicht beim Teufel sein.
Der Meister schon, er nahm den fremden Plan
Und fährt bei ihm im schwarzen Totenkahn
Den Rhein hinunter ohne jede Lust.
Er war sich seines Todes stets bewusst.
Der Bischof war indes so sehr erbost;
Er suchte still bei Kindern seinen Trost.

Der prächt'ge Dom verschwand an jenem Tag –
Des Teufels Plan allein geborgen lag,
Bis dass die Preußen endlich ihn vollenden,
Der rhein'schen Stadt zwei hohe Türme spenden,
Die von Mephistos heißem Geist erdacht –
Die Kirche lässt dies gerne außer Acht.

Epilog

Der Teufel wäscht mit Wasser sich nicht fort.
Er haftet fest an diesem düst'ren Ort.
Der Schwefel aus der Luft geht in den Stein
Und macht ihn schwarz, nun ist er nicht [mehr] rein.

Lustspiel im Labyrinth

Die Feier fand ein ungeschöntes Ende.
Die Klänge dieser Nacht sind längst verstummt
Wie all die Stimmen gierig-feiner Leute,
Die nimmer werben um das treue Herz;
Sie werben wissend um des Adels Gunst
Und kriechen lustvoll ihnen in die Ritze.
Doch Anna will um sich nicht werben lassen,
Sie sieht im Adel keinen guten Grund.
Sie lässt die Feiern über sich ergehen,
Wie jene Schleimer bald das Fegefeuer.
„Doch Ruhe. Sie sind fort.", mäßigt die Herrin,
Die vom Gefühl her keine werden wollte.
Das Herz zählt aber nicht beim Herrschen, denn
Es liebt zu sehr und Mitleid ist sein Freund.
Drum flieht sich die Verkannte in den Garten,
Der hinter dem Kristall der edlen Fenster
Verwunschen und verborgen vor ihr liegt.
Der Mond beleuchtet bleich den schwarzen Weg,
Dass alle Flächen bläulich schimmern und
Der grüne Teich als Silberspiegel dient.
So manches Rascheln regt sich in den Büschen,
Dass Anna kurz erschreckt im Angesicht
Der blassen Schönheit, die am Himmel thront.

ANNA. Oh Luna meine treue Begleiterin,
Nur du verstehst, was ich die heimlich sage;
Nur du kannst fühlen, was mein Herz bewegt,
Wie ich spürst du die Einsamkeit im Innern;
Wie ich stehst du allein im Meer der andern.
Wie ich versteckst auch du die fremde Seite,
Die dir nicht fremd erscheint, wohl aber all
Den andern, die dich kritisch fassen in
Ihr braunes Auge und dich schließlich meiden.
Die Einsamkeit ist mir die schlimmste Armut …

Zwar bin ich reich an Geld, allein mir fehlt
Die Liebe, der ich alles geben kann!

Die Worte schallen hymnisch rauf zum Himmel,
Doch Luna hüllt sich ins gewohnte Schweigen,
Bis sie sogar ihr Licht verdeckt durch Wolken,
Die Pferden gleich am finstren Himmel jagen.
Ein einz'ger Strahl steht noch fest im Gewühl
Und weist mit Schimmern in das Labyrinth.
Mit Sehnsucht folgt auch Anna wie die Motten
Dem kalten Licht des Mondes, welches sich
Auf taubedeckten Blättern tänzelnd spiegelt.
Es scheint als wären tausend Sterne hier
Im Labyrinth vereint zu einem Dom,
Der durch die Größe undurchdringlich ist.
Die Wege sind verschlungen ineinander
Und lassen Anna ganz allein zurück in dichten Hecken,
Wo sich die Blätter auf die Augen legen,
Dass keiner sie im Dunkeln sehen kann.
　　　Doch im Gehölz der wirren Wege knackst
Ein trock'ner Stock durch einen festen Schritt.
Der Laut klingt stechend durch das taube Laub
Und wird verfolgt von immer neuem Knacksen,
Das sich mit schwerem Röcheln langsam nähert.
Zunächst hockt Anna schweigend auf den Knien,
　　　Doch plötzlich als es springt! Erhebt sie sich
Und setzt gestärkt von Furcht zum Flüchten an.
Im Rennen spürt sie noch das schwere Röcheln,
Das keineswegs von ihrer Fährte ablässt.
Getränkt im eigenen Schweiß, gejagt vom Fremden
Rast Anna durch die Äste, welche sie
Wie zarte Peitschen immer schneller treiben,
Bis dass die Erde hoch vom Boden fliegt.
Das Röcheln aber bleibt an ihren Fersen.
Verzweifelt sucht sie einen Ausweg, der

Ihr wohl bekannt sein sollte, aber jetzt
In dieser Not versteckt er sich vor ihr.
Getrieben findet sie sich in der Enge:
          Kein Ausweg! Eine Gasse … Eine Wand …
Da kommt schon gierig jenes Röcheln näher
Und Anna sinkt auf wunden Knien zu Boden,
Da haben sie die roten Augen schon
Mit ihrem Feuer heißer Nacht erfasst.

ANNA. Verschone mich! du brünstiges Getier!
Ich seh' in deinen Augen nur die Gier,
Die dich zu meiner reinen Seele treibt,
Bevor dein Maul den Körper einverleibt.

MEPHISTA.   Ich bin nicht hier, dein Herz im Wahn
                                        zu fressen;
In kurzer Zeit ist es von mir besessen!

So näh'rt sich der Schatten im blauen Licht
Und gierig wird gekonnt das Fleisch berührt,
Nachdem die Stoffe ihren Halt verloren.
Das Herz es pocht erregt im schnellsten Takt
Verstärkt von saft'gen Küssen einer Fremden.
Die Zähne dringen zärtlich in die Haut,
Doch reißen nicht ein Stück des Blutes aus;
Sie lassen ihre Spuren dort zurück,
Wo später nie ein fremdes Licht erstrahlt.
Erregt bahnt sich das Röcheln seinen Weg
In jene Tiefe der erblühten Venus,
Geweckt durch warmes Streicheln leichter Finger,
Die sanft wie Lilien über Hügel streifen.
Doch nur durch Blumen öffnet sich die Muschel
Mit ihrem rosa-weichen Innern nicht –
Erst die geschwoll'nen Lippen lassen die
Versunk'ne Auster ihren Schlaf beenden.

Die Muschel öffnet sich und es spritzt aus
Den prallgefüllten warm geword'nen Schalen,
Dass sich das feuchte Inn're offenbart
Und sich erfrischend zwischen Haut und Haut –
Dem bess'ren Gleiten wegen – legt. Es brennt
Ein heißes Feuer in der schücht'ren Anna,
Das sie im Leben niemals wieder löschen
Will, sollte es sie noch so schwer verbrennen.
Noch tiefer wühlt sich diese Fremde mit
Der zitternd-nassen vollen Zunge ins
Feucht-warme Fleisch der purpurfarb'nen Lippen,
Um die versunk'ne Perle freizulegen,
Die einst im bied'ren Meer verloren ging.

ANNA. Ja! Schlürfe meine Perle mir hinaus,
Sodass ich sie in meinen Fingern spüre!
Dring' ein in meine Pforte frischen Lebens!
Ich bin deiner heißen Lust verfallen!

MEPHISTA.   Die Perle kommt, das Wasser spritzt
Und feucht sind deine Kleider.
In Stein das Pentagramm geritzt –
Bald sehen's deine Neider.
So spür' die Flamme in dir drin –
Du weißt, dass ich Mephista bin.

Da spritzt und quillt es aus den weichen Schalen
Und all die heiße Lust ergießt sich über
Die eng verschlung'nen warmen Frauenleiber,
Auf deren Wölbung dieser Liebessaft
Sofort verdunstet durch die glühn'de Hitze,
In welche sich die beiden nun begeben:
Ein Ort voll ewig brenn'der Liebesflammen –
Inferno der gut-bürgerlichen Welt,
Doch hier ist Annas Liebe keine Sünde.

Vor dem Kirchentore

Schläfrig senkte sich der längst vegess'ne Tag
Und die Nacht mal' alle Mauern schwarz und schwer.
Leer wie düster war'n die Straßen und es lag
Stinkend nur der Rest des Lebens, sonst nichts mehr,

In den Ecken zwischen Markt und alter Mauer.
Eine Bettlerin zog ihren Weg entlang –
Hustend, keuchend, kränkelnd, aber ohne Trauer;
In der Hand fest einen Beutel, den sie schwang

Und darin lag, was sie sah und was sie fand –
Dort ein halbes Brot und hier ein letzter Rest
Von Kartoffelschalen. Ihre kalte Hand
Dacht' sie hält den Schatz und zittert' sich ein Fest,

Aber in den klaren Augen war es Müll,
Welcher sie am Rand der Menschen nicht ernährte.
Langsam wurden ihre Schritte träumend still,
Bis sie sich geschwächt die Nacht zum Tag erklärte.

Voll und strahlend hing der Erde Busen am
Schwarzen Himmel als ersehnte weiße Sonne
Und wie Mittagstreiben klang der Strom vom Damm,
Dass in naher Zeit die Post mit Briefen komme.

Doch vom heißen Treiben ihre Kopfes fiel
Hart die Bettlerin auf den verdreckten Boden.
Schwach und leise kriechend rückte sie zum Ziel,
Wo sie wollt' den einzig wahren Herren loben,

Ihr zu helfen in Hunger und Not der Zeit,
Aber fest verschlossen war'n die Kirchentore;
Kreuze stießen ab, verwehrten das Geleit.
Jesus starrte stumm-gehau'n von der Empore.

Mit der Knochenfaust schlug sie ans Eisentor,
Bis die Finger brachen und nur Schmerz noch blieb.
Eisig lag der Wind zur Nacht – die Arme fror.
Wo nur war die Hilf', von der die Kirche schrieb.

Keine Menschen traten aus dem warmen Haus,
Der verkühlten Frau zu helfen durch die Not.
Erst am nächsten Morgen traten sie hinaus,
Doch da war sie schon seit Stunden frei und tot.

Der Brunnengeist

Im hellsten Sonnenschein
        Da schleppt sich ganz allein
Ein kranker Mensch durchs Tor,
        Der wollt zum Brunnen vor.
Die Glieder war'n ihm schwer,
        So lang konnt' er nicht mehr –
Die Schmerzen waren groß,
        Er wurd' sie nicht mehr los.
Doch kriechend kam er dann
        Am tiefen Brunnen an.
Er zog sich hoch zum Rand,
        Zur feuchten glatten Wand
Und suchte nach dem Nass.
        Nun aber sprach er: „Was!?
Wo ist das Wasser hin –
        Wo ist heilend der Gewinn?
Ich seh' dort unten nur
        Ein wenig Wasser pur,
Das ganz im Dunkeln liegt –
        Sich sanft und langsam wiegt."
So starrt der Kranke nun –
        Ja ohne was zu tun –
In tiefste Finsternis,
        Da wurde ihm gewiss:
„Ich komm zum Wasser nicht,
        Ich bettelarmer Wicht.
Der Durst bleibt meine Qual,
        Ich habe keine Wahl."
Die Wut fuhr ein im Nu,
        Drum trat der Schwache zu.
Da fielen Steine – platsch –
        Tief in des Brunnens Matsch.
Das Dunkel regte sich,
        Sodass die Ruhe wich;

Der glatte Spiegel schwang,
       Es wurd' dem Armen bang.
Ein Strudel kam herauf,
       Nahm schneller seinen Lauf.
Es brauste und es quoll –
       Zisch war der Brunnen voll.
Er wundert' sich so sehr:
       „Wo kommt das Wasser her?
Hat jemand mich erhört –
       Doch blieb ich ungestört?"
Nun letztlich war's ihm gleich;
       Das Nasse schien so weich,
Es lockt den Durstgen an;
       Magnetisch zog's heran.
So steckt er seine Hand
       Tief durch die Wasserwand.
Es lindert rein und kühl
       Des Bettlers Leidgefühl
Und tanzt auf seiner Haut.
       Da tönt ein dumpfer Laut!
Dort steigen Blasen auf,
       Blubb – Blubb – tönt es beim Lauf.
Im Untergrund zieht leis
       Ein Schatten seinen Kreis.
Der spricht zum Opfer hin:
       „Du weißt wohl wer ich bin?"
Geschockt sagt drauf der Wicht:
       „Oh nein, dich kenn' ich nicht."
„Doch, doch du kennst mich gut;
       Behalte deinen Mut.
Vom Leben bin ich Teil –
       Ich schreib die letzte Zeil.
Zu jedem komme ich
       Und nun besuch' ich dich.

Ja! mit mir sollst du geh'n
         Und wirst manch Wunder seh'n."
„Zuerst sag mir noch eins,
         Bevor ich bin ganz deins:
Erlöst du mich vom Leid,
         Das auf der Erden weit?"
                  ...
Der Geist im Brunnen schwieg;
         Er wusst' es war sein Sieg
Und griff des Menschen Hand,
         Schlang drum ein schwarzes Band.
Da lacht' der Mensch vor Glück –
         Der Geist, er lacht' zurück.

Morgenruhe am Haff

Das Meer liegt still vor meinen Füßen;
Nicht eine Welle schlägt den Strand.
Mit tiefster Ruhe lässt's mich grüßen
Als Spiegel in der Wasserwand.

Schon erste Sonnenstrahlen funkeln;
Die Vögel fliegen wild umher,
Erheben sich zur Flucht des Dunkeln
Und gleiten übers flache Meer.

Ein seichter Wind streicht durch die Bäume,
Er wiegt die Blätter rhythmisch mit.
So ist es wohl im Land der Träume –
Ich hör' nicht eines Menschen Tritt.

Wer könnte diese Stille stören?
Wer stellt sich gegen die Natur?
Der Mensch wohl nicht, er tat es schwören.
Vielleicht brach er schon längst den Schwur …

Glaciella

Der Winter kommt zum neuen Jahr,
Beschenkt uns mit der Flockenschar.
Die weißen Decken legen sich
Auf jeden Baum und jedes Haus.
Es ist fast schon verwunderlich,
Dass niemand geht zur Türe raus.

Dort, wo manch Zapfen hängt aus Eis,
Die Wege sind schon völlig weiß.
Die Straßen sind blockiert von Schnee,
Dass keiner fährt den Wagen fort.
Beim Laufen tun die Füße weh,
So kommt man nicht zum nächsten Ort.

Für viele ist das nicht so schlecht,
Ein Paarer ist es sogar recht.
Doch eine Frau das nicht erträgt,
Denn hier sie leidet große Not.
Ihr Geist ist von der Flucht geprägt,
Von jenem, was dem Leben droht.

Auch wenn ihr noch nicht klar ist wie,
Hier bleiben wird sie sicher nie.
So macht sie sich auf ihren Weg,
Der sie in Eiseskälte führt.
Nur einer ist's, der mit ihr geht,
Es ist der Winter, der sich rührt.

Sie stampft durch dicke Matten Schnee,
Im Sommer stand dort hoher Klee.
An Fenster malt der Frost sein Bild,
Im Haus mit Ofen ist es warm.
Für sie der Weg nach draußen gilt,
Wo schlägt des Winters kalter Arm.

Er führt sie aus der Stadt hinaus,
Vorbei am alten Försterhaus.
Beschwerlich wird der weit're Weg,
Den niemand ging bisher entlang.
Dennoch ist es kein Privileg,
Ihr wird so langsam richtig bang.

Zurück blickt sie trotz allem nicht,
Die Hoffnung spendet ihr das Licht.
Die Bäume hier im Wald sind kahl,
Schnee glitzert schön vom Sonnenschein.
Der Weg sich zweigt, sie hat die Wahl,
Der Rechte besser scheint zu sein.

Doch war der Rechte jemals gut,
Sie vielleicht zahlt noch den Tribut?
Trotz Zweifel sieht der Weg gut aus
Und führt wohl zum erhofften Ziel.
Nicht weit sieht man das Gotteshaus,
Die Reise wird ein Kinderspiel!

Nur eine Hürde ist noch da,
Wird die Gefloh'ne ihr gewahr?
Es ist ein Fluss, der trennt den Pfad,
Das Wasser aber ist erstarrt.
Sie folgt wohl ihrer Augen Rat,
Es ist für sie die sichre Art.

Die Frau wagt sich auf starres Glatt,
Als Brücke zu der nächsten Stadt.
Behutsam setzt sie jeden Schritt,
Der langsam sie nach vorne bringt.
Doch Wasser aus der Decke tritt,
Das einem Riss im Eis entspringt.

So bleibt sie auf dem Eise steh'n,
Kann nicht so einfach weitergeh'n.
Dann schnell sie springt vom Risse fort,
Hofft, dass es nicht das Ende sei.
Das Bersten klingt fast wie ein Wort
Und Wasser liegt zum Himmel frei.

Zurück bleibt nur ein Loch im Eis,
Sie liegt daneben im Schneeweiß.
Der Bruch traf die Gefloh'ne nicht,
Er zog wohl noch an ihr vorbei.
Bei ihr, da scheint das Eis noch dicht,
Dass sie erlebt den nächsten Mai.

Sie steht vom Liegen wieder auf,
Setzt fort zum Ufer ihren Lauf.
Doch plötzlich bricht erneut das Eis,
Die Schollen schwimmen nun im Nass.
Das ist jetzt wohl der große Preis,
Denn sie wird im Gesicht ganz blass.

Sie ruft um Hilfe – ihr wird kalt,
Nicht einer hört sie hier im Wald.
Vergebens stützt sie sich wohl hoch,
Versucht zu fliehen vor dem Tod.
Ist das nun wohl ihr großes Los,
Dass hier im Eis das Ende droht.

Bald schon verlässt sie ihre Kraft,
Ob sie es aus dem Wasser schafft?
Da wird ihr alles schon ganz taub,
Sie löst vom Eis den starren Griff.
Nun liegt sie unten bei dem Laub,
Wie ein versunk'nes Flottenschiff.

Das Loch, dass sie verschlungen hat,
Gefriert zurück und wird ganz glatt.
Die kalt Versunk'ne ist jetzt fort,
Es sieht so aus, als gäb's sie nicht.
Sie ist an einem bessren Ort,
Blickt in des Gottes Angesicht.

Erst als dann kam der Frühlingstau,
Fand man den Körper völlig grau.
Da sie im Eis verschollen war,
Die Eisesfrau sie wurd' genannt.
Man schrieb ihr ein Gedicht sogar,
Als eine Warnung es entstand.

Pyramus und Thisbe

Was ich heute euch erzähle,
Stammt von einer andern Seele.
Zuerst schrieb es auf ein Römer,
Über Jahre wurd es schöner.
Viele kennen schon die Sage,
Jetzt tritt sie erneut zu Tage.
Denn ich möchte sie euch deuten
Und für euren Geist erbeuten.

Doch zurück in alte Zeiten,
Wo es Glück gab, wie auch Leiden.
Der Ort, in den wir nun müssen,
Ist die Stadt zu den zwei Flüssen.
Sie ist ganz umringt von Mauern,
Die die Zeit selbst überdauern.
Ihr ahnt es, der Ort ist Babel,
Von der alten Welt der Nabel.

Also lebten dort zwei Stämme,
Doch sie steckten in der Klemme.
Denn sie mochten nicht den andern,
Wollten lieber weiter wandern.
Die zwei Väter immer stritten,
Und das ohne jede Sitten.
Trotzdem Wand an Wand sie wohnten,
Waren so die Unbelohnten.

Bald bekamen sie zwei Kinder,
Streit, der wurd so auch nicht minder.
Beide sahen sich nur selten,
Lebten in getrennten Welten.
Thisbe war des Kindes Name,
Welches wurde eine Dame.

Pyramus hieß dann das Kinde,
Welches wurd zum Mann geschwinde.

Auch wenn sie sich gar nicht kannten,
An der Liebe sie erkrankten.
Beide Väter das verwirrte,
Doch sie blieben Unbeirrte.
Ließen bauen eine Mauer,
Die bald sorgte für viel Trauer.
Sie schon dachten an das Ende,
Da kam noch die große Wende.

Die Verliebten waren drinnen,
Wo sie konnten sich besinnen.
Wut, die musste sich entladen,
So erlitt die Wand den Schaden.
Schläge hinterließen Spalten,
Um sich durch zu unterhalten.
Liebe konnte noch bestehen,
Sollte nicht ganz schnell vergehen.

So manch liebes Wort sie tauschten
Und des andern Stimme lauschten.
Lange reichte es für beide,
Bis sie wollten Augenweide.
Die Wand tat es nicht erlauben,
Einen Blick ihr bloß zu rauben.
Folglich war kein Raum zum Küssen,
Weiter sie nur träumen müssen.

Aber Dränge sich zu sehen,
Ließ sie nicht mehr stille stehen.
Schließlich einen Plan sie machten,
Den die Eltern nicht erdachten.

Nachts sie wollten fort sich schleichen,
Um den Vätern zu entweichen.
Zu dem Baum mit weißen Früchten,
Von dort aus sie wollten flüchten.

Thisbe blieb nur ungesehen,
Konnte einfach weitergehen.
Pyramus jedoch sollt' bleiben
Und im Hause weiter leiden.
Denn er wurde doch gesehen,
Konnte Wachen nicht entgehen.
Die Geliebte das nicht merkte,
Fühlte sich als die Bestärkte.

Sie ging ohne viel Furore
Durch das blaue Ischtar-Tore.
Da durch ging schon so manch andrer,
Wie der große Alexander.
Sie gelang schließlich zum Brunnen,
Wo so laut die Bienen summen.
Sie erwartet den Geliebten,
Hoffte, dass sie ihn nicht kriegten.

Sie saß unter Maulbeerbäumen
Und begann sofort zu träumen.
Dachte an die fernen Tage,
Doch die Zukunft war noch wage.
„Wo ist überhaupt mein Lieber,
Er ist doch ein wahrer Krieger?",
Thisbe in Gedanken fragte,
Da sie beinahe schon verzagte.

Plötzlich sprang hervor ein Löwe,
Greifen wollt er nicht die Schöne.

Dieser Jäger suchte Wasser,
Denn sonst würde er viel blasser.
Thisbe wollte nichts riskieren,
Fing an sich zu distanzieren.
Auf der Flucht flog weg der Schleier,
Dass sie konnte laufen freier.

Nun der König konnt sich laben,
An des Brunnens reichen Gaben.
Aus dem Maul das Blut ihm tropfte,
Von dem, was er rein sich stopfte.
Als er nun begann zu gehen,
Blieb er doch noch einmal stehen.
Weil da lag noch Thisbens Schleier,
Der ihn lockte wie ein Geier.

Der Geruch, der lag am Tuche,
Bracht den Löwen zum Versuche.
Edlen Stoff riss er in Fetzen,
Doch tat niemanden verletzten.
Schmierte Rot aus seinem Rachen,
An die nun zerissnen Sachen.
Als der Löwe kam zum Ende,
Machte er schnell eine Wende.

Pyramus kam dann zur Stelle,
Wohl entfloh der Zitadelle.
Als er unter Maulbeerbäumen,
Tat er seine Hoffnung räumen.
Denn er sah die blut'gen Spuren,
Von den Löwenkreaturen.
Fand die Reste von dem Schleier,
Diese wusch er aus im Weiher.

Von der Thisbe er nun dachte,
Dass sie dort weit oben wachte.
So kam Trauer über jenen,
Der nicht ganz verstand die Szenen.
Für ihn gab's nur eine Lösung,
Und das war die Selbertötung.
Er stach sich ins Herz das Schwerte,
Ohne dass er sich noch wehrte.

Schließlich Thisbe kam zum Orte
Und gleich fehlten ihr die Worte.
Pyramus war der Besiegte,
Der sich in den Tode wiegte.
Das Blut spritzte hoch empore,
Wie das Wasser aus dem Rohre.
So die Farbe aus dem Toten
Machte Maulbeern zu ganz Roten.

Noch die letzten Tränen rannen
Über Thisbens bleiche Wangen.
Fiel dem Lieben in die Arme,
Da wurd ihr das Herz ganz warme.
Eisen drang durch ihren Rücken,
Doch das ließ sie nicht verzücken.
Einen letzten Wunsch sie schwörte,
Den ein Gott wohl noch erhörte.

Beeren ließ die Götterhorde
Rot als Zeichen von dem Morde.
Daher kommt die rote Farbe,
Sie ist eine Trauernarbe.
Da die Nacht trat jetzt zum Tage,
Niemand fand der beiden Lage.
Nur der Mond wusst, wo sie liegen,
Seine Lichter auf sie schienen.

Letztlich erst am nächsten Morgen
Wurden beide sie geborgen.
Durch das Schicksal sich besannen
Der zwei Feindesstämme Mannen.
Gaben nach der Kinder Liebe,
Dass auf ewig sie noch bliebe.
Taten der Geliebten Asche
In die gleiche Grabesflasche.

So nun endet die Geschichte,
Hoff, sie hat für euch Gewichte.
Auch wenn sie noch ferne läge,
Man mit Leiden sie erträge.
Doch ganz fern liegt sie mit nichten,
Sonst würd ich sie nicht erdichten.
Denn auch jetzt ist es sehr schwere,
Sich zu lieben trotz Barriere.

Wir auch haben dicke Wände,
Die zertrennen unsre Bände.
Doch wir haben auch die Spalten,
Um uns noch zu unterhalten.
Lassen wir's nicht dazu kommen,
Dass uns Leben wird entnommen.
Halten wir wohl ferne Nähe,
Aus der Krise die Trophäe.

Caesar als Biologe

Ach Caesar, vieles möchtest du gern seien:
Ein gottesgleicher Herrscher und ein Richter,
Ein Kriegsmann und ein fast begabter Dichter,
Ein Meister der Intrigen und der Spiele.
Ja, wahrlich! Deiner Titel gibt es viele;
Von einem Titel aber musst dich trennen –
Ein Biologen möcht' ich dich nicht nennen.
Beim besten Willen, du musst mir verzeihen!

Was ich so las in deinen dürren Werken,
Das würd' ich nie zur Wissenschaft erklären.
Doch Römer*innen mochten sich nicht wehren.
Sie glaubten deinen weisen Narreteien,
Als *Fakenews* wollte niemand sie verschreien.
Was du aus den Herkynerwäldern brachtest –
Als eigne Wahrheit du es gern erachtest –
Das sollte dich in deiner Macht bestärken.

Wohl an, dass wir es heut' als Schwachsinn sehen,
Wie du den Elch als Waldestier (v)erläuterst
Und gegen die Natur und Wahrheit meuterst.
Was dachtest du, wie diese Tiere leben?
Wer tat dir nur die Botschaft übergeben?
Ich möcht' dir gerne einmal unterbreiten,
Wie deine Elche durch die Wälder schreiten.
Vielleicht erkennst du so nun dein Vergehen:

*

Durch den Wald, da stampft ein fester Tritt,
Bäume schwanken flüsternd mit ihm mit.
Tiere ohne Knöchel und Gelenke
Suchen schnaubend hier nach ihrem Fressen;
Hoffen, dass sie seh'n die nächste Senke,

181

Sonst ist sicher Stehen ganz vermessen;
Fallen tief und hoch geht's nicht zurück –
Laufen ist ein einz'ger Satz auf's Glück.

Ziegenähnlich glänzt der Tiere Fell,
Stumpfe Hörner schimmern drunter hell.
In der Nacht tun sie um Ruhe flehen,
Aber Schlaf gelingt wohl bloß im Stehen.
Bäume sind daher ihr spätes Lager,
Doch Erholung ist als Lohn recht mager.
Stämme sind als Stützen ziemlich hart
Und der Tiere Rücken viel zu zart.

Dieses Leben scheint jetzt schon echt schwer,
Aber es kommt eine Plage mehr:
Die Germanen tun die Elche jagen,
Treiben hierzu unverschämte Spiele,
Um die warmen Felle pur zu tragen;
Sägen an dem Holz der Domizile →
Wenn der Elch sich müde daran lehnt,
Schnell er sich am Boden wieder wähnt …

*

Nun, großer Caesar siehst du deine Fehler?
Die Elche deines Textes sind erfunden,
Sie sind allein an Lügen festgebunden.
So sollte Mensch nicht alles liebend glauben,
Denn zwischen guten sind auch schlechte Trauben.
Und deine Trauben sind wohl schlecht geworden,
Lang war dein Weg nach Rom vom hohen Norden …
Du bist kein Biologe, bist Krakeeler!

Tränen auf Hortensien (Fragment)

Prolog

Es war ein Tag, wie es schon viele gab.
Bewölkter Himmel, wie es keiner mag.
Am Waldesrand steht die weiße Villa;
Besitzen tut sie ein Herr Apolda,
Der aber kaufte sie nicht selbst, sagt man,
Durch Heirat eignete er sich das an,
Was eigentlich ihm nicht gebühren tut.
So kam auch eine Frau in die Obhut
Von jenem Herren – Liebe gab es nicht.
Für sie war jene Liebe ohne Aussicht.
Oft war die gute Frau allein zu Haus,
Vor langer Weile ging sie weit hinaus.
Der Name dieser Frau war Helena,
Ja Helena, wie jene von Troja.
Ebenso so schön wie die Griechin war auch
Die Helena mit ihrem Zauberhauch.
Doch ihren Mann bezauberte sie nicht,
Gemeinsames Bett war für sie Verzicht.
Jedoch warum wusste sie überhaupt
Nicht. - Lästereien wurden weggehaut.
An einem Tag ging sie in den Garten,
Lang dessen Pflege ließ auf sich warten.
Darauf begann sie Blumen zu pflanzen.
Die Blumen waren ihre Romanzen.
Am Tag zog sie sich zurück in den
Verschlossenen Garten, wo Blüten stehn.
Besonders liebte sie Hortensien,
Die waren schöner als Orchideen.
Allein war sie aber nicht unbedingt,
Die Magd kommt immer, wenn die Glocke klingt.
Die Magd Sophie ist Freundin und vertraut,
Sophiens Dienst hat die Freundschaft erbaut.

Im Sommer weilen sie auf dem Grünen,
Es ist für sie der Gefühle Bühnen.
Vergangen sind so manch schöne Stunden,
Mit großen Schritten aber kommt der Herbst
Und dieser reißt tiefe Wunden,
So Helena fragte: „Warum du färbst?"

Erster Tag

Es ist nun Herbst, die Blätter färben rot,
Doch Herz und Liebe sind schon lange tot.
Die Helena ist ganz für sich allein.
Sie lädt auch keinen zu sich ins Haus ein.
Der Martin, welcher ist ihr lieblos Mann,
Hinfort er ging – nach nebenan?
Statt ihrem Mann, Sophie vorbei tut schaun,
Denn Helena kann ihrer nur vertraun.
Sie unterhalten sich im großen Salon,
Dabei tritt Helena an den Balkon
Und spricht von einem großen Schicksalstraum:
„Du weißt, dass ich benötige Freiraum.
Ich spiel mit dem Gedanken fortzugehn,
Sodass ich muss den Ort nie wieder sehn.
Die große Freiheit wartet nur auf mich,
Doch die Mauern sind unüberwindlich.
Dennoch mein Geist zieht mich nach andernorts.
Sorgen tu ich mich nur wegen des Transports."
„Zu welchem Ort wollen Sie denn reisen
Und wollen Sie dort ewig verweilen?",
Sophie dann erfragt mit Sorge um sie.
„Ich hab noch keine rechte Strategie.
Mein Ziel aber ist die Stadt der Liebe,
Die nimmt mir auch kein König der Diebe.",
Erwidert dann die ewig Leidende.
„Zu diesem Ort kommen täglich tausende.
Sie glauben, dass Sie es dort schaffen tun?

Doch will ich Ihren Traum nicht schnell abtun.",
Sophie zu Helena dann sagen tut.
Sie verliert etwas von ihrem Mut:
„Es ist und bleibt wohl nur ein ferner Traum.
Wie konnte ich nur denken diesen Raum,
Der Schutz mir gibt, auf ewig verlassen
Zu können. Bleibe treu leeren Gassen."
Die Freundin sucht Mut auf zu erbauen:
„Es wird schon gut, können sie mir vetraun."
„Zuspruch macht es jetzt auch nicht viel besser.
Ich glaube ich nehm einfach das Messer!",
So Helena rennt zur Küche hinaus,
Doch sicher nicht für einen letzten Schmaus.
Enttäuscht ist sie von des Schicksals Betrug.
Nun die Enttäuschte hat ewig genug.
Die eng Vertraute folgt geschockt sofort,
Sie sieht die andre mit der Klinge in
Der Hand und sagt: „Das hat doch keinen Sinn,
Das scharfe Messer legen sie hinfort!"
Bewaffnet bleibt sie, hört nicht auf das Wort.
„So legen Sie das Messer von sich weg,
Was ist der ganzen schrecklich Sache Zweck?",
Sophie versucht sie zu beruhigen.
Das bringt die Trauer nun zum Verlassen.
„Das hat wohl wirklich keinen weit'ren Sinn,
Das Küchenmesser leg ich wieder hin.",
Sagt sie, als sie legt es auf die Tafel.
„Es war alles nur wieder Geschwafel,
Von was ich tags zu träumen beliebe,
Ich aber niemals es für mich kriege.",
Ergänzt Helena, bevor sie raus geht,
Wo der starke Wind von Westen weht.
Die Stufen aus Holz stürmt sie hinunter,
Geht dorthin, wo es ist viel bunter.
Natürlich geht sie zum grünen Garten,

Dort die Hortensien auf sie warten.
Die Flügeltür zum Grünen hinaus
Geöffnet wird, dass sie fast fliegt heraus.
Als sie dann zwischen den Blumen wieder,
Sie fast riecht den fernen Sommerflieder.
Die Hortensien aber verwelken,
Jetzt gibt's nur noch vertrocknete Nelken.
Sanft streicht sie mit den Fingern darüber,
Doch sind die Blüten alt und hinüber.
Die letzte Blüte sieht des Herbstes Licht,
Sehr lange sieht sie es nun aber nicht,
Denn, um den Sommer nicht zu verlieren
Und das Bunte nicht lassen erfrieren,
Nimmt Helena sie mit ins warme Haus.
Mit einer aber macht sie keinen Strauß,
Sondern hebt sie für alle Zeiten auf,
Indem sie legt ein Stapel Bücher drauf.
Als Helena schon unten im Hause,
Sophie oben macht kurz eine Pause.
Die Magd denkt nun darüber nach, was mit
Der alten Helena für ein Fortschritt
Geschehen ist in die falsche Richtung.
Nun denkt sie schon an die Selbstvernichtung.
Indes tut Helena sich beruhigen
und zähmt in sich den wütend Feurigen.
Sophie kann zu ihr zurück nach unten,
Wo Helena betrachtet die Bunten,
Die über die Jahre sie gesammelt
Und gepresst und dann schließlich verrammelt
In einem Herbarium zum sehen
Für sich, für andre ist's ein Vergehen.
Dabei sie wird nicht gerne gestöret,
Das findet sie einfach unerhöret.
Deswegen macht sich die Magd nach Hause,
Legt vorher noch ab die lästig Krause

Die Bernsteinfischer

Der Wind war stark in vergangener Nacht,
Lüfte, die peitschten die Wellen zum Turm.
Neptun hat zum Strand manch Schätze gebracht,
Noch bevor er zog zurück seinen Sturm.
Eine der Möwen sucht im grünen Tang,
Sie sucht und stöbert durch Blätter so lang
Nach was zum Fressen, der Hunger ist groß,
Findet jedoch für sich nichts und fliegt los.
Während der Vogel in die Luft sich hebt,
Kommen zwei Menschen vom Hinterland her.
Steigen ins Nass, wo die Welle erbebt,
Was sie wohl suchen am Rande vom Meer?

Beide, sie nehmen den Kescher zur Hand,
Doch die Fische sie nicht wollen im Netz.
Vielmehr sie wollen, was war mal auf Land
Und nun ruht im Meer, wie nach dem Gesetz.
Hin und her schwenken sie das Fanggerät,
Hoffen für sich, dass es ist nicht zu spät.
Suchen und suchen, doch finden nur Schlick,
Welches gibt keiner so schönen Anblick.
Das Spiel mit dem Glück sie gingen selbst ein,
Von der Not getrieben zur Suche im Nass.
Spüren auf ein ganz besondres Gestein,
Tränen der Götter verursacht von Hass.

Beide, sie suchen, nur einer es kriegt,
Das, was sie alle begehren so sehr.
Da denkt der andre, er ist nun besiegt,
Sagt: „Das Glück ist mir beschieden nicht mehr."
Er will jetzt gehen nach Hause zurück,
Meint er find heute kein einziges Stück.
Erstrer jedoch hält den Glücklosen auf
Und sagt. „Es ist nicht das Ende vom Lauf."

Dann er den Stein in zwei Hälften zerteilt,
Lindern will er so des anderen Leid.
Denn er weiß, jeden Unglück mal ereilt,
Wenn es so weit, wünscht man sich Sicherheit.

Er reicht dem andren ein Stück vom Bernstein,
Aber der scheint dies gar nicht zu verstehn.
Er sagt bloß: „Das kann dein Wille nicht sein,
Für mich das wäre ein furchtbar Vergehn."
„Der Stein ist zwar nur noch halbiertes Los,
Unser Glück aber wird doppelt so groß,
Da wir so beide besitzen etwas
Von dem kostbaren Gestein Fortunas.",
Spricht dann der Finder des Brocken von Harz,
So nimmt der andre den Stein, den er wollt.
Dieser Bernstein trägt in seinem Herz schwarz,
Das macht ihn ziemlich wertvoll, wie Gold.

Der Schatz erfreut die zwei Männer doch sehr,
Der Geist der Hoffnung steht oben im Licht.
Wieder sie kommen und wollen noch mehr,
Aber es gibt was, das wissen sie nicht.
Das Glück ist bloß ein Geschenk der Natur,
So gibt es keine Neureparatur.
Das ist wie bei dem geteilten Bernstein,
Ihn zu vereinen, kann nur ein Traum sein.
Also wollen wir bewahren das Glück,
Sodass es immer zurück zu uns kehrt.
Dazu wir schrauben die Gier zurück,
Denn Glück allein gibt dem Leben sein Wert.

Zum Geburtstag

Dieser Tag bringt zu den Jahren
Noch ein weit'res, wo schon waren
Siebzehn ganz in einer Reihe,
Seit des Lebens erster Weihe.

Immer mehr füllt sich dein Leben;
Immer neue Dinge geben
Dir die Welt und ihre Zeiten,
Welche wir mit dir beschreiten.

Weiter soll es immer gehen –
Bleib im Leben niemals stehen,
Denn sonst könntest du verpassen
Jenen Weg zu schönen Gassen.

Nutze alle deine Chancen,
Oftmals sind es nur Nuancen,
Die dir deine Wege lenken
Und dir Gut wie Böse schenken.

Also geh mit festen Schritten –
Lass dich darum nimmer bitten –
Auf die Ziele, auf die Träume;
Mach aus ihnen keine Schäume!

Lass von hohen Engelschören
Deinen größten Wunsch erhören,
Dass die Stimme sie erheben
Und dir nur das Beste geben!

Mendel'sche Regeln

1. Uniformitätsregel

Kreuzt man von einer Art zwei Wesen,
Die sich in Einem unterscheiden,
So kann man bei den Töchtern lesen,
Dass sie sich uniformisch kleiden.
Dabei kann man Geschlechter tauschen –
Das Reziproke tut auch rauschen.

2. Spaltungsregel

Kreuzt man die Töchter mit sich wieder,
Dann spaltet sich das Merkmal weiter;
In festen Zahlen schreibt man's nieder:
Die Drei zur Eins, das ist der Leiter
Nur für den Phänotyp der Neuen.
Die Eins zur Zwei zur Eins nicht scheuen –
Ihr Erbgut wird davon beschrieben;
Ein jedes Merkmal könn'n sie kriegen.

3. Unabhängigkeitsregel

Statt einem Merkmal sind's jetzt viele,
Die reine Eltern unterscheiden.
In einem wahren Genfestspiele,
Da werden Gene von den beiden
Frei zu Neuen kombiniert
Und dass keiner hier verliert,
Unabhängig kombiniert.

Faust-Monolog

Ich kann die hohe Wette bloß gewinnen,
Denn nie im Leben kann ich glücklich sein –
Ja! immer werde ich voll Trauer sinnen
Und selbst der Teufel wird mich nicht befrei'n
Aus meinem Käfig ohne Eisenstäbe,
Der mich im Schleier fest gefangen hält.
Wie wünscht ich, dass es diesen nimmer gäbe,
Doch letztlich zwingt er immer meine Welt …
So werden mich die Tränen überkommen;
Der Teufel hält sie selber auch nicht auf;
Ach, nie im Leben macht er mich versonnen –
Gar ständig kommt die Wehmut mir herauf.
So werd' ich zwar den Sieg für mich erlangen.
Die Teufelswette, sie ist schließlich mein.
Doch voller Klagen muss ich letztlich bangen,
Drum wird es ein Triumph mir nimmer sein …

Offenes Fenster

Nacht ist es in der großen Stadt,
Laternen leuchten grelles Licht.
Oben ist aber alles matt,
Denn bis hier hoch kommt der Schein nicht.
Doch dafür hat mensch weiten Blick,
Dies zu bau'n brauchte es Geschick.

Oben ist grauer Asphalt fern;
Wenn mensch sich streckt zu sehen nur.
Sehen tut mensch ihn nicht sehr gern,
Diesen ganz bloßen Boden pur.
Grünes ist ein ganz weiter Traum,
Da es für so was gibt kein Raum.

Vertrag der Generationen

Die Jugend hält sich nun zurück,
Was für die Welt ein Riesenglück.
Erlauben tut es die Zeit nicht,
Gemeinsam sich zu treffen.
Die Hoffnung gibt nur wenig Licht,
Zusammen was zu essen.
Die Stunden werden länger stets,
So folgt ein Tag dem andren.
Nur selten ist man unterwegs,
Vertraut nur noch den unsren.
Doch vielleicht ist es längst zu spät,
Gibt es noch Solidarität?

Zurückhaltung der Jüngeren
Schützt Gesundheit der Älteren.
Denn Alte sind schwer getroffen,
Von dem, was uns nun umgibt.
Dennoch sind alle betroffen,
Von dem, was man uns vorgibt.
Die Freiheit ging für immer fort,
Ob jemals sie kommt wieder?
Ja, wenn man glaubt dem rechten Wort.
Bald riechen wir den Flieder,
Wenn der Sommer zu uns kommt.
Die Wärme leichter uns bekommt.

Was andres unsrer Jugend droht,
Es bringt sie in sehr große Not,
Die man nur schwer erahnen kann.
Der ärgste Feind ist die Zeit.
Das Schicksal zieht in seinen Bann.
Auch wenn es scheint noch sehr weit,
Die Folgen sind zu spüren schon.
Man sieht es an der Hitze,

Die sorgt für welke Felder Mohn.
Dennoch wagen sie Witze,
Denn leugnen tun sie große Not,
Riskieren vieler Menschen Tod.

Das neue Jahr ist nun schon da,
Viel Lichter aber man nicht sah.
Statt Feuer war'n die Wünsche groß,
Die man machte für das Jahr.
Selbst wenn es scheint noch aussichtslos,
In Zukunft werden sie wahr.
Vorsätze werden neu getan,
Die Leben besser machen.
Legt sich an einen großen Plan,
Mit vielen guten Sachen.
Die soll'n nicht egoistisch sein,
Vielmehr für alle Menschen fein.

Wann sonst, wenn nicht zum neuen Jahr,
Soll man bekämpfen die Gefahr?
Allein die jung Generation
Kann das aber nicht schaffen.
Denn auch die alt Delegation
Ablegen muss die Waffen.
Für unsere Zurückhaltung
In so langer Zeit der Krankheit
Soll die noch alte Verwaltung
Was ändern, es ist soweit.
Sie soll sich revanchieren,
DAMIT WIR UNS NICHT VERLIEREN.

Poetische Fragmente

I.

Glück ist ein Privileg, das jeder hat!
… Aber es wird vor wenigen eingenommen.

II.

Lässt du die Hunde von den Ketten,
dann hören sie auf zu bellen.
Lässt du die Menschen von den Ketten,
dann hören sie auf zu streiten.

III.

Ist der Blick auf den Boden gerichtet, kann er nicht nach
vorne gehen.

IV.

„Lösung gibt es nie ohne Kosten." - sagen die, die mit
der Lösung Geld verdienen.

V.

Vorurteile hindern uns nur daran zu werden, wer wir
wirklich sind.

VI.

Manchmal muss mit starker Hand ein Land regieret
  Werden, denn so stellt sich die Ordnung ein.
Alles soll durch Kraft geregelt bleiben –
  So ist auch der Feind mit den andern klein.
Frieden durch Diktatur!!!
Pax per dictaturum!!!

Koserower Kurzprosa

Ruhiger-Strand-Tag

Ruhig steht das Wasser – kaum Wind. Sanfte Wellen streichen den Sand dunkel, sie kommen und gehen; hinterlassen eine spiegelglatte Schicht.

Möwen fliegen über die schweifenden Köpfe hinweg. Sie kreischen und erheben sich in luftige Höhen; setzten sich nieder auf die Buhnen und lassen sich von der seichten Brise umströmen, die an ihrem Kleid wie an einer stählernen Hülle vorübergeht ohne Halt zu finden.

An den hölzernen Pfählen, die tief in den sandigen Grund des Meeres gerammt sind, kleben fest abertausende Polypen. Sie öffnen und schließen sich im Takt der Wellen, schnappen nach Nahrung im süß-salzigen Gemisch des flüssigen Elements.

Auf den Stämmen, deren Oberfläche feucht und schleimig ist, lassen sich nieder die Gefiederten. Zwischen ihnen schwimmen die Menschen umher – sie planschen und spielen friedlich in scheinbar natürlicher Umgebung. Nur selten zeigt sich ein Tier der See – eine Scholle, eine Muschel oder gar ein Barsch; doch ausschließlich, wenn sich der Mensch traut weiter hinaus in die Wogen und er taucht.

Die Pferde des Posaydon

Vom Wind als Peitschen getrieben jagen sie über die See – Boten aus der Ferne.

In Reih und Glied hintereinander galoppieren die nassen Schimmel über Berg und Tal.

Näheren sie sich der Küste, welche die Grenze zwischen Terra und Mare bildet, so springen sie auf. In lautem Getöse rasen sie immer schneller auf das Land – es schäumt und rauscht. Von der hohen Geschwindigkeit überschlagen sie sich wieder und wieder, denn ihre Hufe verlieren jeden Halt in den Untiefen.

Die Gischt spritzt und schäumt und schiebt in weißen Wällen voran. Sie werden immer schneller und schneller, doch letzten Endes verschwinden die mächtigen Pferde des Posaydon im Nichts des festen Landmasse. Mit einem letzten lauten Schrei müssen sie sich dem Feind ergeben – – – die Welle bricht!

Swinemünde

Eine Stadt nicht groß, nicht klein liegt zwischen zwei Kulturen, die sich nicht fremd sind: der deutsche Einfluss von Westen und der polnische von Osten.

So ist die Stadt ein Ort übervoll verschiedenster Menschen; aus allen Richtungen des Himmels eilen sie herbei. Die Kulturen treffen freundlich aufeinander und vermischen sich – ohne es recht zu merken; es wird nicht darauf geachtet, wer woher kommt. Ob Deutsche, Polin oder Schwedin … alles kommt ohne gegenseitige Zweifel zusammen. Ein wundervoller Ort in dieser Hinsicht, doch ein wirklich scheuslicher Ort in Hinsicht auf sein Äußeres. Eine heruntergekommene Stadt. Viel beachtet ist die neue Stadt der Touristen, welche nur an dem Erlebnis des Einkaufs interessiert ist. Aber für jene, die etwas höhere Ansprüche haben, bietet die Swinestadt nur wenig und das, was da ist, ist in miserablen Zustand. Jedoch ein LichTblick ist zu verzeichnen:

Die Mühlenbrake – ein, nein: das swinemünder Wahrzeichen ziert wie eh und je das Meer vor dem Ort und massiv steht an der Spitze das zarte weiße Ungetüm.

Strandbuchhandlung

Gelegen an der Hauptstraße, welche umsäumt ist von prunkvollen Villen der Gründerzeit.

In der kleinen Strandbuchhandlung findet mensch trotz der kleinen Fläche verschiedenste Werke, die sich jedoch vorwiegend am Geist der Zeit orientieren – Kriminalliteratur, kitschige Belletristik zur Unterhaltung und all der schreckliche Mist, für den so manche Seite verschwendet wurde. Drum ist sie gedacht für jene, die einen Roman zum *Zeitvertreib* am Strand lesen wollen. Doch mensch liest nicht zum *Zeitvertreib*, mensch liest der Bildung wegen. Kein *zeitvertreibendes* Buch ging je in die beständige Weltliteratur ein.

Für die Literaturbegeisterten bemüht sich die Buchhandlung um regional-historische Literatur.

Es kehren lüstern die Strandtouristen vom Meer her in den Laden ein, der sich im untersten Geschoss eines historischen Bauwerks befindet. Betritt mensch ihn, nimmt mensch eine einzigartige Mischung wahr – der Geruch des Meeres, welcher von Norden her kommt, vermischt mit dem typischen Geruch der frischen Bücher. Die Menschen drängen dicht beieinander durch die schmalen schluchtartigen Gänge zwischen den gefüllten Regalen. Es wird Probe gelesen, gestöbert und gesucht oder sofort gekauft.

Der krustige Ritter

An manchen Tagen wagt sich das krustige Getier näher heran an den Strand. Seitlich kriechend bewegt es sich mit gliedrigen Beinen hinfort über den Meeresboden; gut geschützt durch einen soliden kräftigen Panzer, der, je älter das Tier, immer mächtiger wird. Und als wäre die schützende Kruste nicht genug, wurde das Krebstier noch mit zwei zwickenden Gliedmaßen ausgestattet, welche wie Scheren mit drohend schnappen.

Mensch könnte meinen mit dieser Ausrüstung wäre der krustige Ritter unbesiegbar Doch hat es einen entscheidenden Nachteil: es ist klein, sehr klein. Eine Möwe ein Leichtes den Krebs zu fangen und zu zerteilen. Auch die weichen Wesen – Menschen – können die festen Tiere mit Leichtigkeit vom sandigen Grund aufheben und beschauen. Jedoch muss der Mensch auf der Hut vor den Scheren sein, welche ihn lästig zusetzen können. Schließlich entlässt der Mensch das Wesen aus seinen verweichlichten Fängen und unser gepanzerter Freund zieht von Dannen.

Lotusfedern

Sie tummeln sich zu Haufe am Meer und irren auch am Flusse umher. Sie kommen und gehen, wie sie wollen, sind geschickt in Luft und Wasser; ausgestattet mit dichten Federn, an denen das Wasser abperlt wie an einem Lotusblatt, und mit Schwimmhäuten an den Füßen, welche ihnen wie zwei geschwinde Padel dienen. Sie fliegen umher und fangen, was sie finden können:

Fisch, Algen, Krebs und anderes Meeresgetier. Doch fressen sie auch die Reste, welche die Menschen ihnen – wohl bemerkt unbewusst – hinterlassen. Für sie ist es von Vorteil, aber nur auf den ersten Blick. So können sie nicht genau zwischen Fressbarem und Nicht-Fressbarem unterscheiden. Über lange oder kurze Zeit füllt sich das prächtige Tier mit dem Unrat der Menschen – Plastik. Und uns ist wohl bekannt, dass, wo ein Körper ist, kein anderer sein kann. Sprich, wenn der Magen voll mit Plastik ist, passt nichts anderes hinein. Das Resultat kann sich jeder selbst denken.

Sandburgbauen

Wenn mensch nicht gerade im Wasser ist oder sich am Strand sonnt, ist das Bauen von Sandburgen eine ideale Beschäftigung.

Mensch gräbt und wühlt im feuchten Sand herum und türmt die Massen zu eindrucksvollen Formen auf. Diese trocknen allmählich und werden zu festen Monumenten im Miniaturformat. Je nach Können des Erbauers sind sie mehr oder weniger eindrucksvoll, doch zieren sie alle gleichermaßen den Strand.

Aber für die Ewigkeit sind sie nicht gebaut. Langsam frisst der Wind sich in die getrockneten Formen und der Sand strömt in kleinen Läufen hinunter.

Nach längerer Zeit ist nichts mehr übrig von den einstigen Werken, nicht einmal Hügel oder Haufen bleiben bestehen.

Greifswalder Turmbesteigung

Einen engen Gang hinauf – schmal und beklemmend ist der Weg. Das Atmen fällt schwer und eine leichte Panik breitet sich aus. Mensch betet, dass einem niemand entgegen kommt auf dem engen gewundenen Treppen – dann eine erste Pause im Glockenraum, aber Vorsicht ist geboten, wenn die schweren Bronzekörper sich in Bewegung setzen und einen lauten Ton hervorbringen, der die Umgebung dröhnen lässt. Ab nun geht es nur noch auf hölzernen Stufen weiter, die locker in der Luft hängen. Bei jedem Tritt knarkst es und die Treppe wird immer steiler und nimmt eher die Gestalt einer Leiter an. Schließlich oben angekommen – ein kleiner Raum mit einer engen niedrigen Tür nach draußen. Wer sich hindurchzwängt, dem wird ein einmaliger Ausblick geboten, doch sollte man schwindelfrei sein.

Rauschen

Mit dem Fahrrad unterwegs.

     Wohin?

     Nachhause?

Nein, das soll nicht sein. Da ist nichts los.

     Zu ihm?

Nein, das soll nicht sein. Ihm fehlt die Zeit und er ist

          eine Netzmelone.

     Wohin dann?

Das „Wohin" wird nicht geplant. Wir machen das

       spontan – meine Freunde und ich.

Ein kurzer Wink und schon sind die Füße auf den

         Pedalen.

Noch ein Wink und ich bin schon nicht mehr da.

Es ist Abend oder Nacht.

Ein Rauschen in meinen Ohren.

Die Reifen drehen über den tagwarmen Asphalt und ich

        fühle mich lebendig.

Von einem Ort zum nächsten, denn einer reicht nicht

          aus.

Die Stunden sind lang, aber schnell.

Ich denke nichts. Nichtmal an dich.

Ich fahre und fahre und fahre gerne.

Das Rauschen!

Woran sollte ich schon denken?

Ich denke den ganzen Tag. Endlich eine Pause.

Ich fahre Fahrrad und sonst nichts.

Die Füße auf den Pedalen. Die Hände (meist) am

      Lenker. Der Hintern auf dem Sattel.

Ein Rauschen in den Ohren.

Ein Rauschen und sonst nichts.

Hymne an die Nacht

Der Tag ist verschwunden
Und sein Licht weicht dem Dunkel der Nacht.
Apathisch ziehen allein die Lichter der heimwärts
    fahrenden Autos durch die alles verhüllende Finsternis,
Die dem Tod entspringt.
Ihre Leuchtkegel werfen sich durch die Spitze der
                                        Gardinen
Und malen die Abbilder der Expression an die schwarze
                                        Wand.
Sie tanzen, sie springen über mich hinweg,
Bis ich meine Augen schließe, sie nicht mehr zu sehen.
Doch ein schwacher letzter Hauch ihres Scheins legt sich
                            mir auf die Lider.

Vom Fenster her strömt die Kälte ins Zimmer.
Sie breitet sich aus und ringt mit der trocken-warmen
            Heizungsluft – eine Konvektion von Gut und Böse,
Die sich in meiner Nähe abspielt,
Welche ich aber nur über die Haut erfahre.

Der Mond reiht sich nicht in unser nächtliches Spiel.
Er wartet vor den verschlossenen Toren der Wolken.
Er wird ersetzt durch die Laternen, die mit ihrem kalten
    Licht genauso blauen Schleier über die schlafende Stadt
                                        legen.
Ihre rettenden Strahlen spiegeln sich im Kirchenfenster
                                        wieder,
Als würde in den toten Gewölben noch ein gütiges
                    Leben sein wärmendes Heim finden.
Aber nein …

Das Klappern der Fahnen im eisigen Wind
Lässt das Treiben des Tages aufs Tiefste vermissen,
Denn dort hört mensch diese Laute nicht.

Sie werden übertönt von
Arbeit und Konsum –
Konsum und Arbeit,
Wobei sich beide inniglich ergänzen.

Die Nacht aber verschont uns vor den Plagen,
Die uns im Licht verfolgen.
Sie bewahrt uns vor überbordendem Leid,
Welches fehlende Erholung mit sich bringen würde.

In der Nacht findet der Mensch seine Ruh.
In der Nacht tobt die Liebe.
In der Nacht schreibt der Dichter.
In der Nacht liest der Arbeiter.
In der Nacht singt die Krankenschwester.
In der Nacht schläft der Kapitalist, doch das tut er auch
am Tag.

Der Klang der Glocke reißt mich aus dem verfrühten
Schlaf.
Im finsteren Gewühle erkenne ich nur die Silhouetten
der mächtigen Zeiger, die uns am Tage knechten und
uns ihrem ewigen Lauf unterwerfen.
Doch noch ist es Nacht und noch bin ich frei.
Noch scheint sich die Zeit nur im Traum zu spiegeln.

DIE GROSSEN DREI

Schläfrig ziehen die Tage vorüber.
Nichts scheint einen guten Sinn zu haben,
Den die Menschen verinnerlichen sollten.
Alles fügt sich in ein laufendes Räderwerk,
Das Öl frisst und graue Gase scheißt.
Eine Krise jagt die nächste über unseren heißen Stein,
Auf welchem jeder Tropfen der Vernunft zu Gier und
Angst verdampft.

Es wird heiß …
Ein unsichtbarer Feind …
Die Flamme des Krieges holt uns ein …

Abgründe tun sich vor uns auf,
Die wir glaubten überwunden zu haben.
Ein Sturm, der die Sonne verdunkelt,
Bricht aus dem Innersten der Menschen hervor.
Drei Krisen, die einer Antwort bedürfen.
Doch der Mensch bleibt träge und verfällt seiner Angst,
Die ihn nicht zum Handeln treibt,
Sondern warten lässt.

Worauf? frage ich. Worauf?

Auf das Ende?
Auf den Tod?
Auf die Strafe des Daseins?

Was auch immer es sein mag,
Es lohnt sich nicht darauf zu warten.
Es wird Zeit das Kleine für das Große zu überwinden!
Unsre Zeit der GROSSEN DREI ist schlecht und schwer,
Aber besser wird sie nicht vom Warten.

ANHÄNGLICHER ANHANG

Essay annlässlich des feministischen Kampftages

von Alisa Sovarzo

Vorerst möchte ich eine Triggerwarnung aussprechen. Ich werde im folgenden Sexismus, Esstörungen und Gewalt thematisieren. Wenn sich jemensch damit unwohl fühlt, lest den folgenden Text bitte mit einer Vetrauensperson, sodass ihr drüber sprechen könnt.

Ich fühle mich unwohl. Wenn ich alleine draußen bin, in der Schule, im Freibad, wenn ich an konventionelle Pornos denke oder an meine berufliche Zukunft. Diese Punkte verbindet der strukturelle Sexismus, welcher in meinem Leben und anderer FLINTA Personen eine täglichen Belastung darstellt. Für mich ist jeder Tag ein feministischer Kampftag, aber gerade am 08. März sollten wir laut werden – auf die Missstände hinweisen, welche uns am Leben hindern. Aufstehen, um für unsere Akzeptanz und Gleichberechtigung zu kämpfen. Blumen oder Pralinen wollen wir nicht als „Dankeschön" für die tägliche Unterdrückung.

Ich spreche nicht vom Frauentag, da auch FLINTAS (Frauen, Lesben, inter, nicht-binäre, und trans Personen) vom patriarchalem System unterdrückt werden. Zwar leiden auch Cis Männer an vielen bestehenden Verhältnissen, jedoch sind diese generell privilegiert. Es ist ein intersektioneller Kampf, da sexistische, rassistische, postkolloniale, kapitalistische und faschistische Strukturen eng miteinander verwoben sind. Ein Feminismus der nur für Frauenrechte weißer cis-Frauen kämpft, reproduziert oft andere Unterdrückungsmechanismen und ist nicht solidarisch.

Für mich ist klar, dass wir alle Feminismus brauchen – für ein freieres Leben. Der Gender Pay Gap existiert immer noch, jede dritte FLINTA-Person ist im Leben von sexualisierter oder physischer Gewalt betroffen und auch der Gender Data Gap (Männer dienen dabei als medizinischen Standard) gefährdet Frauen täglich. Laut UNICEF werden jährlich 12 Millionen Mädchen zwangsverheiratet und mehr als 200 Millionen brutalst verstümmelt, indem ihnen die Genitalien teils oder ganz mittels Rasierklingen oder Glasscherben rausgeschnitten werden.

Ich bin für einen Kampf gegen die patriarchalen Herrschaftsverhältnisse, welche auf dem Strukturmerkmal Geschlecht beruhen. Die Überwindung des Patriachats ist nicht ohne Abschaffung des Kapitalismus möglich, da die kapitalistische Produktionsweise auf das Patriachat angewiesen ist. Somit ist auch die Abschaffung des Kapitalismus nicht ohne feministische Perspektiven umsetzbar. Dabei sollte eine queerfeministische Ansicht nicht unbeachtet gelassen werde, da ich nicht hinter dem binären System der Geschlechter stehen.

Für mich war es sehr belastend und kraftraubend, mich mit Intensivität dieser Thematik zu widmen. Ich musste oft abbrechen und weinen, während ich Bücher gelesen habe und mir Erfahrungsberichte angeschaut habe. Seit ca. 1 Jahr beschäftige ich mich wirklich sehr damit, was jedes Mal auf neue Kapazität einfordert. Der Sexismus ist so unglaublich tief in unserer Gesellschaft verankert, was es umso schwerer macht, mich nur wenigen Punkten zu widmen – da ich Stunden sprechen könnte. Ich möchte mich heute der Liebe widmen. Welche Rolle spielen Frauen in Beziehungen? Wie können wir dabei mit unseren Körpern umgehen? Welche Utopien können uns retten?

Mit 4 habe ich meine erste Barbie bekommen – eine maximaldünne Puppe mit langen Haaren und großen Augen. . Als ich mit 6 beschlossen habe, dass braun meine neue Lieblingsfarbe braun ist und ich ab diesem Tag nur noch braun trage, bedeutete dies Verwirrung für meine Mitmenschen. Mit 9 lernte ich aus einer Topmodel Zeitschrift, dass Ananas vorm Essen hilft um abzunehmen. Mit 10 wurde ich von einem anderem Jungen geküsst, obwohl ich vor ihm weggerannt bin und mindestens 5x nein gesagt habe. Mit 12 wurde ich das erste Mal darauf hingewiesen, dass ich zwar schöne Beine hätte – es aber doch eher ekelig ist, dass ich sie nicht rasiere. Mit 13 traute ich mich nicht mehr, mich zu melden weil ich Achselhaare bekommen hatte. Mit 14 rasierte ich meine Haare ab und wurde von Lehrer*innen „Kleiner Junge" genannt. Meine Mama weinte, weil ich nicht mehr ihr kleines Mädchen wäre. Parallel konnte ich mich nicht mehr ohne rasierten Intimbereich wohlfühlen. Ich fühlte mich zu dick und hungerte und machte exzessiv Sport. Fremde Männer fassten mich ungefragt an... ich könnte lange weiter machen mit dieser Liste. Mir ist bewusst, dass ich mit einem relativ normschönen Körper auswachsen durfte – doch trotzdem fühle ich mich heute oft nicht gut in meiner Haut. Ich weiß, dass dies auch bei vielen weiteren FLINTA Personen der Fall ist, dass uns diese Erfahrungen verbinden, da wir in einer Gesellschaft aufgewachsen sind, welche Gewalt am weiblichen Körpern in Medien und im Alltag nicht nur normalisiert sondern oft auch romantisiert.

Unsere Körper werden abgestraft und überwacht. Wir sind nicht schlank, jung oder schön genug und dies wird und überall suggeriert. Unsere Körper gehören nicht uns allein – ständig übergriffig über sie gesprochen wird und wir täglich dem Risiko sexueller Gewalt ausgesetzt sind. Diese Probleme sind gesellschaftlich verankert. Sie sollten nicht in das private Problemfeld verschoben werden.

Es ist nicht ausreichend, die Unterdrückung von FLINTA-Personen auf sexueller Ebene festzumachen, jedoch möchte ich damit beginnen. Weiblichkeit ist in der modernen kapitalistischen Gesellschaft zum Produkt geworden. Die damit verbundene verkaufte Sexualität hat nichts mit Emanzipation zu tun, auch wenn Verkäufer*innen und Werbungen die angebliche Selbstermächtigung prophezeien. Wir sind umgeben von erotisch aufgeladenen Bildern, doch es wird kein Sex dargestellt – sondern die Illusion von diesem. In Werbungen werden Frauen beispielsweise mit Orgasmus ähnlichen Gesichtsausdrücken beim Essen von Riegeln dargestellt und – was zu einer Reduzierung des weiblichen Körpers auf ein sexuelles Objekt führt, wobei klassische Stereotype reproduziert werden. Die durchgängige Reduzierung auf unseren Körper zwingt uns zu hungern, zu kaufen, zu leiden und zu funktionieren. Zwar ist es einfacher sich der Kultur des perfektionieren anzuschließen, jedoch müssen wir uns weigern, die Norm zu reproduzieren. Stattdessen sollte Diversität zelebriert werden, damit wir eine tiefe Liebe zu unseren Körpern und anderen Menschen entwickeln können.

Die Sexualität bietet ein großes Feld für die Realisierung von Sexismus. Klassische Rollenbilder in Verbindung mit einer weißen/nicht behinderten und zweigeschlechtlichen Partner*innenschaft werden durchweg in Medien gezeigt oder besungen. Eine Beziehung wird konventionell durch die Realisierung und einem Recht auf Sex festgemacht. Somit wird Liebe und Sexualität als untrennbar angesehen, womit beispielsweise a-sexuelle und a-romantische Menschen missachtet werden. Auch ist es schade, dass in unserer Gesellschaft wenig über sexuelle Praktiken gesprochen oder reflektiert wird. Es ist eine unterschwellige Voraussetzung, dass ein „natürliches"/ "intuitives" Wissen zu sexuellen Handlungen existiert. Ich bin überzeugt, dass es explizierten Formen von Kommunikation bedarf, davor/ währenddessen als auch danach um einander auf Augenhöhe begegnen zu können – ohne die Grenzen unserer Mitmenschen zu verletzen.

Sex wird klassisch mit einem Liebesbeweis gleichgesetzt, dass beim Fehlen eine Beziehung schnell als unvollständig und mangelhaft betrachtet wird. In Magazinen, welche heternormative cis-Frauen im Verwirklichen von Stereotypen geholfen wird, werden Frauen nicht als dem Mann gleichgestellt, sondern eher als indirekte Dienstleisterin dargestellt. „Mit diesen Posen machst du ihn verrückt" oder „ Wie eine gute Ehefrau verführt" verweist für mich auf die Normalisierung der Missachtung der weiblichen Grenzen und Bedürfnisse. Sexistische Gewalt wird somit in Boulevard-Zeitschriften angepriesen – damit „Frau" auch einem „Mann" gerecht wird. Die Darstellung von Frauen ist dabei passiv, wobei der Mann als aktiver Part die Norm ist. Reproduziert wird dabei das Bild von heterosexuellen Sexualitätshandlungen, welche oft nur als Penetration in der Missionar Stellung dargestellt wird – ich kann mich nicht an queere Sexualhandlungen erinnern. Wir sehen oft ein klassisches Bild männlicher oder weiblicher Sexualität, wobei Männer oft als triebgesteuert dargestellt werden. Dies wird von Einzelpersonen und Behörden als Erklärungsmodell für übergriffiges/ gewaltsames handeln genutzt, wobei die FLINTA Person es natürlich auch als „Kompliment" auffassen könnte. Dieser Sexismus führt zu einer Normalisierung von Gewalt und muss dringend zum Schutz aller gestoppt werden.

Liebe ist politisch. Zu lieben als politisches Handeln zu verstehen, bedeutet, Kapitalismus zu entlieben. Auch Beziehungen sind politisch, denn sie sind veränderbar und nicht naturgegeben, was sie zu etwas kulturell inszenierten macht. Die Marktlogik drängt sich in alle zwischenmenschlichen Beziehungen ein und viele romantische Praktiken hängen vom Konsum ab (bsp: Valentinstag, Paarurlaube, Picknicks...) Wenn die ökonomischen Verhältnisse revolutioniert werden, ist eine Änderung der Verhältnisse der Geschlechter möglich.

Zweierbeziehungen, zwischen heterosexuellen, weißen, nicht be*hinderten Menschen sind zur Norm in unserer Gesellschaft geworden. In diesen spielte das männliche Geschlecht eine rationale, objektive Rolle und das weibliche eine emotionale, subjektive. Somit ist innerhalb von Beziehungen eine Hierarchisierung zwischen Vernunft und Gefühlen geben, was zu einer Herabsetzung der Frau führt. Die Welt wird in Dualismen gedacht, am Beispiel Mann und Frau – was auch in Platons Kugelgleichnis seine Bestätigung findet. Jenseits der Binarität scheint es keine Daseinsberechtigung zu geben, denn durchweg wird eine normgemäße Weiblich- / oder Männlichkeit konstruiert.

Dies ist die Basis für eine patriarchale Gesellschaft, in der es Normen gibt – folglich auch Abweichungen, welche zwanghaft zu einer Hierarchisierung führen. Von Frauen wird erwartet, dass ab einem bestimmten Alter ein Kinderwunsch vorhanden ist, sodass das Kinderhaben innerhalb einer Familie zu einer Selbstverständlichkeit geworden ist. Dabei ist auffällig, dass Beziehungen und Kariere oft voneinander getrennt werden, was ich sehr schade finde, da dies gut verdeutlicht – dass eine Balance in dieser Leistungsgesellschaft zwischen Privatem und Beruf schwer umsetzbar ist. Durch Gelder werden Menschen oft in Ehen festgehalten und rund ein Drittel der Alleierziehenden sind armutsgefährdet, die meisten davon weiblich. Jeder Mensch sollte von Partner*innen finanziell unabhängig sein. In der kapitalistischen Gesellschaft sollte dies durch Lohnarbeit funktionieren, aber nicht jeder bekommt Arbeit und der Gender Pay Gap existiert immer noch. Somit ist vollkommene finanzielle Unabhängigkeit für marginalisierte Gruppen kaum möglich, da sie abhängig von Ausbeutung oder dem Partner sind. Wenn eine Frau ihr Leben lang ohne Partner*innenschaft bleibt, wird dies als Mangel angesehen und die Absprache vom alles übertreffendem Beziehungsglück. Diese Verselbständigung der Familie als gesellschaftliche Institution führt zu einer Herabstellung anderer gesellschaftlicher Bündnisse. Diverse sonstige soziale Kollektive haben nicht die gleichen Rechte – und woher kann man festlegen, dass Freund*innenschaften nicht wertvoller als die Familie sein können? Für privilegierte Personen mag die Familie vielleicht als Rückzugsort dienen, jedoch ist es für diskriminierte oft schwer, einen solchen familiären Rahmen zu schaffen.

Auffällig ist auch, dass Liebe sich in unserer Gesellschaft auf den Bereich der Familie beschränkt wird – wobei gerade dort oft traumatische Gewalt stattfindet. Da es nicht der Norm entspricht, wird darüber geschwiegen, was zu einer Gewaltbeschwichtigung führt. Oft wird die Liebe sogar als Entschuldigung benutzt, wenn es um toxische Romantik geht. Sich gegen die Gewalt in Beziehung zu äußern, privat als auch öffentlich erfordert sehr viel Mut, da viele Taten von Behörden und Mitmenschen nicht anerkannt werden. Wie kann es sein, dass rund jeden dritten Tag ein Femizid stattfindet, und wir das nicht mitbekommen? Auch bei Vergewaltigungen werden durchschnittlich 1 von 100 verurteilt. Aufgrund von Victim blaiming und weil die Aussage eines Mannes vor Gericht mehr wiegt als die einer FLINTA-Person. Das sprechen über diese Missstände ermöglicht es uns, Perspektiven, Solidarität und Unterstützung zu schaffen – denn es sind eben keine zu privatisierenden Einzelfälle.

Ein alt bewährtes Problem ist die überwiegende fehlende Beteiligung von Männern an der Hausarbeit. Schon Alice Schwarzer thematisierte vor fast 50 Jahren die damalige kulturelle Misshandlung, welche auf der Isolation der Frau im Haus beruhte. Überwiegend Konservative sprechen davon, dass homosexuelle Familien die gut bewährte Familienkultur kaputt machen würden. Wovon sprechen sie? Davon, dass die Frau nicht mehr in unbezahlte Care Arbeit gedrängt werden kann oder doch eher davon dass Strukturen der Unterdrückung gebrochen werden könnten?

Im Folgenden möchte ich auf das konventionelle Beziehungsmodell der Monogamie eingehen. Diese wurde in ehemaligen Kolonien konstruiert, um der schwarzen Bevölkerung die patriarchalen europäischen Sitten beizubringen. Dadurch wurden diese wiederum in der westlichen Gesellschaft stabilisiert, schreibt der Metzler Verlag. Polygamie wird im Kontext mit anderen Kulturen oft als animalisch oder zurückgeblieben charakterisiert, was durch christliche Schriften oder älter psychiatrische Werke bestätigt wird. Vergessen wird dabei, dass emotionale und romantische Verhältnisse die Ergebnisse komplexer, historischer Abläufe sind. Monogame Beziehungen bedeuten leider oft verminderte körperliche

Selbstbestimmung, Anspruch auf Besitz und der Verzicht auf Wissen und Perspektiven. Des Weiteren werden sie durch staatliche Institutionen gefördert.

Ich finde die Wahl wichtig, dass nicht von vornerein ein durch Medien und Mitmenschen vorgeschriebene monogame Beziehung der Standard ist. Dass wir erkennen, dass Wünsche außerhalb der Normen nichts Illegales sind. Ich wünsche mir Vertrauen und Offenheit, sodass Beteiligte über eigene Bedürfnisse und die der andere aufgeklärt sind. Wir sind vielfältig und nicht alles kann auf Partner*innen bezogen werden.

Ich wünsche mir, dass wir rumlaufen können, wie wir wollen, dass wir uns in unseren Körpern wohlfühlen dürfen und dies gefördert wird. Wir brauchen Utopien, um Veränderungen anzuregen, um uns durch gemeinsame Zukunftsvisionen zu verbinden. Wir müssen anfangen, gelerntes zu hinterfragen und vermeintliche Ziele für ein glückliches Leben überdenken. Ich will, dass wir unabhängig von unserer Geschlechtsidentität, der Sexualität, des Aussehens, Behinderungen und Religion gleichen Zugang zu materiellen Ressourcen und der Gesellschaft haben. Statt Selbstoptimierung will ich Selbstbestimmung. Satt weniger Lohnarbeit will ich das Ende der kapitalistischen Ausbeutung und Unterdrückung. Ich möchte bedingungslose Solidarität untereinander, dass wir füreinander kämpfen und da sind – ohne Erwartungen, Gegenleistungen oder persönlichen Nutzen. Eine ausführliche Analyse der gesellschaftlichen Muster sehe ich als Notwendigkeit für Veränderung an. Sodass wir zusammen nach Formulierungen für die Dinge suchen, denen bisher in unserer Gesellschaft keinen Raum gelassen wurde. Ich wünsche mir, dass FLINTA Personen untereinander mehr zusammenarbeiten und wir nicht in Konkurrenz zueinander stehen. Dass wir durch unsere gemeinsamen Wunden und Missstände zusammen stärker sind und Banden bilden können. Und ich wünsche mir, dass auch cis-Männer nicht ausgeschlossen werden, da wir alle brauchen. Also liebe cis-Männer, wir alle sind mehr oder weniger Opfer unserer Umstände aber es ist notwendig, dass auch ihr euch zu Sexismus; Feminismus informiert, ihr care Arbeit leistet, die Perspektiven von FLINTA Personen anerkennt und euch zu diesen erkundigt. Ich wünsche mir, dass ihr Trigger beachtet und mit uns zusammen für eine gleichberechtigte Welt einsteht.

Einheit in unendlicher Vielfalt – *Versuch eines kommunistischen Kulturbegriffes*

Die Frage danach, was Kultur überhaupt ist, ist für das Schaffen solcher unabdingbar, denn allzu oft wird Kultur in der engen bürgerlichen Theorie als rein geistige Produktion verstanden. Dabei gliedert sich die Kultur immer in eine geistige und eine materielle, wobei keine der beiden Ausdrucksformen mehr Wert besitzt als die andere. Dennoch scheint in unserer bürgerlich-demokratischen Gesellschaft die geistige Kultur eine exponiertere Stellung einzunehmen. Diese Tatsache lässt sich als Maßnahme der Unterdrückung von ausgebeuteten Klassen begründen, deren Kultur in erster Linie materiellen Charakters ist. Auf diese Weise gelingt es der Bourgeoisie ihre vermeintliche Überlegenheit auf kultureller Ebene durchzusetzen, obwohl die schöpferischen Fähigkeiten des Menschen nicht allein auf geistige Leistungen beschränkt sind, was uns der tradierte Kulturbegriff jedoch zu verstehen gibt.

Aber warum sollten die materiellen Leistungen einer Näherin weniger Wert sein als die geistigen eines Betriebswirtes? Beide sollten ihrer Arbeit aus Freude nachgehen und nicht aus Gründen der gesellschaftlichen Anerkennung, die sich in erster Linie im Gehalt ausdrückt. Aus diesem Grund sind große Gehaltsunterschiede nicht zu begründen, denn beide – Näherin und Betriebswirt – sollten ihrer Arbeit aus gleich großer Freude an der Tätigkeit nachgehen und demnach auch gerecht bezahlt werden.

In der bürgerlichen Gesellschaft wird durch die vermeintliche Überlegenheit der geistigen Kultur eine solche Gerechtigkeit der Anerkennung von Leistungen verhindert, obwohl alle tätigen Menschen Schöpfer*innen von Kultur sind, egal ob Werktätige in der Produktion oder Wissenschaftler*innen an einer Universität.

Demnach ist Kultur ein sozialer Prozess der Interaktion zwischen den gesellschaftlichen Formen, worin sich die menschlichen Schöpfungskräfte entfalten, und den materiellen und geistigen Errungenschaften, die Ausdruck jener Schöpfungskräfte sind. Hauptinhalt der Kultur ist dabei immer die Herausbildung menschlicher Wesenskräfte zur bewussten Einflussnahme auf die Natur oder den sozialen Lebensprozess.

Entscheidend ist für die theoretische Betrachtung kultureller Strukturen jedoch immer der historische Zusammenhang. Die Bedingungen der Zeit beeinflussen die Kultur auf entscheidende Weise. Nehmen wir nur das Beispiel unserer kapitalistischen Klassengesellschaft: In dieser wird die Kultur als Mittel der scheinbar legitimen Unterdrückung in Form einer als rein geistig stilisierten Kultur von der herrschenden Klasse monopolisiert und den großen Volksmassen bewusst vorenthalten, doch Kultur sollte unendlich und vielfältig sein.

Erstens: sollte die Kultur keine Grenzen haben, es sollte keine Idee geben, die nicht gedacht werden darf und kein Produkt, das nicht produziert werden darf, solange die Natur bzw. der soziale Lebensprozess nicht eingeschränkt oder verletzt wird. Hierbei gilt es zu beachten, dass der geistigen Kultur eine größere Freiheit zukommt, da sie anders als die materielle Kultur nicht an stoffliche Ressourcen gebunden ist.

Aus dieser Unendlichkeit der Kultur ergibt sich auch: *Zweitens*: ihre Vielfalt, denn im Zuge dieser möglichst weitgefassten Grenzen von Kultur sollte diese auch möglichst viele unterschiedliche Meinungen und Positionen widerspiegeln, die das Miteinander um einen lebhaften Diskurs bereichern, denn die „Freiheit ist immer Freiheit des anders Denkenden"(Rosa Luxemburg), solange dieser den sozialen Lebensprozess bzw. die Natur nicht einschränkt oder beschädigt.

Um dies zu erreichen, gilt es sich von den Ideologien der verschiedenen Klassen zu lösen und eine kulturelle Vielfalt in der Einheit zu bilden. Dazu müssen die Menschen endlich ihre giftige Liebe zur Kategorisierung zugunsten von Unendlichkeit und Vielfalt einer reichhaltigen Kultur aufgeben!

„Die proletarische Kultur muss die gesetzmäßige Weiterentwicklung jener Summe von Kenntnissen sein, die sich die Menschheit unter dem Joch der kapitalistischen Gesellschaft, der Gutsbesitzergesellschaft, der Beamtengesellschaft erarbeitet hat." (Lenin)

Doch aktuell liegt die Welt der Kultur vor uns als eine trübe, in dicken Nebel gehüllte Landschaft, die unter ihrem deckenden Mantel oft bis zur Unkenntlichkeit durch den Kapitalismus verunstaltet wurde. Diese Misshandlung der Kultur lässt sich mithilfe der psychologischen Metatheorie des Postmodernismus erklären. Demnach verfügen Menschen in Machtpositionen über zu viel Einfluss darauf, was in der Kultur wahr ist – sie bestimmen das „Richtige" und lassen für das Übrige keinen Platz. Dieses durch die Bourgeoisie konstruierte Konzept der kulturellen „Realität" und „Wahrheit" besitzt von sich aus keine Bedeutung. Es erhält seine Bedeutung von denen, die es konstruierten. So ist es mit allen kulturellen Konzepten: sie haben lediglich die Bedeutung, die ihnen die Gesellschaft auferlegt. Im Fall der kapitalistischen Kultur handelt es sich dadurch um eine allein von der herrschenden Klasse festgelegte Bedeutung, die allein zur Unterdrückung der materiellen und geistigen Kultur der produzierenden Klassen dient. In der kommunistischen Kultur hingegen legen alle Menschen gleichberechtigt die Bedeutung ihrer gemeinsamen Kultur fest, die als Gesamtheit unterschiedlichste Aspekte einer heterogenen Gesellschaft widerspiegelt.

Es gilt allgemein für jede Form der menschlichen Kultur – egal ob kapitalistisch oder kommunistisch, dass sie Ergebnis biologischer, psychischer und sozialer Einflüsse ist, wie es das biopsychosoziale Modell für menschliches Verhalten besagt. Da die Kultur an sich nichts anderes ist als ein Teil des menschlichen Verhaltens, lässt sich dieses psychologische Modell problemlos übertragen. Das Zusammenwirken der drei Einflussgruppen ist für die Kultur also von wesentlicher Bedeutung, wobei sie sich in einer pyramidalen Anordnung festhalten lassen.

Den Sockel der Pyramide bildet der Körper (speziell das Nervensystem) als biologische Voraussetzung für menschliches Handeln. Es folgt ein fließender Übergang zwischen dem physischen Sockel und der nächsthöheren Ebene des Geistes. Dieser leichte Übergang ist durch die Identität von Gehirn und Geist gegeben. In der Mitte der Pyramide nimmt der Geist mit all unseren Gedanken, Gefühlen, Wünschen, Überzeugungen und zahlreichen anderen mentalen Konzepten den größten Teil des Konstruktes ein. Erst der Geist ermöglicht uns überhaupt das Nachdenken und damit das theoretische und schließlich praktische Schaffen von Kultur, welches schließlich von unserem sozialen Umfeld beeinflusst wird. Kultur ist immer eingebettet in den Kontext, der andere Menschen und die materielle Umwelt umfasst.

Durch Heranziehen dieser drei Einflüsse lässt sich das Zustandekommen menschlicher Kultur also grundlegend erklären.

Wenn mensch nun den Begriff der Kunst als „Lebensform" von Richard Wollheim auf alle anderen Formen, in denen sich die menschlichen Schöpfungskräfte ausdrücken, überträgt, ergeben sich zwei Probleme der Kultur, die darauf zurückzuführen sind, dass die Art, in der wir Kultur gebrauchen, auf unsere

Erfahrungen, Gewohnheiten und Fähigkeiten zurückgeht.

Das erste Problem ist das *Problem der Natur*. Da die (materielle) Kultur darauf abzielt die Natur bewusst zu beeinflussen, ergibt sich ein grundlegender Widerspruch zwischen Kultur und Natur. Die Kultur sollte aber trotz ihres vorprogrammierten Konflikts mit der Natur, diese nicht auf schädliche Weise beeinflussen. Ein Hauptziel der kommunistischen Kultur sollte zur Lösung dieses Problems die Nachhaltigkeit sein. Wenn die Natur beeinflusst wird, dann zumindest nachhaltig. Dies schränkt die Kultur vielleicht ein erhält aber ihre existenzielle Grundlage.

Das zweite Problem ist das *Problem des Internationalismus*. Es geht um die bestehenden Differenzen zwischen den einzelnen nationalen Kulturen. Dieses Differenzen sind in erster Linie von Vorteil, da sie die Sicht der einzelnen Kulturen auf die Welt erweitern. Kulturen bereichern sich gegenseitig und bilden auf lange Sicht diverse Fusionen heraus. Leider können aus unterschiedlichen Weltanschauungen der Kulturen auch Konflikte geboren werden, die nur durch gegenseitige Annäherung und Aufklärung gelöst werden können. Dieses internationalistische Problem ergibt sich nur in kommunistischen Gesellschaften bzw. Gesellschaften mit solchen Ansätzen, denn in kapitalistischen Gesellschaften kann ein solcher Konflikt allein schon durch die allgegenwärtige Übermacht der Kulturen der herrschenden Klassen niemals zustande kommen oder wird zumindest zugunsten der herrschenden Kultur in kurzer Zeit beendet.

Insgesamt ist eine Abhängigkeit der Kultur von ihrem gesellschaftlich-historischen Kontext festzustellen, welche jedoch keine Grenze für die unendliche Vielfalt der Kultur darstellt, zumindest in einer kommunistischen Gesellschaft, die sich nicht nur als solche bezeichnet. Eine wahre kommunistische Gesellschaft muss die Kultur sowohl in ihren geistigen als auch materiellen Ausdrücken begreifen und verstehen, dass Kultur viel mehr ist als bildende Kunst, Theater und Wissenschaft – sie ist alles, was der Mensch schafft. Gleichzeitig muss sich eine kommunistische Gesellschaft den zwei benannten Kulturproblemen offen stellen und sie auf nachhaltige und tolerante Weise lösen.

Doch ich verliere mich hier in Mythen von dem, was geschehen kann und die Kultur ausmacht, wenn je eine kommunistische Gesellschaft Erfolg gehabt hätte. Es ist ein grundlegendes Problem unserer Bewegung, dass die besten marxistischen Analysen stets solche des Scheiterns waren, wie Slavoj Žižek sagte.

Die erdolchte Taube – *Rede zu Klimakrise und Ukraine-Krieg*

Ich freue mich, dass ihr heute so zahlreich erschienen seid, obwohl es um etwas Schreckliches geht...

Die Krisen der Welt stimmen mich und sicher auch viele von euch sehr traurig oder, um den guten alten Ovid zu zitieren: „Sorge, Seelenschmerz und Tränen [sind unsere] Speise."

Regenwälder brennen lichterloh, Flüsse versiegen in glühender Hitze, stählerne Bomben fallen auf fruchtbaren Boden und Menschen müssen angesichts eines donnernden Infernos ihre Heimat verlassen.

Wir aber sind hier und warten auf den Frühling... Sehen, wie die ersten Knospen sprießen und die Sonne eine geschundene Natur erweckt... Während andere um ihr Leben fürchten, fürchten wir um steigende Spritpreise und knappes Sonnenblumenöl in den Supermärkten. Die Gleichzeitigkeit der Welt ist schon grotesk, doch wir machen sie durch unser rücksichtsloses Handeln erst unverschämt.

Die Bundesregierung sagt, sie möchte den Frieden in der Welt bewahren und finanziert durch ihre Abhängigkeit von fossilen Rohstoffen doch die Putin'sche Kriegstreiberei. Unser Geld ist der Treibstoff der russischen Kriegsmaschine.

All die europäischen Hilfen für die Ukraine sind angesichts dieser Doppelmoral nichts als Blumen, die verwelken, ehe sie blühten.

Wäre früher ein Wechsel zu den erneuerbaren Energien erfolgt, so würden wir heute nicht vor diesem Problem stehen. Die Nachlässigkeit der Vergangenheit rächt sich mit doppelter Kraft. „Wandel durch Handel" ist nichts als eine hohle Phrase, um die kapitalistische Zusammenarbeit mit Autokraten zu rechtfertigen.

Doch statt aus unseren Fehlern die nötigen Konsequenzen zu ziehen und den Bau der erneuerbaren Energien stärker voranzutreiben, stolpern wir von der einen zur anderen Abhängigkeit. Zwar liegt Nordstream 2 auf Eis, doch das reicht bei weitem nicht aus. Auch schon bestehende Pipelines müssen sofort außer Betrieb gesetzt werden, um die Abhängigkeit von fossilen Energieträgern zu beenden. Der Lieferstopp von russischem Gas ist notwendig, auch wenn er uns wehtut. Die ökologischen Schulden und Versäumnisse der vergangenen Jahre müssen nun mal mit Zinsen zurückgezahlt werden, das sollte den Betriebswirt*innen der Republik bekannt sein. Nicht getane Arbeit kann nicht durch weitere Untätigkeit wieder gut gemacht werden. Die klaffende Lücke von 55% russischer Gasimporte kann nie im Leben durch Flüssiggas aus den USA oder Katar geschlossen werden. Gas, das durch seine Gewinnung und seinen weiten Transport übers Meer klimaschädlicher ist als zuvor.

Sind denn all die Klimaziele vergessen, die wir uns setzten? Ist der UN-Chef Guterres einer der wenigen Politiker, der als einziger vor der Bedrohung des Krieges für das Klima warnt?

Anscheinend schon, denn unsere Regierung investiert lieber 100 Milliarden in die Bundeswehr, als das Geld für eine nachhaltige, unabhängige Energiepolitik zu verwenden. Sie setzt auf ein längst überholtes Sicherheitskonzept der militärischen Abschreckung, dass uns in die Zeiten des Kalten Krieges zurück katapultiert. Auf einmal scheint die heißgeliebte Schuldenbremse Christian Lindner nicht mehr im geringsten zu interessieren. Aber jeder Euro, der in Waffen investiert wird, könnte für die Umstrukturierung unserer Energieversorgung genutzt werden. Statt Kriege vorzubeugen, bereiten wir uns darauf vor! Wir erdolchen eine Taube, die schon vom Himmel geschossen wurde!

Es geht uns von FridaysForFuture nicht darum Position für die NATO oder Russland zu ergreifen, die als Kriegstreiber in gleicher Weise zu verurteilen sind. Es geht darum uns hier solidarisch mit den Ukrainer*innen zu zeigen, die Opfer volksferner und diktatorische Politik wurden. Es geht uns darum zu zeigen, dass Kriege sinnlos sind und die ohnehin schon bestehenden Probleme nur noch verschärfen in einer Welt, deren politisches und wirtschaftliches System uns unvermeidlich in den Abgrund reißt.

Anmerkungen

S. 18: *Präludium.* (lat.) Vorspiel

S. 21: *Apollon.* griechischer Gott der Kunst; *Brecht.* Bertolt Brecht, deutscher Dichter und Dramatiker; *Leier.* Antikes gezupftes Saiteninstrument; *Lorbeerkranz.* Symbol besonderer Ehre/ Auszeichnung für Sieg und Erfolg

S. 23: *Grund.* Stadtteil der Stadt Luxemburg

S. 26: *Triton.* Griechischer Meeresgott (oft als Mischwesen von Mensch und Fisch)

S. 27: *Melusina.* auch Melusine, mythische Sagengestalt des Mittelalters: Melusine heiratet einen Ritter unter der Bedingung eines Betrachtungstabus, demzufolge er sie nicht in ihrer wahren Gestalt sehen soll – der einer Wasserfee, meist mit Schlangenleib; *Bolschewik.* Mitglied des von Lenin geführten revolutionären Flügels in der Sozialdemokratischen Arbeiterpartei Russlands vor 1917 bzw. (bis 1952) Mitglied der Kommunistischen Partei der Sowjetunion; *Pantheon.* Bezeichnung für ein allen Göttern geweihtes antikes Heiligtum; *Alzig.* Alzette: Fluss in Luxemburg; *Nymphe.* anmutige weibliche Naturgottheit; *Siegfried.* Graf Siegfried I. Gründer von Luxemburg, heiratete der Sage nach Melusina; *Tor.* einfältiger Mensch

S. 29: *grüne Flasche.* Absinth, alkoholisches Getränk

S. 31: *Postludium.* (lat.) Nachspiel

S. 34: *Äther.* Himmel; *Inferno.* Hölle/ Unterwelt

S. 41: *Schizophrenen.* Schizophrenie, psychische Störung, bei der die Gedanken und Wahrnehmung der Betroffenen verändert sind; *Olymp.* Wohnort der Götter; *Phönix.* Mythischer Vogel, der am Ende seines Lebenszyklus verbrennt oder stirbt, um aus seiner Asche wieder neu zu erstehen; *elysisch.* paradiesisch

S. 42: *LUX.* Einheit der Beleuchtungsstärke

S. 44: *Eskapaden.* abenteuerlich-eigenwillige Unternehmungen

S. 46: *Gestad'*. Gestade, Teil des festen Landes, der an das Wasser grenzt

S. 48: *Liberta.* Libertas, Personifikation der Freiheit; *Charta.* für Staats- und Völkerrecht grundlegende Urkunden

S. 50: *Merkur und Psyche.* Nach Apuleius *Metamorphosen:* Psyches, ist eine griechische Königstochter und später Personifikation der menschlichen Seele, deren Schönheit selbst Venus in den Schatten stellt. Aus Eifersucht befiehlt Venus ihrem Sohn Armor, Psyche in einen hässlichen Dämon verliebt zu machen. Stattdessen verliebt sich Armor in Psyche und zeugt mit ihr ein Kind. Venus schäumt vor Wut und schickt Merkur, den Götterboten, aus, Psyche auf den Olymp herbeizuschaffen, um sie zu bestrafen.

S. 51: *Treuhand.* Bei einer Treuhand im Sinne des deutschen Zivilrechts überträgt der Treugeber dem Treuhänder Rechte – das Treugut – , wobei vereinbart wird, dass der Treuhänder diese im Interesse des Treugebers ausübt.

S. 58: *Elysium.* Ort, an den antike Helden, die Außerordentliches geleistet haben, entrückt werden, ohne dass sie den Tod erleiden - „Ort der Seeligen"

S. 59: *astral.* Gestirne betreffend, zu ihnen gehörend, von ihnen abstammend

S. 60: *Souffleusen.* Personen, die in Theaterstücken den Schauspielenden den Rollentext flüsternd vorsprechen

S. 61: *Horrende.* horrend, jedes normale Maß überschreitend

S. 63: *Kyrill.* Orkan, der am 18. und 19. Januar 2007 das öffentliche Leben in weiten Teilen Europas beeinträchtigte

S. 64: *Rinnstein.* Pflasterstein mit eingelassener Mulde, dient dem Abfluss von Regenwasser, befindet sich zwischen Bordstein und Straße

S. 65: *DREI.* gemeint: die drei Staatsgewalten (Legislative, Exekutive, Judikative); *Torheit.* Dummheit; *infantil.* der kindlichen Entwicklungsstufe entsprechend; *Argwohn.* Zweifeln an der Vertrauenswürdigkeit; *Exil.* Langfristiger Aufenthalt außerhalb des Heimatlandes, das aufgrund von Verbannung, Ausbürgerung, Verfolgung durch den Staat o. Ä. verlassen wurde

S. 66: *gossip.* Tratsch; *Perversion.* Verkehrung ins Krankhafte

S. 67: *Marx.* Karl Marx (1818-1883), Philosoph, Ökonom, Gesellschaftstheoretiker, politischer Journalist, Historiker, Protagonist der Arbeiterbewegung, sowie Kritiker des Kapitalismus und der Religion; *Stalin.* Josef Wissarionowitsch Stalin (1878-1853), Diktator der Sowjetunion von 1927 bis 1953

S. 68: *Golden Hour.* Die Goldene Stunde (Golden Hour) ist die Zeitspanne kurz nach dem Sonnenaufgang oder kurz vor dem Sonnenuntergang.

S. 69: *Blue Hour.* Der Begriff Blaue Stunde [Blue Hour] bezieht sich auf die Zeitspanne innerhalb der abendlichen oder morgendlichen Dämmerung, während der sich die Sonne so weit unterhalb des Horizonts befindet, dass das blaue Lichtspektrum am Himmel noch bzw. schon dominiert und die Dunkelheit der Nacht noch nicht eingetroffen bzw. schon vorbei ist.; *Doppelhelix.* Die molekulare Struktur des DNA-Moleküls. Es handelt sich um zwei um einander verdrillte Einzelstränge, die durch Wasserstoffbrücken zwischen den Basen Adenin und Thymin bzw. Cytosin und Guanin miteinander verbunden sind.; *Arni.* C. Arndt, Biologielehrer; *Schlüssel-Schloß(-Prinzip).* Beschreibt die Funktion von zwei oder mehreren komplementären Strukturen, die räumlich zueinander passen müssen, um eine bestimmte biochemische Funktion erfüllen zu können.

S. 70: *Kapitellen.* Kapitell, oberer Abschluss einer Säule; *schwarzes Gold.* gemeint: Erdöl; *jüngster Tag.* Tag, an dem „Gott" als Richter alle Menschen zur Rechenschaft zieht

S. 71: *fragil.* zerbrechlich/ zart; *Schwiele.* Verdickung des Gewebes durch Narben, die von Entzündungen zurückbleiben

S. 72: *Quarz.* Mineral

S. 73: *neoliberal.* Neoliberalismus, schwachsinnige Neufassung wirtschaftsliberaler Ideen im 20. Jahrhundert, Anstreben freiheitliche, marktwirtschaftliche Wirtschaftsordnung mit Anerkennung von Privateigentum, Vertragsfreiheit und Freihandel

S. 74: *Die queren Denker*innen.* Querdenker*innen/ Schwurbler*innen, Menschen, die in Bezug auf Differenzen zwischen Wahrheit und Wahrnehmung keine klaren Gedanken fassen können

S. 77: *IJsselmeer.* Größter See der Niederlande, künstlich durch Eindeichung entstanden

S. 79: *Lenz.* Frühling

S. 80: *Heine.* Heinrich Heine (1797-1856), Dichter, Schriftsteller und Journalist

S. 83: *Orpheus.* Sänger und Dichter der griechischen Mythologie, der seine Geliebte Eurydike mithilfe des Gesangs aus der Unterwelt zurückholen möchte, sie aber durch sein eigenes Verlangen verliert; *Pluto.* römischer Gott der Unterwelt

S. 87: *Amo sole te!.* Lateinisch: „Ich liebe nur dich!"

S. 94: *Proletarier.* Proletariat, in kapitalistischen Gesellschaft Klasse der abhängig Beschäftigten (die keine eigenen Produktionsmittel besitzen); *Bourgeoisie.* herrschende Klasse der kapitalistischen Gesellschaft (die im Besitz der Produktionsmittel ist)

S. 97: *Fluktuationen.* Kurzzeitige oder andauernde Veränderung

S. 100: *Mater Urbium*. Lateinisch: „Mutter der Städte"; *goldene Stadt*. Praha/ Prag

S. 105: *Karl-Marx-Stadt*. heute: Chemnitz, Großstadt in Sachsen

S. 108: *Putin*. Wladimir Wladimirowitsch Putin, Präsident der Russischen Föderation; *Sowjets*. Sowjet, russische Bezeichnung für [Arbeiter- und Soldaten-]Rat, Behörde oder Organ der Verwaltung in der UdSSR

S. 110: *Живить за свободи!*. Ukrainisch: „Lebt für die Freiheit!"; *Мир для України!*. Ukrainisch: „Frieden für die Ukraine!"

S. 111: *„Kreuze auf den Zinnen"*. Gemeint: militärische Geheimzeichen, die im Ukrainekonflikt durch Saboteure angebracht werden, Orientierungsmarkierungen für die vorrückende russische Armee, Zielmarkierungen für Luftangriffe

S. 114 *LUCIA*. Luciafest, ein auf ein Heiligenfest zurückzuführender Brauch, der vor allem in Schweden, sowie in Dänemark, Norwegen und unter Finnlandschwed*innen und dänischen Südschleswiger*innen verbreitet ist.

S. 115 *DAVID*. gemeint ist die Skulptur von Michelangelo, eine Kopie aus Bronze steht in Kopenhagen

S. 118 *Proömium*. Einführendes Kapitel, ein Vorwort von Dichtungen und Briefen

S. 118: *Sextetten*. Sextette, Strophe aus sechs Versen

S. 120: *Ophelia*. Figur in William Shakespeares Drama *Hamlet*, junge Adlige aus Dänemark, potenzielle Frau Prinz Hamlets, die aufgrund seiner Handlungen in einen Wahnsinnszustand gerät, der letztendlich zu ihrem Ertrinken führt

S. 120: *Deutsches Eck*. Wahrzeichen der Stadt Koblenz mit Reiterstandbild von Kaiser Wilhelm I.

S. 123: *Liturgie*. gesamtes gottesdienstliches Geschehen

S. 124: *Luzerne*. Pflanze

S. 129: *IJburg*. Stadtteil von Amsterdam

S. 140: *Aurora.* Göttin der Morgenröte

S. 141: *Leine.* knapp 280 km langer Fluss in Thüringen und Niedersachsen, fließt u.a. durch Hannover

S. 150: *Firmament.* Himmelsgewölbe, Himmel; *„Bis dass die Preußen endlich ihn vollenden".* Kölner Dom wurde offiziell am 15. Oktober 1880 unter preußischer Herrschaft in Zeiten des „Kulturkampfes" vollendet

S. 175: *Pyramus und Thisbe.* Zwei sich liebende Babylonier, die sich aufgrund zwei verstrittener Elternhäuser nicht sehen dürfen. Die beiden wohnen nebeneinander und können durch einen Spalt in der Wand miteinander kommunizieren. Die beiden beschließen eine gemeinsame Flucht bei Nacht, um Babylon für immer zu verlassen.

S. 183: *Hortensien.* Ziersträucher

S. 202: *Expression.* Ausdruck

S. 204: *DIE GROSSEN DREI.* Gemeint sind die drei großen Krisen der Gegenwart: Corona-Pandemie, Ukrainekonflikt und Klimakatastrophe

Maria M. Koch

Das kann nich jeda,

sagt mein Bruder Benni,

der mega coole Behindi.

Bibliografische Information der Deutschen Nationalbibliothek:
Die Deutsche Nationalbibliothek verzeichnet diese Publikation in
der Deutschen Nationalbibliografie; detaillierte bibliografische Daten
sind im Internet abrufbar über dnb.dnb.de.

Cover: A&K Buchcover, www.akbuchcover.de
Satz und Layout: publish4you, Roßleben-Wiehe
Verlag: BoD · Books on Demand GmbH, Überseering 33,
22297 Hamburg, bod@bod.de
Druck: Libri Plureos GmbH, Friedensallee 273, 22763 Hamburg

ISBN 978-3-7562-7566-3

*Behinderte Menschen sind Geschenke
in einer ganz besonderen Verpackung.*

Für Dominik und Fabian.

Etwas von später

Dieser Juni ist wie mein Leben. Ich schwör auf Sommer, aber ich krieg November. Das Wetter ist wie Dampf nach endlosem Duschen bei defekter Deckenbeleuchtung oder wie Nebel ohne Sonne, obwohl schon Mittag ist. Wie ist das an diesen grauen Tagen? Trägt die Sonne so 'ne Art Burka, und ich bin der Einzige, der das checkt? Der Grund, warum ich heute auf dem Rad sitze, ist mein behinderter Bruder Benni. Er ist älter als ich und schon erwachsen, aber mit einem Hirn von einem Kind. Entsprechend nervig, wie man sich vorstellen kann. Sein Goldfisch hat ihn aus dem Bett und an den See getrieben. Wer von den beiden überlebt, ist echt nicht vorherzusehen. Am Seeweg entlang radelnd treffe ich keinen. Nicht einmal Jogger, die hier sonst immer unterwegs sind. Die Welt scheint unter einer Glocke zu liegen, so still und grau ist sie. Ich beuge mich über den Lenker, trete in die Pedale und erschrecke, als von links ein blaues Blinklicht mit aufheulendem Martinshorn direkt auf mich zukommt. Ein Krankenwagen. Ich steige voll in die Bremsen, um ihn vorbeifahren zu lassen. Er hält genau da, wo ich auch hin will. Ich stelle mein Rad an den Wegrand, sperre sorgfältig ab und kontrolliere sogar, ob die Kette richtig hängt. Ein Teil von mir weiß längst, dass Benni etwas passiert ist. Als ich über die Wiese zum See runter laufe, kommt mir ein Sanitäter entgegen: »Hier darf jetzt niemand her.«

»Aber vielleicht ist es mein Bruder.«

Der Mann schaut mir ins Gesicht und meint: »Dein Bruder? Okay, dann warte dort auf der Bank. Ich kümmere mich gleich um dich.«

Ich bin froh, nicht ans Ufer gehen zu müssen. Dort liegt jemand am Boden. Ist das Benni? Als der Sanitäter sich abwendet, fällt mir ein: »Meine Mutter, hat die schon jemand informiert?«

»Das macht der Trainer.«

Wie fremdgesteuert gehe ich langsam auf die Bank zu und komme irgendwie zum Sitzen. Gedanken, was mit Benni los ist, springen mich an. Ich ducke mich vor ihnen wie vor schnappenden Hunden. Meine Augen finden keinen Horizont über dem Wasser. Alles Schiefer. Der Himmel macht heute mit dem See gemeinsame Sache. Plötzlich bilde ich mir ein, Benni vor mir zu haben. Ich sehe sein Grinsen und höre seine Reibeisenstimme sagen: »Hallo. Lala. Ich beib bei dich.«

»Das heißt, ich bleibe bei dir, Benni.«

»Genau.«

Als ich den Blick auf den Menschen neben mir richte, ist es Bennis Trainer, der mich ansieht. Warum sagt der nichts? Hat er meine Nachricht nicht gelesen? Er war doch mit Benni draußen auf dem See. Der muss doch wissen, was los ist.

An dem Tag, an dem diese Geschichte hier anfing, wachte ich in einem fremden Zimmer auf einer dünnen Matratze auf. Philipps Bein lag quer über meinem und Marco schnarchte. Alles Dinge, die mich krass nervten. Langsam schob ich mich die Wand entlang, tastete nach meinen Chucks, fixierte die Tür im Raum, erreichte sie und schaffte es, einigermaßen geräuschlos hinaus zu kommen. Auf dem Weg durch die Eingangshalle blieb mein Blick an so einem antiken Spiegel hängen. Das blasse Gegenüber mit den dunklen Ringen unter dem schwarzen Filz erkannte ich erst nach einem kurzen Schockmoment als mein eigenes Gesicht. Was war ich froh, es im Spiegel zurücklassen zu können. Ich verließ das Haus und ging durch den Garten auf die ruhige Anliegerstraße. Die Hecken vor den Grundstücken blickten gelangweilt, doch ich sah den eingewachsenen Maschendraht, der Prolls und streunende Katzen abhalten sollte.

Als Einziger stieg ich in den leeren, wartenden Bus und starrte vor mich hin. Nicht einmal der Translator, den ich mir als App heruntergeladen hatte und der normalerweise meine Laune verbesserte, reizte mich. Die blauen Polster rochen nach Fisch wie fabrikneue Autos. Passte perfekt zu meiner Verfassung. Am liebsten hätte ich mit dem Edding auf die kacksaubere Rücklehne geschrieben: Du stinkst. Aber so was machte ich nicht. Ich doch nicht. Gut erzogen,

9

hätte meine Mutter gesagt. Ich kannte die Wahrheit: Ich war ein Schisser, ein Weichei. Egal. Bloß keinen Stress.

Eine ätzende Party war das gestern bei Philipp. Statt Sommernacht mit coolen Lampions und Trägerhemdchen am Pool gab es Gewitterregen mit Sturmböen. Von den Mädchen waren nur Marie und Anna da, die anderen waren weggeblieben. Ines auch. Die Playlist von Marco kannte ich schon, und dann kriegte ich auch noch voll mit, wie die Mädels mit Basti herum machten. Später brachte Philipp Wodka, weil der Kasten Bier leer war. Kein Wunder, dass ich derart leichenmäßig durch die Welt latschte.

Als ich zuhause ankam, hörte ich meine Mutter in der Küche. Bloß keine Ansprache um diese Zeit. Ich schlich zum Bad, öffnete leise die Tür und erstarrte. Vor dem Spiegel stand eine fremde Tussi in einem pinkfarbenen Hemd mit gelben Haaren auf dem Kopf. Sie sah aus wie diese ›Gutemine‹ bei Asterix. Das unbekannte Wesen grinste, reichte mir eine Kinderhand mit kurzen Fingern und nuschelte: »Hallo, bin Dani.«

Ich starrte in wasserblaue Augen. »Hä?«, mehr fiel mir einfach nicht ein. Passte logisch überhaupt nicht. Aber ich fühlte mich echt mies, stürzte den Gang zurück und riss die Tür zur Küche auf. Mama saß wie gewohnt mit der Zeitung vor sich am Tisch in unserer blauen Sitzecke.

»Was macht der Mopp mit Entensteiß im Bad?«

Sie schaute auf. »Ach, du bist auch schon zuhause. Guten Morgen übrigens.«

»Guten Morgen. Was soll das?«

»Was genau? Du meinst Dani? Sie ist Bennis Freundin und hat bei uns übernachtet.«

Ihr Grinsen verschwand, als ich sie anblaffte: »Sag, dass das nicht wahr ist.«

Sie kapierte überhaupt nichts, nichts davon, wie es war, einen Bruder wie Benni zu haben. »Was ist los mit dir?«

Mir war eiskalt. Ich spürte ein Würgen im Hals. Sie griff nach mir. Wollte mich zu sich ziehen. Bloß das nicht. Ich drehte mich weg und war mit wenigen Schritten in meinem Zimmer. Sie folgte mir und schloss die Tür hinter sich.

»Lenni, sag, was los ist. War was auf der Party?«

Ungefragt setzte sie sich auf mein Bett und sah mich wortlos an.

»Lass mich in Ruhe. Später.«

Es war ja klar, dass sie ohne Antwort nicht gehen würde. Prompt fragte sie: »Ist es wieder einmal wegen deinem Vater, dass du so schlecht drauf bist?«

Vielleicht. Mit ihr darüber zu reden, brachte nichts außer Psychogeschwafel. Immer diese Hartnäckigkeit, mit der sie auf ihrer Meinung bestand und todsicher erreichte, was sie wollte. Um sie vom Thema abzulenken, warf ich ihr den zweiten großen Brocken meines Lebens hin. »Es ist wegen Benni.«

»Was ist mit ihm?«

»Ich halte das nicht mehr aus.«

»Was? Dass er behindert ist und eine Freundin hat? Oder dass du wegen ihm nicht nach Kroatien fährst?«

Checkte sie es echt nicht? War auch egal. Wenn sie mich nur in Ruhe ließ. »Alles. Er macht mich einfach fertig.«

»Das wusste ich nicht. Ich dachte, ihr versteht euch.«

Ihr Gesicht kam auf mich zu. Ey. Keine Diskussionen. Wie konnte ich sie stoppen? Vielleicht sollte ich ihr Recht geben. »Ja, schon. Aber trotzdem.«

»Das ist traurig. Ich wollte eigentlich noch warten. Was sollen wir tun?«

Ich zuckte mit den Schultern. Als ob sie sich je nach meiner Meinung gerichtet hätte. Sie wollte mir über den Kopf streichen, was ich mit einer raschen Bewegung verhindern konnte. Da hörte ich sie sagen: »Du bist viel für deinen Bruder da. Ohne dich …«

Jemand schlug an die Tür. Fast gleichzeitig wurde sie aufgerissen. Benni stand mit hochrotem Kopf in seinem FC Bayern Teil da und presste mit rauer Stimme hervor: »Ich muss sagen.«

»Benni, wir reden gerade.«

»Ich muss.«

Es war klar, dass er nicht nachgeben würde, und Mama meinte: »Also dann sag, was du sagen möchtest, aber hör auf zu schreien.«

»Ich wohn um.«

»Du wohnst was?«

»Su Dani.«

Mama schien überrascht. »Echt? Willst du das?«

»Ja, jetz.«

»So schnell geht das nicht. Aber ich frag gern nach einem freien Zimmer.«

Benni atmete hörbar ein. Das Bayern Emblem entfaltete sich in seiner prachtvollen Breite. »Ja, ich will.«

»Gut. Aber zuerst fahren wir Dani zurück. Leander, wir lassen dich allein?«

Was sollte die Frage? Ich war froh, als sich endlich die Tür hinter den beiden schloss, und ich mein Buch aus dem Wäschefach herausholen konnte. Meine Finger strichen über den Einband, der sich wie das glatte Fell eines Maulwurfs anfühlte, stellte ich mir zumindest so vor. Hellbraunes Kunstleder mit stilisierten Blumen, Schmetterlingen und seltsam verschlüsselten Schriftzügen. Shigé? Ein Name? Egal. Unter meinen Fingerspitzen spürte ich die Erhebungen im Muster, schlug es auf. Damals im Laden hatte ich nicht lange gesucht. An der Kasse war es mir mega peinlich gewesen, eine Art Poesiealbum zu kaufen. Es sollte etwas Besonderes sein. Analog statt digital.

Seitdem ich es benutze, habe ich mehrere Seiten eng beschrieben. Sieben Spalten für das gleiche Wort in sechs Sprachen. In der letzten steht die Bewertung. Je mehr Übereinstimmungen der Buchstaben, desto höher die Wertung. Wen es interessiert, der findet hier am Ende eine Übersicht dazu. Wenn die Wörter auf Italienisch, Spanisch, Französisch, Englisch und Deutsch gleich wären, bräuchten wir nur eine einzige Sprache und die Grammatik dazu. Das wäre total lahm. Interessant sind die Ähnlichkeiten und die gemeinsamen Wurzeln.

Manto (ital.) – manto (span.) –
manteau (franz.) – mantle (engl.) – Mantel

Ein Erlebnis am Bahnhof hat mich damals auf die Idee gebracht. Die Frau, die dem abfahrenden Zug total außer sich »manto, manto« hinterher schrie. Sie wurde kurz darauf von Leuten abgeholt, die sie wohl gesucht hatten. Einer davon erzählte, dass die Frau vielsprachig war, bevor sie krank wurde. Weil ich an dem Tag keinen Plan hatte, wollte ich herausfinden, welche Sprache es war, in der sie geschrien hatte. Das war der Anfang. Sprachvergleiche. Die Ergebnisse sind inzwischen weniger überzeugend ausgefallen als bei ›manto‹. Dennoch kann ich nicht damit aufhören, habe sogar Latein dazugenommen. Es ist fast wie früher, als ich die Buchstaben der Autokennzeichen zu Wörtern machte. Das jetzt ist besser, und ich weiß meistens gleich, welches Wort ich untersuchen will. Der Kick ist, dass ich das Ergebnis nicht kenne. So wie andere Leute ihr Horoskop oder Orakel befragen, bedeutet das Resultat für mich die Chance auf Erfolg oder die Warnung vor einem verkackten Tag.

Trasloco (ital.) – mudanza (span.) – déménagement (franz.) – removal (engl.) – demigratio (lat.) – Umzug

Nach Bennis Abgang war der Begriff ›Umzug‹ im Raum hängengeblieben. Als ich den checkte, fand ich nur zwei Übereinstimmungen in drei Buchstaben. Ein mega schwaches Ergebnis. Trotzdem übertrug ich die Wörter in ihre Spalten.

Mama und Benni kamen überraschend schnell zurück. Durch die offenstehende Zimmertür sah ich meinen Bruder mit der Hand an dem Kugelglas sitzen, das seinem

goldfarbenen, runden Fisch als Aquarium diente. Der stand mit großen Augen und halboffenem Maul bewegungslos im Wasser. Benni nahm die Brille ab, seufzte tief und redete laut vor sich hin. »Kein Simmer für Benni. Un Dani mag nich mit mich wohnen. Su eng, sag sie.« Zwei tiefe Atemzüge lang passierte nichts, dann lehnte er die Stirn unter dem kurzhaarigen Schädel an das Glas. »Dani is nich mehr meine Feun-din.« Seine Hand strich über die Scheibe, und der Fisch glotzte.

Nebenan hörte ich Mama telefonieren. Sie schien es eilig zu haben, brach sofort auf und verzichtete sogar darauf, mit uns zu essen.

Sepoltura (ital.) – sepelio (span.) – enterrement (franz.) –
burial (engl.) – sepultura (lat.) – Beerdigung

Als ich Benni rief, stand der in der Tür und redete, als ob er mir etwas dazu erklären müsste. »Wenn des Han-dy läutet, redet Mama wie in die Kir-che. Warum die Leute weinen. Ich weiß, ein Mann is tot. Wer tot is, is tot. Mama redet mit die Leute und hol tote Mann zum Fied-hoff. Warum die Leute wollen, dass sie komm.«

Während Benni sich am Bauerntisch in der blauen Ecke genussvoll Teile der großen Pizza Margherita in den Mund schob, gab ich das Wort ›Beerdigung‹ ein, über das Benni weiter brabbelte. Das Ergebnis war gut genug, um zu chillen. Wobei ich dafür jede Lautverschiebung hernahm, die sich anbot. Sollte mir doch jemand das Gegenteil beweisen. Ich war ja kein Wissenschaftler. Um Benni ruhig zu stellen,

zappte ich mich auf der Suche nach einer passenden Sendung durch die Mediathek.

»Is heute B-las-musik?«, fragte er prompt.

»Keine Ahnung.« Ich knurrte ihn an: »Da ist nichts. Und ich hab keinen Bock, weiter zu suchen. Sag mal, kannst du nicht irgendwas anderes hören?«

Total sinnlos die Frage, das war schon klar. Benni betrachtete mich sekundenlang und meinte langsam artikulierend: »Lala, bin ich schul-d?«

»Was? – Nenn mich nicht Lala. Du bist kein Baby mehr.«

Er schien zu checken, dass ich genervt war und sagte: »Ich weiß nich. Ich nehm alles surück.«

»Warum sagst du das jetzt? Was soll der Quatsch?«

Klar war er Schuld, dass Mama das Geld für den Urlaub fehlte. Seine nächste Ansage machte alles noch krasser: »En-schuligun. Bitta vaseih mir.«

Ich ertrug es echt nicht mehr. »Spinnst du jetzt total?«, schrie ich ihn an. Dabei sprang ich auf und warf die Fernsteuerung auf den Sessel. Benni verstummte und zupfte verlegen an seinem bunt geringelten Pullover. Ich schaute ihm für einen Moment dabei zu, spürte meinen Unterkiefer hart werden und stürzte in mein Zimmer. Dort schlug ich auf den Punchingball ein, bis ich vor Erschöpfung aufs Bett fiel.

Danaro (ital.) – dinero (span.) – argent (franz.) –
money (engl.) – argentum (lat.) – Geld

Sonntag. Ich werde wach und weiß nicht, was los ist. Etwas stimmt nicht. Die Vorhänge sind offen. Eingeschlafen und

durchgeschlafen, ohne mich um irgendwas gekümmert zu haben. Egal. Benni hat sicher vor der Glotze gesessen, bis Mama zurückkam. Warum auch nicht? Soll sie doch selbst schauen, wie sie ihren Job und Benni auf die Reihe bekommt. Solange er in seiner Werkstätte betreut wird, kann sie mit ihrem Bestattungsinstitut alle Toten dieser Welt unter die Erde bringen. Ist mir recht, wenn Mama beschäftigt ist und mir meine Ruhe lässt. Die anderen fahren heute nach Kroatien, nur ich muss wegen Benni hierbleiben, weil seine Werkstatt in den Ferien geschlossen ist. Wegen Ines wollte ich mitfahren. Was sie nicht weiß und jetzt nicht erfahren wird. Denn ich musste absagen. Zu teuer für Mama. Sie hätte nicht nur meine Reise, sondern auch die Ferienbetreuung für Benni zahlen müssen. Beides schafft sie nicht. Deshalb erzählte ich den anderen etwas von eigenen Plänen. Interessierte aber keinen. Jetzt fährt sicher Tom mit. Und Ines macht vielleicht mit ihm herum und erfährt nie, dass ich es ihr endlich sagen wollte. Ich greife nach dem Handy und checke das ›Geld‹. Das Ergebnis ist kein Megahit, aber ganz okidoki.

Als ich die Tür zum Gartenzimmer öffne, tönt mir ein fröhliches »Guten Morgen« entgegen und zwei vertraute Gesichter strahlen mich an.

»Danke für gestern Abend. Benni schlief tief und fest, als ich zurückkam.«

Ich schaue meinen Bruder an. Manchmal erinnert er mich an Opa, als dieser noch lebte. Wenn Benni lacht, verschwindet ein Teil der Sommersprossen in seinen tausend Falten. Mit dem zerknautschten Gesicht schaut er stolz zu

mir herüber. Ich setze mich an den gedeckten Frühstückstisch, und Mama reicht mir den Korb mit den Brötchen herüber. Benni scheint dicht gehalten und nichts vom Anschiss gestern Abend erzählt zu haben. Egal. Vielleicht ist es ja auch nur Mamas Taktik, um mich für die Ferienwochen bei Laune zu halten. Sie erwartet doppelt soviel Aufträge wie gewohnt, weil ihre Kollegin Urlaub macht. Toll für sie. Ich soll dafür den Babysitter für Benni spielen. Aber das Wetter an diesem Morgen ist zu schön, um mich zu ärgern.

Piscina (ital.) – piscina (span.) – piscine (franz.) –
pool (engl.) – piscina (lat.) – Schwimmbad

»Was habt ihr heute vor?«, fragt Mama in diesem Moment.

»Ihr könntet zum Schwimmen fahren«, fährt sie fort, ohne auf unsere Antworten zu warten.

»See su kal-t, ich mag nich«, meint Benni.

»Und ins Freibad?«

»Ja, ja, ich will.« Benni springt auf, um seine Badesachen zu packen. Warum nicht. Dort treffe ich wenigstens keinen von den anderen. Während Mama nach den Rühreiern schaut, gebe ich das Wort ›Schwimmbad‹ ein. Tolle Übereinstimmungen. Wenn Englisch nicht daneben liegen würde, könnte es sogar ein krass guter Tag werden. Wir brechen auf.

Als wir an der Kasse durch sind, sehe ich von weitem ein Mädchen, das wie Ines aussieht. Ich wähle den erstbesten freien Platz auf der Liegewiese, und Benni beginnt damit, seine Badesachen nach einem mir rätselhaften Prinzip zu sortieren.

»Du bleibst hier und wartest auf mich. Verstanden? Ich muss unbedingt jemanden suchen. Wenn ich zurückkomme, gehen wir zusammen schwimmen, okay? Nicht weggehen. Mach, was du willst, aber bleib hier!«

Er schaut mich aus seinen kurzsichtigen Augen groß an. »Lala, was machen?«

»Egal. Schau dir von mir aus die hübschen Mädchen da drüben an.« Ich zeige auf die jungen Frauen, die nicht weit entfernt in knappen Bikinis in der Sonne liegen. Benni nickt und setzt sich in die richtige Blickrichtung. Ich will unbedingt herausfinden, ob es echt Ines ist, die ich gesehen hab, und warum sie nicht mit nach Kroatien gefahren ist. Vielleicht, weil sie erfahren hat, dass ich zu Hause bleibe? Ziemlicher Schwachsinn, doch der Gedanke ist krass. Ich genieße ihn voll. Die Wiese ist dicht von Badegästen belagert. Am Kiosk wartet eine lange Schlange Menschen. Falls es wirklich Ines ist, trägt sie etwas Gelbes. Ich checke immer wieder die Leute, die sich ständig bewegen. Nicht aufgeben. Noch ein letztes Mal am Becken entlang. Vielleicht ist Ines dort am Tauchen. Es nervt, sie im Gewühl zu suchen. Ich muss zurück zu Benni, bevor er auf eigene Faust losmarschiert.

Plötzlich sehe ich sie mit einer Freundin auf mich zukommen. Sie trägt einen zitronengelben Bikini, der ihre Haut wie Milchschokolade schimmern lässt. Es sind ihre kastanienbraunen Haare, in denen sich mein Blick wie in einem Netz verfängt. Ich gehe langsamer. Die Mädchen quatschen und lachen, lecken sich die Finger ab und sehen mich nicht. Ich zögere. Ines legt ihrer Freundin den Arm

um die Hüfte und scheint ihr einen Kuss zu geben. Sie schlendern eng umschlungen über die Wiese. Ich komme mir wie gewohnt voll peinlich vor, wenn ich Mädels miteinander schmusen sehe. Ines hält an einer hellen Decke an, beugt sich zu ihrer Tasche hinunter, zieht etwas heraus und zeigt es ihrer Freundin. Ein grünes Teil. Sie greift nach ihren Bikiniträgern. Ich kann nicht wegschauen. Ihre hellen Brüste blitzen für einen Moment auf wie die Spatzen, die über mir in den Bäumen tschilpen. Sie legt das neue Top an. Auch schön. Mit einem tiefen Atemzug gehe ich auf sie zu. »Hallo, Ines.«

Sie schaut auf, erkennt mich und meint: »Hi, Leander.«

»Du fährst nicht mit nach Kroatien?«

»Nein, meine Mutter erlaubt es nicht.«

»Oh«, ich spüre einen Stich. Ines fragt nichts. Ihr Desinteresse schmeckt bitter. Doch nur einen Moment lang, dann überwiegt das beruhigende Gefühl, dass ich nichts erklären muss. Keiner aus der Schule weiß von Benni, und das ist gut so. Dafür fahre ich jeden Tag zum Anna-Gymnasium statt hier ins örtliche zu gehen. An der Münchener Schule bin ich Ines begegnet. Sie wendet sich ab, und ich schick ihr ein »Okay, dann noch viel Spaß« hinterher.

Als ich mich umdrehe, sehe ich den Bademeister mit raschen Schritten über die Wiese kommen. Er scheint etwas zu suchen. Jemand hängt an seiner Hand und zeigt mit dem freien Arm auf mich. Es ist Benni. Ich versuche Abstand zu den Mädchen zu gewinnen und gehe dem Mann entgegen. Prompt blökt er mich an: »Gehört der zu dir?«

Er sieht mich nicken und fügt hinzu: »Ihr packt sofort

eure Sachen und verschwindet. Wenn ich euch hier noch einmal sehe, ruf ich die Polizei.«

Ich greife nach Benni und ziehe ihn hinter mir her. Er jammert, aber ich will hinaus aus dem Bad, weg von den gaffenden Leuten. An unserem Lagerplatz stopfe ich die Kleidung in die Tasche und zerre Benni in Richtung Ausgang.

Ein Badegast, an dem wir vorbei müssen, ruft: »Der gehört in eine Anstalt. Hier sind junge Mädchen. Das nächste Mal greift der nach ihnen.«

Ich drehe mich um. »Lassen Sie uns in Ruhe. Das macht er garantiert nicht.«

Draußen auf dem Parkplatz zeige ich zur Bank unter den Bäumen.

»Meine Schuhe«, heult er. »Fuß tut weh.«

»Was war los? Erzähl.«

»Aber nich schim-fen.«

»Sag endlich, was war«, fauche ich ihn an.

Benni stammelt: »Weiß nich. Schöne Mäd-chen. Ich mag Pimmel k-rat-sen.«

»Was? Bist du verrückt? In der Öffentlichkeit?«

Der Wahnsinnige. Ich lasse Benni einfach hier sitzen. Anders kapiert er es nicht. Mit seinem T-Shirt in der Hand zische ich ihm zu: »Anziehen und los.«

»Meine Schuhe. Auf die Wiese.«

»Da bleiben sie auch. Hier, zieh meine an. Und los.«

An der Haltestelle warten wir schweigend auf den Bus. Ich weiß echt nicht, was ich mit Benni tun soll. Ihn für einen Tag los zu sein ist ein verlockender Gedanke. Aber

ihn später suchen zu müssen umso ätzender. Da schiebt ein junger Mann einen Rollstuhl mit einer schmalen Gestalt darin auf uns zu. Benni betrachtet die beiden und sagt laut auf die sitzende Person zeigend: »Die Ame is kan-k, muss mit Roll-schu fah-ren.«

»Schnauze«, fahre ich ihn an.

Der fremde Mann sieht zu uns her, seine Augen verengen sich, und die Mundwinkel sinken nach unten. Die junge Frau rutscht tief in das Polster hinein. Ich schubse Benni hinter die Infotafel, um nicht angesprochen zu werden. »Noch ein Wort, und ich lass dich endgültig hier allein.«

Benni verstummt erschrocken.

Costume da bagno (ital.) – traje de bano (span.) –
maillot de bain (franz.) – bathing-dress (engl.) –
vestis balnearia (lat.) – Badeanzug

Während der Busfahrt denke ich logisch wieder an Ines und suche ein passendes Wort zum Checken. Statt ›Bikini‹ gebe ich ›Badeanzug‹ ein. Die Übereinstimmungen betreffen nur die Hälfte des Begriffs, daher bleibt der restliche Tag unklar.

Als ich den Schlüssel in die Wohnungstür stecke, wird diese von innen aufgerissen. Mama steht mit verquollenen Augen vor uns, und ich frage: »Was ist passiert?«

Sie presst die Lippen zusammen und flüstert: »Ich muss mit dir reden.«

Benni verschwindet in seinem Zimmer, und ich sehe ihm einen Moment lang neidisch hinterher. »Sag, was los ist.«

Ich will von Benni und dem Vorfall im Freibad erzählen,

doch meine Mutter scheint ein größeres Problem zu haben. Sie putzt sich geräuschvoll die Nase und atmet tief ein, bevor sie voll pathetisch sagt: »Oliver hat mich verlassen.«

Das ist der Typ, der mir in den letzten Wochen manchmal am Frühstückstisch gegenüber saß und ein Gespräch über die Schule beginnen wollte. Um dem zu entgehen, verschwand ich meist ungefrühstückt. Die Aussicht darauf, in der nächsten Zeit keinem nackten Mann im Bad zu begegnen, gefällt mir. Ich schaue Mama an und versuche, meine Erleichterung zu verbergen. »Dann suchst dir halt einen Neuen.«

Es soll echt nach Trost klingen. Ich traue ihr zu, einen ähnlichen Typen zu finden, der ab und zu das Bett und das Frühstück mit ihr teilt. Sie hebt die Hand, und einen Moment lang sieht es so aus, als wollte sie nach mir schlagen, doch dann lässt sie sie zum Glück wieder sinken. Einigermaßen hysterisch textet sie mich zu. »Das ist fies. Du weißt genau, dass ich jemanden für uns suche.«

»Keiner will das außer dir. Das einzige, was ich will ...«

Mama fällt mir ins Wort. »Was meinst du? Sag. Alles, bloß deinen Vater nicht. Er ist ein totaler Versager.«

Ich atme tief durch. Es macht keinen Sinn, ihr erneut zu sagen, dass ihr Krieg mit Papa selten etwas mit mir und Benni zu tun hat. Sie redet ruhig wie zu einem Psycho. »Du musst es mir einfach glauben. Ich will, dass wir wieder eine Familie sind. Aber nicht mit ihm, er ist das Letzte.«

»Sei still, du redest von meinem Vater.« Ich fühle die Wut wie eine Stichflamme in mir hochschnellen, reiße mich los von der Hand, die plötzlich klammernd auf mei-

nem Oberarm liegt, stürme in Richtung der Wohnungstür und höre Mama kreischen: »Wenn du jetzt gehst, ...«

Den Rest kriege ich nicht mehr mit. Die Tür fällt krachend ins Schloss. Schwer atmend stehe ich draußen und knirsche mit den Zähnen. Statt den Ärger mit Benni los zu werden, habe ich jetzt auch noch Stress mit Mama. Wieso kann ich nicht einfach zu meinem Vater fahren? Warum meldet der sich nie? Als er auszog, versprach er, einen Weg zu finden trotz des Kontaktverbots, das Mama vor Gericht erwirkte. Inzwischen behauptet sie, Papa sei froh, seine Familie los zu sein. Da er unter der alten Handynummer nicht mehr erreichbar ist, stimmt das vielleicht sogar.

Als ich nach einer Weile meine Mutter aus der Wohnungstür kommen höre, drücke ich mich in die Nische hinter die Fahrräder. Ich sehe sie in dunkler Jacke und schwarzer Hose vorbeigehen. Ihre übliche Berufskleidung.

Kurz darauf läute ich an unserer Tür und höre Bennis Stimme: »Ich daf nich offen. Wer is da?«

»Benni, du Idiot. Mach auf.«

Benni dreht endlos lange am Schlüssel herum. Ich überprüfe in Gedanken alle Möglichkeiten, ohne ihn in die Wohnung zu kommen. Doch plötzlich öffnet sich die Tür mit Schwung, und Benni springt mir strahlend an den Hals. Ich knurre ihn an: »Lass mich einfach in Ruhe.«

Schweigend verzieht sich jeder von uns in sein Zimmer. Benni lässt während der nächsten Stunden zum Glück nichts von sich hören.

Gegen Mittag vibriert mein Handy, und ich lese ›Mama‹ auf dem Display. Offensichtlich hat sie die Auseinanderset-

zung vergessen. Sie ist Weltmeisterin im Verdrängen und ist nicht nachtragend, was ich gut finde. Deshalb nehme ich das Gespräch an und höre sie sagen: »Lenni, ich bin schon unterwegs nach Hause. Magst du für uns Pizzen in den Ofen schieben? Ich habe seit dem Frühstück nichts gegessen.«

Ich stöhne. Seit Papa ausgezogen ist und Mama arbeitet, wird in der blau gefliesten Küche selten gekocht. Ich habe echt keine Lust, damit auch noch anzufangen. Es gibt genug anderes zu tun. Pizza hängt mir inzwischen zum Hals heraus, doch das interessiert hier keinen. Grußlos beende ich das Gespräch. Kurz darauf höre ich Benni zur Wohnungstür hereinkommen und frage in seine Richtung: »Wo warst du?«

Er reagiert nicht und verschwindet in seinem Zimmer. Auch okay. Ich will gar nicht wissen, wo er sich herumtreibt, solange er keinen Stress macht. »Benni, Tisch decken, Mama kommt.«

Er kommt grinsend auf mich zu. »Mit Ker-sen?«

»Nein, keine Kerzen. Einfach nur für uns drei, schaffst du das?«

»Ja, ja«, nickt Benni eifrig und öffnet den Küchenschrank. Konzentriert betrachtet er die weißen Teller mit den blauen Rändern. »Ein, s-wei, dei«, dann zögert er und beginnt neu. »Ein, s-wei, dei, vier.« Entschlossen packt er den Stoß und bringt ihn zum Tisch, wo er vorsichtig an jede Kante einen davon auf das dunkelblaue Tischtuch stellt. Zurück am Besteckkasten zählt er von neuem. »Ein, s-wei, …«

»Vergiss Mama nicht«, fällt mir ein, während ich die

Pizzen aus ihren Verpackungen befreie und in den Ofen schiebe. Benni hält inne und bringt den Teller, den er ursprünglich in den Schrank zurückgestellt hat, wieder zum Tisch zurück. Ich sehe ihn stolz sein Werk betrachten und trete neben ihn. Jeder Teller hat eine Gabel und ein Messer, sogar ein kleiner Löffel liegt daneben für eine ungeplante Nachspeise. Als besonderen Tischschmuck hat Benni die rote Vase mit der künstlichen Gerbera aus Mamas Zimmer geholt und zwischen die Teller gestellt. Ich spüre den Blick, den er mir zuwirft, überlege kurz und sage: »Ich wusste gar nicht, dass Herr Schluder zum Essen kommt. Hast du ihn eingeladen?«

Bennis Gesicht gefriert, der Mund öffnet sich wie unter großer Anstrengung. Die Laute darin finden nicht zueinander, und es fällt nur Unartikuliertes heraus. Die Augen weit aufgerissen schüttelt er stumm und heftig den Kopf.

Ich frage nach: »Ach so, du willst nicht, dass Herr Schluder mit uns isst?«

Benni versteht endlich, greift nach dem überzähligen Teller und dem Besteck und presst die Sachen an sich. Ich grinse Logisch ist es heftig, Benni mit dem prolligen Vermieter zu erschrecken, doch irgendwann muss mein Bruder kapieren dass drei Leute keine vier Teller zum Essen brauchen.

»Pass auf, dass du dir mit dem Besteck nicht wehtust. Gib her.«

Ich nehme Benni die Sachen ab, und er sagt aufatmend: »Mein Buda. Immer mach du S-paß, aber du bis lieb. Lala, so ein Buda hat keina, oder?«

Ich lache. »Stimmt, du und ich, das ist einmalig. Das

gibt's kein zweites Mal. Trotzdem sollst du mich nicht mehr ›Lala‹ nennen.« Und weil ich gerade gut drauf bin, füge ich hinzu: »Der Rest ist in Ordnung, du hast schön gedeckt, aber Mama mag es sicher nicht, wenn du die Vase aus ihrem Zimmer holst.«

Benni atmet tief durch. Er will das seltene Lob aus meinem Mund offensichtlich nicht einfach so verhallen lassen, denn er sagt betont deutlich artikuliert: »Das kann nich jeda.«

Da meine ich wieder, die Stimme von Opa zu hören. Manchmal, wenn Benni zufrieden und stolz auf sich ist, fängt er an, wie der zu sprechen. Allerdings kann ich mir eine Bemerkung dazu nicht verkneifen. »Na ja, Tisch decken können die meisten in deinem Alter, außer, sie sind total bescheuert.«

Mir tut der Zusatz augenblicklich leid, als ich sehe, wie das Strahlen in Bennis Gesicht sonnenuntergangsmäßig verlöscht, und er halblaut fragt: »Aber ich bin schon gut, oder?«

»Logisch, und jetzt könnte Mama kommen, die Pizzen riechen lecker.«

Posate (ital.) – cubiertos (span.) – couvert (franz.) –
cutlery (eng.) – instrumenta edendi (lat.) – Besteck

Ich nutze die Zeit des Wartens für einen kleinen Check mit dem Wort ›Besteck‹. Das Ergebnis ist niederschmetternd, das hätte ich mir echt sparen können. Noch während des Essens ruft Marco an und erzählt, dass die Reise nach Kro-

atien auf die Sommerferien verschoben ist. Er schlägt vor, den Nachmittag am Eisbach zu verbringen, und Mama nickt ihr ›okay‹ dazu.

Kurz vor meinem Aufbruch höre ich sie aus der Küche rufen: »Danke fürs Flaschenwegbringen. Das Geld ist für dich. Hat sich diesmal gelohnt, oder?«

Ich schaue überrascht in ihre Richtung. Flaschen? Ich? Keine Ahnung, wovon sie spricht. Für die paar Euro Pfand mache ich mir keinen Stress. Das überlasse ich ihr. Sie geht doch eh in den Laden, wenn sie einkauft. Soll ich etwas dazu sagen? Wozu. Für Flaschen habe ich keine Kapazitäten frei. Und die Oberflasche wurde mir gerade aufs Auge gedrückt, mehr geht echt nicht. Ich schaue, dass ich weg komme und höre Benni hinter mir her schimpfen.

Am Hauptbahnhof wartet Marco, und wir fahren zum Englischen Garten. Als wir die Brücke am Eisbach erreichen, kommt Philipp dazu. Er erzählt von dem irren Brett, das ihm sein Vater aus den USA mitbringt, und mit dem er mindestens so cool springen wird wie die ganzen Surfer hier. Der Vollpfosten. Er meint wohl, nur weil ich den Mund halte, finde ich ihn gut. Nach einem Abstecher zum Meggie in der Leopoldstraße sind wir unterwegs zur U-Bahn, als mein Handy surrt. Es ist Mama, und ich höre sie aufgeregt reden. »Lenni, gut, dass ich dich erreiche. Wir sind bei Traudl, und ich wollte Benni eigentlich hier lassen, weil ich gleich noch einen Gesprächstermin habe. Doch er scheint Fieber zu haben. Er will nicht hier bleiben. Kannst du ihn abholen?«

»Geht gerade nicht«, sage ich überflüssigerweise. Als

Mama schweigt, schiebe ich hinterher: »Lass. Ich weiß schon. Alles klar.«

»Danke. Traudl wartet mit Benni am Scheidplatz auf dich.«

Grußlos drücke ich das Gespräch weg. »Ich muss jemanden abholen, fahrt ohne mich«, wende ich mich an Marco und Philipp.

»Von wegen, wir kommen mit. Ist doch dein Bruder, oder? Soll ja ein irrer Typ sein«, meint Philipp. Hat Ines den Vorfall im Freibad doch mitbekommen?

Als wir die U-Bahn verlassen, kommt Benni den Bahnsteig entlang auf uns zugelaufen und begrüßt Marco und Philipp, als ob er sie schon ewig kennt.

»Du siehst überhaupt nicht krank aus«, knurre ich ihn an, als wir kurz darauf zusammen in die Bahn steigen. Statt einer Antwort strahlt Benni Philipp an. Der grinst zurück und fragt: »Hast du eigentlich eine Freundin?«

Benni nickt stolz.

»Und wie sieht die aus?«

Benni überlegt. »Mit Haare.«

»Echt? Die hat Haare?«

Philipp grinst breit. »Und was hat sie noch?«

Benni schweigt. Vielleicht hört er den Spott in Philipps Stimme.

Der lässt nicht locker. »Blonde Haare?«

Benni hält inne. Er erinnert sich im Gegensatz zu Personen an keine Farben außer an Rot, seine Lieblingsfarbe und sagt einfach: »Wie Mamas Haare.«

Er hält inne. Etwas Wichtiges scheint ihm gerade einge-

fallen zu sein, und er dreht sich nach mir um. Seine Stimme entspricht dem üblichen Dezibel einer Lautsprecheransage.

»Lenni, daf ich heut mit die Mama sch-lafen?«

Einige Köpfe wenden sich in unsere Richtung. Logisch, dass die meisten im Abteil Benni gehört haben und jetzt vor sich hin grinsen. Marco und Philipp schauen mich überrascht an und verkneifen sich das Lachen. Ich versuche, cool zu bleiben, obwohl mir die Peinlichkeit die Kopfhaut zusammenzieht.

Benni schaut zu mir her und sagt leise: »Warum ich hab Fieba.«

»Halt die Klappe«, zische ich zurück.

Benni schweigt beleidigt, bis wir aussteigen.

Madre (ital.) – madre (span.) – mère (franz.) –
mother (engl.) – mater (lat.) – Mutter

Naheliegend, dass ich nach dem Handy greife, um meine Chancen zu checken. Ich gehe kein Risiko ein und wähle den Begriff ›Mutter‹. Wie erwartet mit gutem Ergebnis. Zuhause sehe ich Mamas privates Sony an der Garderobe liegen. Mein Bruder greift danach, und ich mache die übliche Ansage: »Ey, lass Mamas Handy in Ruhe. Du hast selbst eins.«

»Des geht nich.«

»Logisch geht's. Du hast nur wieder Nummern gelöscht.«

Kurz darauf höre ich meinen Bruder reden. Während

ich auf das Sprudeln des Teewassers warte, sagt Benni am Handy: »Ich hab dich auch lieb.«

Er scheint mit Mama zu telefonieren. Doch etwas stimmt nicht. Mein Bruder spricht in ungewohnter Tieflage. »Warum ich t-raurig bin. Ich seh dich nich.«

Jetzt will ich es wissen. Ich nehme Benni das Teil aus der Hand und frage: »Hallo, wer spricht da?«

»Dein Vater.«

Ich bin gebügelt. Platt. Lichtjahre davon entfernt zu verstehen, was los ist. Im Bauch spüre ich turbomäßig einen gedopten Kürbis wachsen und stammle mit gepresster Stimme: »Warum rufst du an?«

»Ich hab nicht angerufen. Ich bin hier bei Oma im Pflegeheim und hab das Gespräch für sie angenommen. Benni war dran. Soll ich auflegen?«

»Nein«, schreit es in mir, was ich gerade noch verschlucken kann. Stattdessen fällt mir ein: »Warum meldest du dich nie?«

»Weil ich nicht darf. Und weil du auf meinen Brief nicht geantwortet hast.«

Das klingt nach Mama. Aber ich weiß echt nicht, was ich darauf sagen soll.

»Also dann, mach's gut«, meint Papa, und ich beende das Gespräch.

»Des is Papa«, Bennis Augen leuchten. »Warum ich anruf bei ›Oma‹. Ich kann des.«

Ich starre auf seine Stirn, die bis zum Haaransatz hinauf glänzt. Mein Magen schmerzt, und ich knurre: »Schlaumeier. Wenn Mama das erfährt, gibt's Stress.« Der Kürbis

in meinem Bauch ist zu einer Waschmaschinentrommel mutiert, die sich dreht und dreht und dreht.

Telefonino (ital.) – móbil (span.) – mobile (franz.) –
mobile (engl.) – telephonulum (lat.) – Telefon

Ich brauche meinen Checker und gebe ›Telefon‹ ein. Das lateinische Wort ›telephonulum‹ lässt mich aufatmen. Das ist doch irgendwie cool, sich die Römer mit Handys vorzustellen. Das Ergebnis verspricht eindeutig eine Verbesserung für den restlichen Tag.

Später liege ich auf dem Bett und denke über mein Leben nach. Eigentlich über das von Mama. Die hat meines total in der Hand. Und solange das so ist, wird sich daran nichts ändern. Früher konnte ich gut mit ihr reden, und was sie von ihrem Beruf erzählte, klang ganz okay. Das war nicht immer so. Ursprünglich schämte ich mich dafür, dass sie Tote anfasste, und ich log, wenn jemand nach ihrem Beruf fragte. Doch dann starb die kleine Schwester von Tom, und seine Mutter wollte sich in der Klinik nicht von ihr trennen. Mama brachte das kleine Mädchen zu Tom nach Hause und ließ es dort, bis Toms Eltern anriefen und einverstanden waren, dass die Kleine beerdigt wurde. Damals lobten alle Mama und nannten sie feinfühlig und klug.

Morto (ital.) – muerto (span.) – mort (franz.) –
dead (engl.) – mortuus (lat.) – tot

Dabei fällt mir ein, das Wort ›tot‹ zu prüfen. Das Ergebnis ist in Ordnung, auch wenn Englisch krass daneben liegt. Passt dafür zum Deutschen. Wegen dem Indogermanischen, ist mir schon klar.

Als Mutter ist Mama eher eine Versagerin. Sie meint, mir sagen zu müssen, wie ich leben soll. Dabei ist sie selbst gescheitert, sowohl in ihrer Ehe als auch mit Benni, und eigentlich auch mit mir. Nichts klappt bei ihr wirklich, außer vielleicht im Beruf, und da verdient sie nicht wirklich viel Geld. Ich hasse ihre Versuche, mich zu bevormunden, ihre sinnlosen Ermahnungen und die Selbstverständlichkeit, mit der sie mir Benni aufs Auge drückt. Kann ich was für seine Behinderung? Mama hat ja wohl selbst Bennis Geburt irgendwie versaut oder zumindest vom Arzt versauen lassen. Einen geistig behinderten Bruder zu haben anstatt einen älteren, mit dem man normal chillen kann, ist die absolute Arschkarte. Papa ist es wohl ähnlich ergangen. Einmal hörte ich ihn zu Mama sagen, dass er einen Behinderten bei sich zuhause nicht erträgt, wenn er schon den ganzen Tag bei der Arbeit welche um sich herum hat. Aber ist das nicht total anders, wenn es um das eigene Kind geht? Die Knöchel meiner geballten Fäuste treten weiß hervor. Echt nicht auszuhalten, die Probleme meiner Eltern.

Ich will mein eigenes Ding machen. Wenn ich nur endlich wüsste, was das genau ist. Vielleicht Ines. Aber ich komme nicht wirklich weiter bei ihr. Die Situation im Freibad. Irre peinlich. Ines muss mich für den vollen Loser halten, so wenig wie ich gesprochen habe. Alles, was in meinem Kopf abläuft, bleibt auch dort. Kein einziges witzi-

ges Wort kam mir über die Lippen. Sie hätte mir vielleicht ihre Handynummer gegeben, wenn ich sie danach gefragt hätte. Doch daran dachte ich nicht, weil mir Benni einfiel. Zu Recht. Dieser Aufstand im Bad. Ines hat ihn vielleicht mitbekommen. Ich spüre erneut Wut in mir hochkommen. Mein Leben wäre ein anderes, wenn Benni normal wäre. Sicher wäre Papa dann auch noch da. Als in diesem Moment meine Zimmertür im Zeitlupentempo aufgeht und Bennis grinsendes Gesicht darin auftaucht, brülle ich »raus«, und die Tür fällt mit einem Knall ins Schloss zurück. Ich greife nach den Kopfhörern und strecke mich auf dem Bett aus.

Der Hunger treibt mich bald darauf in die Küche. Der Kühlschrank gibt nicht wirklich etwas her. Magerquark, Eier, Margarine, Karotten, gefrorener Fisch. Wo sind die Zeiten geblieben, als dort noch Reste von frisch gebackener Lasagne oder fruchtige Süßspeisen standen? Falls ich je eine Frau haben würde, sollte die zuhause bleiben. Ich würde dafür richtig viel Geld verdienen, klaro. Diesen Gedanken lasse ich rasch wieder fallen, denn er führt mich zwangsläufig zum Thema Schule. Aber nicht in den Ferien.

Benni hat mich gehört und ist mir gefolgt. Beiläufig sagt er: »Lala, ein Mäd-chen hat an-geruf.«

»Was sagst du? War ein Anruf für mich?«

Benni nickt wie ein alter Uhu: »Du mach Rück-ruf, hab ich gesag.«

»Hast du die Nummer?«

Benni schüttelt den Kopf.

»Und wer war es?«

Benni zuckt die Achsel. »Ich weiß nich.«

Ich stöhne. »Und warum hast du mich nicht geholt?«

»Warum ich nich daf.«

Mir ist der Hunger vergangen, und ich beschließe, die Schokolade zu knacken, die ich als eiserne Reserve im Kleiderschrank vor Benni versteckt halte. Zur Strafe werde ich ihn unversorgt lassen.

»Lala, vaseihs du mir?« Benni steht da und sucht meinen Blick. Ich ahne, was passieren wird. Sein Bemühen, mich zu versöhnen, wird meinen Groll über das verpasste Telefonat gegen Null laufen lassen. Mit dieser und ähnlichen Methoden erreicht mein beschränkter Bruder so ziemlich alles bei fast jedem, abgesehen vielleicht vom ätzenden Schluder, unserem Hausbesitzer. Logisch, dass ich Benni innerhalb der nächsten Minuten einen Riegel der Geschmacksrichtung ›Vanille‹ überlasse, worauf mein Bruder mit einem »Messi dir, warum du mit mich die Schoko teil« reagiert. Ich winke ab. Dieser raffinierte Zwerg. Zum Teilen gehören weitere vier Riegel, die ich ihm nach kurzem Zögern hinschiebe. »Jetzt aber raus.«

Benni schließt die Tür, um sie gleich wieder zu öffnen »Mama is da.«

»Raus!«

Ich greife nach den Kopfhörern. Die Chance, dass Mama heute noch etwas Genießbares kocht, stimmt mich versöhnlich. Leider wird die Tür unmittelbar darauf von neuem geöffnet.

»Lenni, darf ich dich kurz stören?« Mama steht im Zimmer und schaut sich nur flüchtig um. Dass sie kein Wort

über das Chaos verlauten lässt, ist ungewöhnlich. Dann will sie etwas Größeres. Mein Blick folgt ihrem. Der Teller mit dem angetrockneten Spiegelei steht schon seit vorgestern, ich habe ihn einfach übersehen, weil das Badetuch darauf gelandet ist. Der Stoß Bücher aus den letzten Schultagen rutschte wohl zusammen, als Benni daran stieß und nahm dabei die frische Wäsche mit, die Mama mir letzte Woche zum Einräumen in die Hand gedrückt hat.

Ich höre sie mit der Stimme eines Mädchens fragen: »Lenni, ich möchte morgen über Nacht wegbleiben, sorgst du bitte für Benni?«

Jetzt ist es raus. Mama redet nicht lange herum. Sie will wohl schnell aus dem Mief des Zimmers heraus und unterdrückt den entsprechenden Kommentar. Soll ich sie fragen, was sie vorhat? Ich will es nicht wissen, nicht wirklich. Seit dem letzten Mal, für das sie sich ›freinahm‹, weiß ich Bescheid. Da sah ich Fotos herumliegen, auf denen ich sie bunt bemalt zwischen anderen Frauen und Männern erkannte. Verblüfft fragte ich sie danach. Sie sagte, dass sie das brauchte für die Befreiung von etwas, von dem sie früher gar nicht wusste, dass es ihr fehlte. Kapiere ich nicht. Will ich auch nicht.

Nudo (ital.) – desnudo (span.) – nu (franz.) –
naked (engl.) – nudus (lat.) – nackt

Ich erinnere mich an das Ergebnis des Begriffs ›nackt‹, den ich damals checkte. Schlecht, weil Englisch und Deutsch nicht zu den anderen passten. Solange Mama mich mit

dem Thema verschont, ist alles gut. Wie peinlich mir dieses Gespräch war. Ich will sie nicht ohne Klamotten sehen, weder in der Wohnung noch auf Fotos. Widerstrebend gab sie mir das Versprechen. Sie gab zu, sogar daran gedacht zu haben, mich zu einem dieser Workshops zu schicken, mit anderen in meinem Alter, die da angeblich mitmachen. Pervers. Ich sagte ihr, dass sie das für alle Zeiten vergessen konnte. Jetzt sieht sie mich fragend an, und ich beeile mich, »geht in Ordnung« zu sagen.

Ein Schrei ertönt von nebenan, die Tür fliegt auf, und Benni reicht mir das Telefon. »Lala, Mäd-chen ruf an.«

Überrascht greife ich danach und vergesse Mama, die rasch den Raum verlässt. Ich höre Lenas Stimme schon, bevor ich das mobile Teil ans Ohr halte. »Lenni, welchen Idioten hast du da bei dir? Der hat sie doch nicht alle.«

Ohne meine Antwort abzuwarten, redet sie weiter: »Ich brauch deine Cicero Übersetzung. Die Mücke lässt mich sonst durchfallen, wenn ich den Text nach den Ferien wieder nicht hab. Krieg ich den von dir?«

Ich antworte überrascht: »Ja, kein Problem, aber was bringen dir meine Fehler?«

»Egal, Hauptsache, er hat was von mir. Kannst gern noch weitere Fehler reinmachen, damit er nichts merkt. Nach den Ferien habe ich Nachhilfe. Außerdem wähl ich Latein sowieso ab.«

Ich zögere. Ausgerechnet Lena, die mich das gesamte Schuljahr hindurch noch kein einziges Mal freiwillig angesehen oder gar angesprochen hat. Und was ist mit Ines? Erfährt sie davon, wenn ich Lena helfe? Es stresst mich

megamäßig, darüber nachzudenken. »Woher hast du überhaupt meine Nummer?«, fällt mir ein.

»Ist doch egal. Die anderen sind in Französisch oder haben den Text selber noch nicht. Du schickst ihn mir, okay? Und wer war jetzt der Behindi mit der durchgeknallten Ansage am Telefon?«

Ich antworte nuschelnd: »Der ist zu Besuch da.«

»Okay. Ich dachte schon, der gehört zur Familie. Wäre ja ätzend, so wie der redet. Und, äh, danke.«

Als ich Benni den Hörer zurückgebe, spüre ich seinen Blick. »Sorry, ging nicht anders.«

»Mach nix. Ich bin behin-det. Aber des Mäd-chen is doof, oder?«

Ich nicke erleichtert. »Alles klar, Benni.«

Topp, wie mein Bruder die Kurve nimmt.

Stupido (ital.) – estúpido (span.) – stupide (franz.) –
stupid (engl.) – stupidus (lat.) – dumm (stupid)

Ich checke das Wort ›dumm‹. Gigantisch. Wenn ich stattdessen auch noch das deutsche ›stupid‹ benutze, ist das Ergebnis nicht mehr zu toppen.

Am Montag fahre ich direkt nach dem Frühstück zu Marco. Hier textet mich niemand zu. Abgesehen von der Putzfrau die uns Süßkram schenkt, sind wir ungestört. Gerade höre ich von den Screed ›Lost inside yourself‹, als mein Handy surrt. Ich ignoriere Mamas Anruf und konzentriere mich auf den krass traurigen Text über den dementen Großvater

und seine Erinnerungen, die verloren gehen. Das hier ist mein Tag, und zwar bis zum Abend. Erst dann übernehme ich Benni.

Heute Morgen traf ich ihn im Bad. Er suchte etwas in der Schmutzwäsche, hatte dafür den Inhalt der Box auf den Fliesen verteilt und schimpfte halblaut vor sich hin. »Ja, bin ich jetz deppet?«

Ich grinste und konnte mir den Kommentar nicht verkneifen. »Ein Tipp unter Männern: Du bist und bleibst es lebenslänglich.«

Im Gesicht meines Bruders gingen alle Lampen aus. Sonnen- und Mondfinsternis gleichzeitig. Mit Tsunami Warnung, schoss es mir durch den Kopf, als ich seine Augen schwimmen sah. Ich werde es in den kommenden Tagen wieder gut machen. Benni trägt mir normal nichts nach.

Innerhalb der nächsten Viertelstunde speichert die Mailbox fünf weitere Anrufe von Mama, sodass ich genervt annehme. »Um was geht's?«

Sie atmet hörbar aus. »Lenni, folgendes: Benni ist zum Brunch in seinem Behindertentreff und wird um 12 Uhr bis zur U-Bahn am Hauptbahnhof begleitet. Der Betreuer kann nicht länger warten. Mein eigener Termin hier im Institut dauert noch. Kannst du Benni treffen?«

Ich schnaufe und gebe mir einen Moment zum Überlegen. Benni war dort schon allein unterwegs. Kein Fremder würde ihn mitnehmen, und wenn doch, ganz schnell wieder zurückbringen. »Er hat sein Handy eingeschaltet?«

»Ja, hat er.«

»Okay. Ich bin dort.«

»Danke, bis später.«

Ich sage Marco Bescheid, der nur stumm mit der Schulter zuckt.

Seduzione (ital.) – seducción (span.) – séduction (franz.) – seduction (engl.) – seductio (lat.) – Verführung

Unterwegs zur Bahn überlege ich, ob sich Benni sich vielleicht doch von einem Fremden mitnehmen lassen würde. Eher nicht. Vorsichtshalber checke ich das Wort ›Verführung‹ und bekomme ein genial gutes Ergebnis.

Touristeninvasionen. In der ankommenden U-Bahn stehen die Leute innen gegen die Türen gepresst und stürzen dann befreit mit leeren Gesichtern aus den sich öffnenden Waggons. Jemand tritt mich. Ich weiche zurück und habe endgültig keine Lust mehr auf üblen Atem und versifften Boden. Deshalb lasse ich die Bahn fahren. Der Bahnsteig füllt sich von neuem zuverlässig wie aus einem kaputten Netz, aus dem Kartoffeln kullern. Von überall her karren die Busse und Straßenbahnen Menschen heran, die in den U-Bahn Tunnel strömen, stelle ich mir vor. Sprachen, die ich noch nie gehört habe, branden mich an wie die kurzen Wellen im Wasserbecken bei geöffneten Sprungtürmen. Es ist kurz vor zwölf. Ich muss in die Bahn, egal wie voll sie ist, und ich muss Benni anrufen, damit der auf mich wartet.

Prompt antwortet er mir: »Hallo, Lala?«

Erleichtert höre ich seine Stimme, allerdings nur für einen Moment. Dann ist das Gespräch weg. Nach der Wahl-

wiederholung springt die Mailbox an, die Benni sowieso nicht abhören kann. Hoffentlich wartet er am Bahnsteig im Untergeschoss auf mich. In der U-Bahn atme ich flach und drehe mich weg von dem niesenden Typen neben mir. Auf der Rolltreppe hinunter zur S-Bahn bin ich eingekeilt zwischen fetten Rucksäcken, an denen Menschen hängen. Es ist 12.10 Uhr. Auch der Bahnsteig unten ist voller Leute. Wo ist Benni? Auf den Bänken sind alle Plätze besetzt. Hinter einer Frau mit Kinderwagen glänzt der kurzhaarige Schädel meines Bruders. Perfekt. Erleichtert stecke ich das Handy weg und freue mich darauf, aus dem Gewühl heraus zu kommen. Als ich das zweistöckige Gefährt, das sich als Drillingswagen herausstellt, umrundet habe, gehört der Kopf einem anderen. Wahlwiederholung. Benni nimmt nicht ab. Keine Ahnung, was ich jetzt tun soll. Warten? Worauf? Mein Bruder ist nicht da. Warum geht dieser Idiot nicht an sein Handy? Keine Chance. Findet er von hier aus nach Hause? Eher nicht. Also warten. Ich lehne mich an die gekachelte Säule und lasse meinen Blick schweifen. Er muss sich hier irgendwo aufhalten. Die Rolltreppen rauschen wie das Meer. Unendlich gleichmäßig unaufhörlich. Dazu das Klickern der Absätze auf den Steinplatten. Ein Kind, das gefühlt hundertmal auf eine Bodenklappe springt und diese dumpf scheppern lässt. Halbe Sätze an Handys. Unterbrochen vom melodischen Dreiklang und einer weich gespülten Frauenstimme aus dem Lautsprecher. »In der Zeit vom 21. bis 23. Juni kommt es zwischen 0 und 6 Uhr im Bereich des Hauptbahnhofs zu Ausfällen im Schienenverkehr. Wir bitten, dies zu entschuldigen.«

Wo ist Benni? Ist er falsch ausgestiegen? Meine Fingernägel krallen sich in die Handballen. Ich höre Zähne knirschen. Es sind meine eigenen. Da surrt das Handy. Wenn es Mama ist, die hören will, ob »alles geklappt« hat, werde ich nicht rangehen. Doch ich sehe am Display ›Benni‹ aufleuchten, entspanne und frage: »Wo bist du?«

»Ich muss, Lala, ich muss. Wo is des K-lo?« Er redet, ohne mir zuzuhören.

»Benni. Sei still. Hör zu. Sag, wo du bist.«

»Haupahnof.«

»Aber wo genau?«

Statt seiner Antwort höre ich das Rauschen der S-Bahn in Stereo. Also ist Benni ganz nah. Ich schreie in mein Handy: »Bleib, wo du bist.«

Die Verbindung bricht ab. Wahlwiederholung. Er geht nicht ran.

»Vollidiot!«

Die schlanke Frau mit Hut rückt deutlich von mir ab. Das ist mir recht in diesem Gewühl fremder Menschen. Was tue ich hier eigentlich? Habe ich irgendwann ›ja‹ dazu gesagt, mit diesem wahnsinnigen Bruder zusammen zu leben? Ganz sicher nicht. Ich beiße mir auf die Unterlippe, bis ich Blut schmecke. Wahlwiederholung. »Ihr Gesprächspartner ist zur Zeit leider ...«

Der Fluch, den ich verschlucke, macht mir prompt Magenschmerzen. Ich wähle die Handynummer von Mama. Damals habe ich sie gespeichert, ohne sie je benutzen zu wollen. Doch das hier ist mir eine Nummer zu groß »Ihr Gesprächspartner ist zur Zeit leider ...«

Logisch. Wenn ich Mama brauche, ist sie nicht da. Ich hinterlasse keine Nachricht. Mein Handy surrt. Wenigstens ruft sie zurück. Ich weiß nicht, was ich auf den zu erwartenden Anschiss sagen werde. Aber es ist Benni, der mich anruft. Meine Stimme klingt richtig happy, so erleichtert wie ich bin. »Benni, bleib dran. Wo bist du?«

»Lala. Der Mann is weg. Der hat böse Wor-t gesag.«

»Benni. Später. Sag mir, wo du jetzt bist. Fährst du gerade?«

Ich höre ihn nicht mehr. Dafür das gleichmäßige Dröhnen der Bahn. »Benni? Bist du noch da?«

»Ich weiß nich, wo ich fahr.«

»Frag eine Frau, wo du gerade bist.«

Wieder Stille. Benni sucht sicher jemanden im Wagon, den er ansprechen kann. Ich halte es nicht mehr aus. »Benni, was ist los?«

Da höre ich aus der Entfernung seine Stimme. »Hallo, du, wo sin wir?«

Nichts. Wer ist dieser Mensch, der ihm einfach nicht antwortet? Ich kriege die Krise. Da. Endlich. Gedämpft sagt jemand: »Ja kannst du denn nicht lesen? Da oben steht's doch, wo wir halten.«

Ach so. Wieder einmal jemand, der Bennis Behinderung nicht checkt. Es dauert, dann scheint die andere – mir ist inzwischen klar, dass es eine Frau ist – die Lage umrissen zu haben. »Ach so, äh, ja, wir sind am Josephsplatz.«

»Lala, wir sin …«

»Ich hab's gehört. Kannst du aussteigen?«

Die Verbindung ist weg.

Elf Minuten später steige ich am Josephsplatz aus und gehe den Bahnsteig entlang. Nur eine der Bänke ist besetzt. Das dicke Gesicht hinter der Zeitung blickt mürrisch. Eine Station, wo wenig los ist. Es wäre zu schön gewesen. Kein Benni. Eigentlich logisch. Ich umrunde jede der blauen, eckigen Säulen, hinter denen er stehen könnte. Meine Laune geht gegen Null. Ich sollte ihn endgültig seinem Schicksal überlassen. Sicher würde ihn im Laufe des Tages eine Polizeistreife nach Hause bringen. Wenn nur Mama nicht wäre. Sie macht mir die Hölle heiß, wenn ich ohne Benni nach Hause komme. Also weiter. Nächste Station oder eine zurück? Ich entscheide mich für die nächste und steige am Hohenzollernplatz aus. Langweilig beige Wandpaneelen mit roten Säulen. Schmalgesichtige Asiaten mit Tablets in den Händen machen Selfies. Da springt plötzlich jemand von der Bank hinter ihnen auf und läuft auf mich zu. »Ich ruf dich fün mal an, aber du hör nich.«

Ich öffne den Mund, bleibe aber unentschlossen angesichts der Gewohnheit meines Bruders, die Perspektiven zu vertauschen. Mit zusammengepressten Lippen schlucke ich heftig am Ungesagten, das ich ursprünglich auf Benni niederprasseln lassen wollte. So richtig zur Schnecke machen sollte ich ihn für den erneuten Reinfall. Doch Benni schaut mich mit großen Augen an und strengt sich beim Reden an. »Bin ich schul-d?«

Ich grinse über die bescheuerte Frage und habe damit schon verloren.

»Logisch, wer sonst?«

»Ich hab Fehler gemach?«

Ich habe genau zwei Möglichkeiten, wähle diesmal die zweite und lege meinen Bruder den Arm um die Schulter. »Jetzt setz' dich hin und erzähl'.«

Benni scheint begeistert von der Aussicht zu sein, meine Aufmerksamkeit zu erhalten und holt tief Luft. Ich ahne, dass es etwas Längeres wird und beschließe, ohne Erklärungen direkt nach Hause zu fahren. Doch Benni beeilt sich anzufangen. »Am Haupahnof hab ich raus. Hab ich gewuss. Aber viele Leute. Su viele. Die Tür war nich rich-tig.«

Ich schaue ihn erschrocken an. »Du bist auf der falschen Seite ausgestiegen?«

Benni bewegt heftig nickend den Kopf.

»Dann ist alles klar. Da konnte ich dich ja nicht finden. Warum bist du nicht einfach durch die nächste anhaltende Bahn durchgelaufen?«

Bennis Mundwinkel sinken herab wie fette Regenwolken. »Hab nich getaut.«

»Okay, dann weiter. Warum bist du in die U-Bahn eingestiegen?«

»Will nich mehr waten. Hab immer Lala gesehen, aber dann doch nich.«

»Wieso das denn? Seit wann sehen die alle aus wie ich?« Mein Ärger steht mir bis zur Unterlippe. Ich wende mich zum Gehen, doch Benni zieht an meiner Jacke. Seine Stimme wird schrill, als er hinterher schiebt: »Hör su. Ich bin nich fetig. Männer von Polisei gekommen.«

»Echt? Und hast du sie angesprochen? Die hätten doch eine Durchsage machen können.«

Benni verstummt. Der Gedanke an die Durchsage scheint ihn zu beschäftigen. Doch dann schüttelt er den Kopf. »Ich mag die Männer nich.«

»Pech für dich. Und was war noch? Ich will gehen.«

Hoffentlich fasst sich Benni jetzt kurz. Er sagt: »Ich hab K-lo gesuch. Hab nich gewuss, wo. Warum ich bin mit Mann gegan-ger.«

»Mit einem Fremden?«

Bennis Nicken ist keines. Er nuschelt: »Du war nich da. Der Mann war wie du. Hat schöne Hose gehab.«

»Verdammt. Nur weil ich nicht da bin, nimmst du den nächstbesten und gehst mit ihm aufs Klo? Tickst du noch richtig? Sorry, machst du ja eh nicht.«

Inzwischen ist das Gerede mit Benni total ätzend. Doch ich will es jetzt genau wissen. »Und? Hat er was mit dir gemacht?«

Benni schüttelt heftig den Kopf und schaut mich mit seinen blauen Kuhaugen groß an. »Gar nix gemach. Der is weg. Hat böse Wor-t gesag. Dann hab ich ›Lala‹ gedück-t, aber dein Han-dy mach nur düüt-düüt-düüt.«

»Kann gar nicht sein. Äh. Oder doch. Als ich versuchte, Mama zu erreich-en.«

Benni erhebt sich endlich und schiebt seine Wurstfinger in meine Hand.

»Dann du an Han-dy. Und ich hab aus-ges-tiegen."

Ich stoß ärgerlich seine Hand weg. »Ja, aber falsch. Nix Josephsplatz. Du bist eine weiter gefahren. Und warum?«

»Weil Bahn su sch-nell. Ich kann nich.«

Ich schnaufe. Jedes weitere Wort kann ich mir sparen.

46

Die U-Bahn fährt ein, und ich schiebe Benni vor mir her. Heute wird er mir nicht mehr entkommen.

Dienstag wache ich auf, und die gewohnten Geräusche fehlen. Logisch, Mama schläft auswärts. Bennis Tür steht wie gewohnt offen, und ich trete in die Dämmerung des Zimmers auf sein Bett zu. Mein Bruder liegt wie ein Frosch auf dem Rücken, streckt alle Gliedmaßen von sich und schnarcht leise. Die Augenlider zucken. Die Decke liegt am Boden. Ich hebe sie auf und lege sie ihm über die Beine. Der Bettbezug ist rot und weiß mit goldenen Sternen, und ich erinnere mich an den Heiligabend, als Benni die Wäsche bekam. Erst die Begeisterung, dann die Tränen. Es fehlte das passende rote Bettlaken, und Papa fuhr noch einmal los, um es zu kaufen. Die Geschäfte waren längst geschlossen und Benni nicht zu trösten. Da rief Onkel Heinrich an, um frohe Weihnachten zu wünschen. Als er von Bennis Problem erfuhr, setzte er sich mit Tante Helene ins Auto und überraschte ihn einige Stunden später mit einem FC Bayern Strandtuch – in Originalverpackung. Darauf erlebt Benni vielleicht noch immer seine nächtlichen Fanträume. Mir ist klar, was er im Gegensatz zu mir hat: Die Hartnäckigkeit, die Power, wenn ihm etwas wichtig ist. Er gibt einfach nicht auf. Und erreicht damit ziemlich viel. Mir ist das zu anstrengend. Was nicht auf Anhieb klappt, bekommt ein ›Egal‹, das Wort, das vieles leichter macht. Allerdings bleibt unterm Strich wenig übrig für mich. Und kaum einer kriegt mit, was mir wichtig ist.

Benni bewegt sich und öffnet die Augen. »Lala?«, fragt er verwirrt.

»Alles klar, Bruder. Lust auf Kaffee?«

Benni strahlt und greift nach seiner Brille. »Daf ich machen?«

»Logisch«, und dabei schleicht mir ein Grinsen ins Gesicht. Es kommt von der Brust den Hals herauf gekrochen und fühlt sich warm und lebendig an. Ich nehme es mit, als ich zur Tür hinausgehe und greife nach meinem Handy.

Amore fraterno (ital.) – amor fraterno (span.) –
amour fraternel (franz.) – love brotherly (engl.) –
amor fraternus (lat.) – Bruderliebe

Das Wort ›Bruderliebe‹ und seine Übersetzungen. Der Vergleich bringt topp Übereinstimmungen. Ohne die englische Übersetzung könnte es ein megamäßig guter Tag werden. Nach einem fetten Frühstück schaut mich Benni erwartungsvoll an. Ich sage: »Nur noch zehn Minuten Theorie, dann packen wir's, okay?«

»Führeschein?« artikuliert Benni langsam.

»Genau. Damit wir durchstarten können, später, wenn ich den Roller habe.«

»Ich hab schon Führeschein …«

»… und morgen kommt der Weihnachtsmann.«

Bennis Gesicht wird lang vor lauter Fragezeichen.

»Benni, erzähl nicht so 'nen Quatsch. Deine Lügerei nervt.« Ich schlage mit meinem Buch nach ihm.

»Ich seig dich,« ruft Benni und ist zur Tür hinaus.

Von neuem versuche ich, mich auf die Prüfungsfragen

zu konzentrieren. »Worauf müssen Sie im Interesse der Umweltschonung achten?« Das ist leicht zu beantworten. Ich streiche die geknickten Seiten glatt. »Häufig mit hoher Drehzahl fahren« schont mit Sicherheit keine Umwelt.

»Da!« Benni hält mir ein eingeschweißtes DIN A8 Formular vors Gesicht. Unter dem dick unterstrichenen Wort ›Führerschein‹ lese ich:

Herr Benedikt Kimberling hat die Führerscheinprüfung
zum Handwagenfahrer mit Auszeichnung bestanden.
Fahrklasse: Ha (Handwagen)

mit Ort, Datum und Unterschrift des Chefs von Bennis Ausbildungsstätte.

»Woher weißt du, was da drauf steht?«

›Blauäugig‹ – den Begriff kannst du vergessen gegen Bennis Strahlen, mit dem er es mir erklärt. »Mein Chef hat mich vor-ge-lesen.«

Überzeugend. Manchmal finde ich meinen Bruder richtig cool. »Eins zu null für dich. Ich komme dich besuchen, wenn du dort arbeitest. Dann fährst du mich rund. Und jetzt brechen wir auf.« Die Übersetzungen für ›Führerschein‹. Logisch, dass ich den Vergleich vorher noch machen muss.

Patente di guida (ital.) – carina de conducir (span.) –
permis de conduire (franz.) – driving licence (engl.) –
diploma gubernationis (lat.) – Führerschein

Das Ergebnis ist mau und gibt eine eher schlechte Prognose für den Tag ab. Ich hätte es bei dem von der ›Bruderliebe‹ belassen sollen.

Benni fragt von einem Fuß auf den anderen tretend: »Wo gehen wir?«

»Erst eine Jeans für dich kaufen und dann zum Schloss Blutenburg. Da ist heute richtig was los. Wird dir gefallen.«

»Mit B-las-musik?«

»Logisch. Bayrisch.« Auf die Schnelle wäre ein zusätzlichen Vergleich dran. Wie andere eine Zigarette rauchen oder Mama ein ›Solitaire‹ abdrückt. Ich will einen Begriff mit wenigstens vier Übereinstimmungen in mindestens vier Buchstaben. Doch Benni steht in seinen ausgelatschten hellblauen Sneakers an den Füßen und einem dicken Grinsen im Gesicht an der Wohnungstür und klappert laut mit dem Schlüsselbund. Meine Laune droht in Richtung null Bock zu kippen, doch ich habe garantiert keine Alternative.

Wir fahren zu den Pasinger Arcaden. Dort kenne ich mich halbwegs aus. In der Bahn ist endlich wieder Zeit für mein Checken. Ich will unbedingt ein cooles Ergebnis und versuche es mit dem Begriff ›Kaufhaus‹. Nur mit Tricks schaffe ich es, ein grottenschlechtes Ergebnis zu vermeiden.

Magazzino (ital.) – almacenes (span.) – magasin (franz.) – commercial house (engl.) – domus negotiationis (lat.) – Kaufhaus

Vielleicht sollte ich ganz damit aufhören. Das ist doch völlig irre, mir einzubilden, dass mein Leben etwas mit diesen

Sprachvergleichen zu tun hat. Ich grübele über das Wort ›Jeans‹ nach. Das wäre ein erfolgversprechender Begriff. Perfekte Übereinstimmung in allen europäischen Sprachen. Ich habe darüber gelesen. Nur die Römer kannten den Baumwollstoff noch nicht, er kam weit nach ihrer Zeit aus Asien, Afrika und Amerika nach Europa und von dort aus der Gegend um Genua zurück in die USA. Geil, dass diese Stadt den Jeans ihren Namen gab. Benni spielt laut mit der Klappe des Müllbehälters und holt mich in die Gegenwart zurück. »Warum nervst du?«

Er hält inne und fragt: »Du has Euro für r-hote Hose?«

»Rote Jeans? Keine Ahnung, ob's die da gibt. Wie wär's normal mit blau?«

Benni schüttelt den Kopf. »Hab ich schon.«

Meine Geduld wird strapaziert, bevor unser Shoppen überhaupt erst angefangen hat. Ich mache einen weiteren Versuch. »Aber du hast keine neuen Jeans, die richtig geil aussehen.«

Statt einer Antwort stehen zwei fette Falten zwischen Bennis blassen Augenbrauen. Als die Bahn hält, drängt ein Schwall von Leuten aus dem Waggon und überholt uns. Benni rast voraus, sodass ich ihn aus den Augen verliere. Er steht an der Rolltreppe und wedelt mit den Händen. »Komm.«

»Meinst du echt, die sind alle auf deine neuen Jeans scharf? Bleib bei mir, oder du kannst den Einkauf vergessen.«

Prompt hält sich Benni dicht neben mir, und ich finde den Laden mit dem riesigen Angebot an Hosen auf Anhieb. Mehr als diesen einen will ich nicht betreten.

Bevor ich mich zwischen den Kleiderständern orientieren kann, steuert Benni schon einen der Verkäufer an, dem seine schwarzen Hosen von nicht vorhandenen Hüften zu rutschen drohen. Ich höre Benni sagen: »Hallo, ich will ein r-hote Hose.«

Der Spargel im weißen Hemd, der mit einer Schirmmütze auf dem Kopf wie einer von Mamas Bestattungskollegen aussehen würde, beugt sich zu Benni und sagt mit krass starrem Gesicht: »Wie der junge Mann wünschen. Welche Größe haben wir denn?«

Benni betrachtet den Verkäufer stumm. Dann antwortet er: »Ich weiß nich, was du has. Ich hab 19.«

Der Blick des Mannes beginnt zu flattern. Ich beschließe, ihm einen Tipp zu geben. »Versuchen Sie es mit 23.«

Benni reckt mir gefaltet wie ein Auffahrunfall sein Kinn entgegen und setzt zu einem Kommentar an. Während sich der Verkäufer den Regalen zuwendet, zische ich ihm zu: »Halt den Mund und kümmere dich um deine Hose.«

Halblaut vor sich hin murmelnd folgt Benni dem Dünnen mit einer Jeans über dem Unterarm auf die Umkleidekabinen zu. Ich gehe hinterher und höre meinen Bruder sagen: »Des is nich r-hot.«

Ein Ruck geht durch den Rücken des Mannes. Mit überraschend kräftiger Stimme sagt er: »Das ist oliv, die aktuelle Farbe des Jahres. Außerdem macht die Jeans schlank, probieren Sie sie mal an.«

Bennis Miene verfinstert sich. »Ich b-rauch nich schan-k.«

Erst als er meinen warnenden Blick sieht, nimmt er die Hose wortlos mit in die Kabine.

»Soll ich mitkommen?«, ruf ich ihm hinterher.

»Kann ich allein«, ist seine Antwort.

Es dauert, aber als er durch die Schwingtür der Umkleidekabine zurück kommt, strahlt er breit. »Gut?«

»Perfekt. Passt wie angegossen. Lässt du sie gleich an?«

Benni nickt und geht auf den Bestatterverkäufer zu. »Dan-ke. Has du gut gemach. Ich will mich bedan-ken.«

Dabei legt Benni seinen Arm dem Mann um die dünne Taille. Der zieht ein Gesicht wie auf der Flucht und sagt: »Die Kasse ist dort drüben.«

Benni nimmt den Arm nicht von dem Mann, der vergeblich versucht, sich aus der Umarmung heraus zu winden. Ich knurre meinen Bruder an: »Verdammt. Du sollst ihn nicht heiraten.«

Erschrocken zuckt Benni zurück, und der Verkäufer nutzt die Chance, um sich hinter den Kleiderständern in Sicherheit zu bringen. Dort bleibt er bis zu unserem Abgang.

»Ich will bedan-ken über dass du mir Hose gekauf has.« Benni strahlt mich an und schwenkt die Plastiktüte mit seinem alten Teil.

»Geht in Ordnung. War ja dein Geld. Und jetzt erholen wir uns vom Einkaufsstress.«

Ich bin inzwischen super gut drauf, nachdem das Shoppen schnell gegangen ist. Wir steigen in den Bus, der uns zu dem geilen Schloss aus dem 15. Jahrhundert bringt. Es sieht ziemlich neu aus, seitdem es renoviert wurde. Zwei breitschultrige Männer vom Sicherheitsdienst kontrollieren die

Besucher am Eingang. Benni fragt mit gesenkter Stimme: »Die sin von die Polisei?«

»Was ist denn mit dir los? Die tun doch nichts. Machen sich hier nur wichtig und halten den Verkehr auf.«

Benni scheint meine Ansage ermutigt zu haben. Er schaut einem der Uniformierten ins Gesicht und wiederholt meine Worte: »Alen Vakar auf.«

Der Sicherheitstyp verlangt Bennis Ausweis.

»Ich bin behin-det.«

Der Mann schüttelt ärgerlich den Kopf, reicht Benni das Papier zurück und schiebt ihn eilig vorwärts.

»Nich anfassen«, schnauzt Benni ihn an, und der Mann schreckt zurück. Ich lege den Arm um Bennis Schulter. »Klasse. Hast du gut gemacht.«

Wir drängen uns zwischen den Leuten hindurch in Richtung Musikkapelle. Alle Bierbänke an den kariert gedeckten Tischen sind besetzt. Doch Benni steuert die Bank direkt vor den Musikern und der Bühne an, fragt mit einem breiten Grinsen im Gesicht die dort sitzende Frau und drückt sich neben sie. Bennis Nachbarin rutscht näher zu ihrem bayrischen Mann mit Trachtenhut. So wird noch Platz für mich. Zur Band gehören ein Schlagzeuger, zwei Gitarristen und einer, der Akkordeon spielt. Am Boden zwischen ihnen steht eine Trompete. Ein fünfter Mann wartet am Mikrophon auf seinen Einsatz. Nach ersten Rhythmusschlägen höre ich Benni laut den Text mitsprechen.

»Sei ruhig und stiehl dem Mann nicht die Show«, sage ich einen Moment zu spät. Benni ist schon unter dem Tisch hindurch getaucht und vor der Bühne zum Stehen gekom-

men. Ich höre seine rauchige Stimme den Text mitsingen. »Resi, i hol di mit mei'm Taktor ab«.

Der Song ist vorbei, die Leute klatschen, und Benni dreht sich zum Publikum und verbeugt sich zusammen mit den Musikern.

»Hey, magst mittun?«, fragt der Sänger vom Podium herunter. Benni nickt stumm vor Freude und steigt die Stufen zu den Männern hinauf. Als er die Hand nach dem Mikro ausstreckt, meint Fred, der sich dem Publikum gerade namentlich vorgestellt hat: »Nichts da, des bleibt bei mir.« Er scheint Benni die Enttäuschung anzusehen, denn er fragt ihn: »Kennst' vom Udo Jürgens ›Mit 66 Jahren‹?«

»Da fänt das Leben an«, antwortet Benni. Topp, das muss den meisten Zuhörern hier wie Öl runtergehen. Als die Band mit dem Song beginnt, drängt sich Benni eng an Fred und sein Mikro.

»Am Text musst aber noch arbeiten«, meint dieser am Ende des Stücks. Hätte ich ihm gleich sagen können. Benni kennt so ziemlich jede Melodie der deutschen Schlagerparade, aber null Text abgesehen von den Anfängen oder den Refrains. Fred gibt ihm eine weitere Chance. »Kennst du ›Herzilein‹?«

»Du mut net taurig sein«, höre ich Benni antworten.

Gioia (ital.) – carino (span.) – mignon (franz.) –
darling (engl.) – corculum (lat.) – Herzilein

Wie heißt das ›Herzilein‹ in den anderen Sprachen? Der Vergleich der Übersetzungen reizt mich. Voll krass. Kei-

nerlei gemeinsame Wurzeln für diesen Begriff. Soll ich das Ergebnis einfach nicht gelten lassen oder mich auf einen mega schlechten Resttag einstellen? Inzwischen wird die Situation echt peinlich. Mit Ausnahme von Fred wollen die übrigen Musiker meinen Bruder ganz klar wieder loswerden. Krass, wie Benni das einfach ignoriert. Ich winke ihm zu, an den Tisch zurück zu kommen. Doch er bleibt, wo er ist, nämlich auf der Bühne, wo Fred gerade den Einsatz gibt. Benni beginnt sich mit dem Blick zum Publikum vor der Band rhythmisch zu bewegen. Jedes seiner Gelenke tanzt eine eigene Choreographie, und immer mehr Leute werden auf ihn aufmerksam. Er breitet die Arme aus, kreist seine Hüften wie eine Latino-Braut und presst beim Refrain die Hände auf die Brust, sodass ihm jeder das ›Herzlein‹ abnimmt. Der Applaus ist stärker als zuvor. Klar, dass er vor allem Benni gilt. Er winkt mit offener Hand in meine Richtung, ohne mich anzusehen. Die Frau am Tisch fragt: »Macht dei Bruder des scho lang?«

Ich zucke die Achsel. Vielleicht macht Benni das schon lange, und ich habe es einfach nicht überrissen. Mein mutiger, großer, behinderter Bruder. Wie hoch müsste das Honorar sein, für das ich mich wie er auf die Bühne stellen würde, um die Leute zu unterhalten? No way.

Der nächste Song schlägt mir voll aufs Gemüt. Die Band spielt diesen uralten Song ›Seemann, lass das Träumen.‹

Damals waren wir mit Mama und Papa zusammen am Meer. Der Regen peitschte, der Wind trieb uns vor sich her. Mama schimpfte und brachte Benni in ein Regencape gehüllt zurück zu den Häusern. Papa setzte sich mit

mir geschützt in unsere Plastikmäntel auf die nasse Bank und zeigte zur aufgewühlten See hinaus. Er zog mich unter seine weite Jacke, wo es warm und kuschelig war. Dieser Mief von feuchter Wolle steckt mir heute noch in den Gehirnwindungen. Da begann Papa mit seiner tiefen Stimme das Lied zu singen. Ich meinte damals allen Ernstes, dass das Meer ruhiger und der Regen schwächer wurden.

»Deine Sehnsucht ist die Ferne, und nur ihnen bist du treu, dein Leben lang."

Ich fragte verwirrt: »Gehst du weg?«

Papa schwieg und sagte dann: »Vielleicht. Aber erst, wenn ihr groß seid«, und später fügte er hinzu: »Denk immer dran: ich hab dich lieb.«

Plötzlich fühle ich mich total verarscht. Wie lang ist immer? Ist Papa also doch ein Lügner, wie Mama behauptet? Es reicht. Ich will nach Hause und winke Benni. Der ignoriert mich. Erst als ich aufstehe und ihn mit zusammengekniffenen Augen fixiere, kapiert er, wie ich drauf bin. Zum Abschied umarmt er Fred, als ob sie beste Freunde seien. Ich kann nicht mehr hinschauen und gehe in Richtung Ausgang. Benni beeilt sich, mir nachzukommen. Als wir an einem Stand vom Roten Kreuz vorbei kommen, der alles von Blumenvasen über Teddybären bis Sektflaschen anbietet, bleibt Benni stehen. »Ich kauf Lose.«

»Nicht jetzt. Mir reicht's.«

»Warum ich mit F-red gesun-gen hat?«

»Nein. Deshalb nicht. Oder doch. Keine Ahnung.«

Ich gehe einfach weiter bis zur Bushalte. Benni hält zum

Glück den Mund. Als er mir später in der Bahn gegenüber sitzt, erschrecke ich. »Bist du krank?«

Alles an Benni hängt. Sein Kopf und die Schultern, die Hände zwischen den Knien. Er sieht aus wie ein nasser Sack. Langsam hebt er den Kopf und sagt mit krass tiefer Stimme: »Warum du immer bes-timm. Aber ich will auch «

»Okay. Tut mir leid. Beim nächsten Mal bestimmst du «

Keine Ahnung, was ich mir damit einhandle. Aber ich bin froh, dass Benni wieder zu grinsen anfängt.

Am Abend, als ich Benni hinter der angelehnten Zimmer-tür schnarchen höre, kommt alles wieder hoch. Dieses verkackte Lied. Vielleicht hat damals schon das Ende vom Schönen in meinem Leben angefangen. Die Klinke von Mamas Zimmertür fühlt sich kühl unter meiner Hand an. Sie sperrt nie ab, weil normal keiner von uns hineingeht. Die Tür gibt sanft nach, macht den Blick frei auf ein Stück roten Veloursteppich. Ich greife nach rechts und drücke den Schalter. Warmes Licht erhellt das Arbeitszimmer. Orange gemusterte Tücher auf dem breiten Schlafsofa und an der Wand dahinter, Bücher an zwei Seiten des Zimmers, der mit Papieren bedeckte Schreibtisch vor dem Fenster, Laptop, Drucker und davor ein Gesundheits-hocker ohne Lehne. Ich gehe quer durch den Raum und knipse die Stehlampe an. Am Kleiderschrank hängt ein zum Plakat vergrößertes Foto von Mama. Darauf zwängt sie sich durch eine Bodenöffnung und strahlt. Ihre Haare und das Gesicht sind voller Erde. Unter dem Bild steht ›Frisch geschlüpft‹. Ich erinnere mich nicht mehr daran,

was Mama dazu erzählt hat. Es interessiert mich auch nicht. Wenn ich wählen könnte, hätte ich lieber eine normale Mutter statt einer, die einen Trip nach dem anderen macht. Sie scheint in ihrem Leben viel versäumt zu haben und alles nachholen zu wollen. Das wurde vielleicht auch Papa zu viel. Nicht darüber nachdenken. Ich weiß, warum ich hier bin. Der Brief. Mama hat ihn sicher an sich genommen, doch sie würde ihn nicht vernichten. Also muss er hier sein. Ohne Plan fange ich an, unter den Papieren und herumliegenden Bücher zu suchen, ziehe wahllos Bücher aus dem Schrank, drehe sie um, schlage sie auf, schüttele sie. Einzelne Zettel mit Notizen drauf fallen heraus, aber kein Brief. Auf dem Tisch mit der Leselampe erkenne ich ihr blaues Traumbuch. Ich blättere ohne zu lesen. Zeitungsausschnitte zwischen eng beschriebenen Seiten. Ein rotes Buch mit schwarzer Schrift fällt mir auf. ›Tote Mädchen lügen nicht.‹ Sieht eher nicht aus wie ein Fachbuch, auch wenn der Titel in Mamas Bereich fällt. Ich lege es an die Tür, werde später mal hineinschauen. Der Schreibtisch. Naheliegend, dort einen Brief aufzubewahren. Rechts drei Schubladen, von denen zwei sich leicht öffnen lassen. In der obersten sind jede Menge Briefumschläge. Ich suche die mir bekannte Handschrift, werde überraschend schnell fündig, ziehe den Bogen heraus und fange an zu lesen. »Liebes, du bist aus der Tür, und ich beginne mich nach dir zu sehnen.« Der verblasster Poststempel. Ein Brief von Papa an Mama. Damals mochten sie sich noch. Und Mama hat den Brief nicht entsorgt, das bedeutet vielleicht etwas. Ich spüre den Knoten in Bauch, schiebe das Blatt zurück

59

in den Umschlag, suche weiter. Anspannung in den Schultern. Es fühlt sich an, als ob da einer hocken würde. Als ich die unterste Schublade aufziehe, klemmt sie. Ich greife nach dem antiken Brieföffner, der einmal Opa gehört hat, und fahre damit in den Schlitz zwischen dem Holz und den Papieren dahinter. Ein Schnappschloss. Zack. Die Holzblende knallt an mein Schienbein. Beim Zurückweichen stoße ich an das Tischchen mit der Lampe. Die rote Vase mit der Gerbera fällt zu Boden. Zum Glück braucht die kein Wasser. Doch als ich das Gefäß aufhebe, sehe ich die Bruchstelle am oberen Rand der Vase. Verdammt. Wie soll ich das wieder hinkriegen? Später. Mit der Schublade setzte ich mich auf den Teppich. Wieder Briefe und alte Schulhefte. Mamas Kinderbuchstaben. Kein Brief von Papa. Ich stopfe die Papiere zurück, plötzlich sind es zu viele. Genervt lasse ich sie am Boden liegen. Aufräumen kommt später. Ich schaue mich weiter im Zimmer um. Wo könnte er sein?

Aprilettere (ital.) – abrecartas (span.) –
coupe-papier (franz.) – letter-opener (engl.) –
culter epistularis (lat.) – Brieföffner

Zur Erholung mache ich einen Check für Opas geilen Brieföffner. Eine gute Möglichkeit, meine Chancen zu testen. Frust pur. Jede Sprache hat ein anderes Wort dafür. Vage Übereinstimmungen nur mit Hilfe von Lautverschiebungen. Eher schlaffe Aussichten für die nächsten Stunden. Aufgeben? Ein letzter Versuch im Kleiderschrank. Als

ich seine Spiegeltüren öffne, fällt ein breitkrempiger blauer Hut mit Feder heraus. Ich erinnere mich, als Kind damit gespielt zu haben. Inzwischen kann sich niemand mehr in diesem Schrank verstecken, so voll gestopft ist das Teil. Als ich an einer Tasche ziehe, rutschen eine Decke und Rucksäcke nach. In einer Schachtel sind bunte Ketten und Kleinkram aus dem Setzkasten, der früher einmal bei Mama an der Wand hing. Ich habe keinen Bock mehr auf das Suchen. Dann eben nicht. Der Brief ändert sowieso nichts an meiner Situation. Da fällt mein Blick auf den kleinen Hängeschrank, in dem Mama ihre wertvollsten Stücke aufbewahrt. Abgesperrt, doch ich weiß, wo ich suchen muss.

»Wenn mir mal etwas passieren sollte, dann findest du alles Wichtige in Omas alter Suppenschüssel, hörst du? Der Schlüssel zum Schrank liegt unter Bubis Aquarium.« Gut, dass ich Mama damals zuhörte. Ich lasse die Tür angelehnt und schleiche zum schlafenden Benni ins Zimmer. Sein Fisch glotzt mich kurzsichtig aus dem matt beleuchteten Wasser an, als ich das Kugelglas kippe und darunter greife.

»Was mach du?«, höre ich Benni nuscheln.

»Schlaf weiter, ich bin schon weg«, flüstere ich mit dem Schlüssel in der Hand.

Zurück in Mamas Zimmer öffne ich den kleinen Wandschrank und hebe den Deckel von der Schüssel. Bingo. Papiere. Das Familienstammbuch in grünem Einband. Ein Briefumschlag mit dem Wort ›Testament‹. Passfotos. Getrocknete Rosenblätter. Doch kein Briefumschlag an mich. Meine Zähne knirschen. Plötzlich höre ich Bennis Stimme. »Was is los?«

»Du spinnst wohl, mich so zu erschrecken.« Ich spüre die Blütenblätter brechen und zu Boden bröseln.

»Tür war kit?«

»Was?«

»Die Tür war gekipp-t?« wiederholt Benni laut und langsam, und ich verstehe. Vor Jahren habe ich ihm das Plakat zum ›Tag des Einbruchschutzes‹ erklärt. Benni war damals von dem abgebildeten Chaos schwer beeindruckt. Warum eigentlich nicht? Ich nicke. »Stimmt. Die Tür war gekippt, und der Einbrecher ist hereingekommen.«

»Polisei?« Benni schaut mich erwartungsvoll an.

Ich winke ab. »Erst mal Mama zurückkommen lassen. Die muss entscheiden. Geh wieder ins Bett.«

Benni zieht Unverständliches murmelnd ab. Ich öffne die Glastür zum Garten. Kühle Nachtluft strömt mir entgegen und lässt die Zimmertür mit einem lauten Knall zuschlagen. Mein kluger Bruder. Warum eigentlich nicht? Das Chaos im Zimmer. Ein Einbruch ist nicht total abwegig. Zumindest für den Moment. Und was mache ich jetzt mit dem Rest der Nacht? Schlafen geht garantiert nicht. Es bleibt eigentlich nur eines. Ich rufe Marco an. Er nennt mir die Kneipe in der Innenstadt, und ich sage zu nachzukommen. Bis zu Mamas voraussichtlicher Rückkehr dauert es nicht mehr lange. Solange kann Benni allein bleiben. Ich breche auf, um die Jungs zu treffen.

Das spätere Saufen ist, wie es sein muss, wenn man seine Traurigkeit darin ertränken will. Irgendwann weit nach Mitternacht bin ich auf dem Rückweg. Ein Hund schnüffelt

am Randstein. Ich würge, während ich darauf warte, dass er abhaut. Zuschauer, egal welcher Art, ertrage ich nicht. Als das nächtliche Gassigehergespann endlich abgezogen ist, gebe ich von mir, was nicht im Magen bleiben will. Danach geht's mir besser. Ich will nach Hause, egal, was mich dort erwartet. Mama muss längst zurück sein. Vielleicht ist sie schlafen gegangen. Ich steige in die S-Bahn und versuche wach zu bleiben.

Sbronza (ital.) – borrachera (span.) – ivresse (franz.) –
drunkenness (engl.) – ebrietas (lat.) – Suff

Der Check für meinen aktuellen Zustand. Die Wörter haben rein gar nichts miteinander zu tun. Verkackt hoch drei. Das hätte ich mir sparen können.

»Endstation, alle aussteigen.« Der Schaffner greift mich am Arm.

Ich knurre: »Finger weg!«

»Du musst raus.«

»Wo bin ich? Shit. Zu weit.«

»Pass bloß auf. Letztes Jahr hat's einen wie dich hier auf den Schienen erwischt, weil er dachte, es käme kein Zug mehr.«

»Es fährt noch einer?«

Der Mann nickt. »Aber nur stadtauswärts.«

Ich mache mich auf den Weg, logisch die Gleise entlang. Als ich endlich in unsere Straße einbiege, sehe ich in der Wohnung das Licht und den Schatten hinter der Gardine. Wie jedes verdammt seltene Mal, wenn ich nachts

unterwegs bin. Ich wünsche mir dann einfach nur, dass die Wohnung dunkel ist. Doch das passiert praktisch so gut wie nie. Plötzlich hebt sich der Nebel im Kopf. Ich bin total klar und weiß, dass ich es ihr diesmal echt sagen werde. »Ey, weißt du eigentlich, wie es mich ankotzt, wenn du auf mich wartest? Sobald ich in den Lichtkegel der Straßenlaterne gerate, siehst du mich. Wenn ich den Schlüssel ins Haustürschloss treffe und dann noch den an der Wohnungstür, hörst du mich. Der ultimative Test für meinen Alkoholpegel. Und da stehst du dann wie zufällig an der Garderobe. Wo ich durch muss. Zu meinem Zimmer, meinem Bett. Wo ich hinwill. Halt einfach den Mund. Nur dieses eine Mal. Ich kann dich nicht anschauen. Als ob du gleich losheulst. Warum eigentlich? Mehr als da sein kann ich doch nicht. Ist doch alles gut. Keine Katastrophen passiert. Keine einzige. Und wenn doch, wirst du es nie erfahren. Nicht von mir. Lass mich einfach vorbei, red' mich nicht an, fass' mich nicht an. Ich stinke, ich stinke nach Schweiß, nach Rauch, nach Alkohol. Ich stinke mir selbst. Alles, was ich jetzt brauche, ist mein Bett. Sonst nichts. Morgen. Vielleicht. Dann werde ich dir sagen, was ich will. Vielleicht auch nicht. Jedenfalls nicht jetzt. Bloß nicht. Nur die paar Stunden. Morgen Mittag. Lass mich in Ruhe. Ich weiß rein gar nichts. Ich suche. Weiß bloß noch nicht, was. Kann dir nur sagen, was ich NICHT will. Und das magst du nicht hören. Was du willst, interessiert mich nicht. Du drängst dich mir auf wie Schleim, der an mir kleben bleibt. Und dann ist es vertan. Weil du es willst, kann ich es nicht mehr wollen. Kapierst du das nicht? Dass wir verschieden

sind? Die verdammte Nabelschnur ist längst durch. Manchmal ist es okay, dass du mich nicht fallen lässt. Aber dann kommt die Wut zurück, auf dich, auf mich. Dass ich wieder nachgegeben habe, mich habe belabern lassen von dir statt endlich mein Ding durchzuziehen. Liebe. Das war einmal. Die eigene Mutter lieben. Erwartest du das im Ernst? Das kannst du nicht wirklich wollen. Verdammt noch mal, lass mich durch.«

Wenn ich ihr das endlich sagen könnte. Ich hätte es längst tun sollen. Die paarmal, die ich mit den anderen unterwegs war. Das wäre voll gut gewesen. Heute ist da noch das Chaos, das ich in ihrem Zimmer hinterlassen habe. Mich würgt es wieder. Als ich in der Wohnung meine Jacke an der Garderobe fallen lasse, höre ich, wie die Tür zu Mamas Zimmer geschlossen wird. Danke Mama. Manchmal bist du cool. In meinem Zimmer falle ich aufs Bett.

Bewusstlose Stunden später werde ich wach und höre Bennis Stimme durch die Wohnung wabern. Jemand scheint Bennis Worte aufgepumpt zu haben. Sie drücken massiv auf mein Hirn. War ich es, der die Zimmertür offen ließ? Aufstehen und sie schließen geht gerade nicht.

»Ich sag dich, du bekomm eine Fau. Eine Fischin. Wie in Fil-m. Oran-ge. Eine oran-ge Fischin. Mag du?«

Der Narr und sein Fisch. Verpisst euch! Könnte bitte, bitte, jemand meine Tür schließen? Stattdessen höre ich meinen Bruder weiter laut auf seinen Fisch einreden. »Velleich Mama kauf Fischin. Lala fagen. Der schaf noch. Müde vom Tür war kit. Keine Polisei. Warum?«

Schritte. Mama. Jetzt reden sie. Merkt denn keiner, dass sie mich stören?

»Mama, Bubi will eine Fau. Die oran-ge Fischin wie in Fil-m.«

»Hat er dir das gesagt?«

»Ja«, Bennis Stimme klingt wie ein Lawinenabgang. Ich stöhne.

»Aber dann kriegen die Babys, dafür ist die Glaskugel viel zu klein.«

»Wir kaufen eine große?« krächzt Benni höher als gewohnt, und meine Neuronen vibrieren.

»Weißt du eigentlich, was das kostet?«

Benni verstummt zum Glück. Dafür redet Mama weiter. »Dann lassen wir das erst mal. Aber was machen wir mit Bubi, wenn du dein neues Zimmer beziehst? Du darfst im Wohnheim kein Tier haben.«

Nach Bennis unverständlichem Brabbeln höre ich Mama etwas sagen, das so ähnlich klingt wie: »Ich weiß es wirklich nicht. Vielleicht kann dein Bubi doch zu seiner Fischin.« Ich gebe ein Stöhnen von mir, Mama checkt es und schließt endlich die Tür. Erleichtert penne ich weg.

Beim nächsten Aufwachen spüre ich, wie Speere in meinem Nacken ansetzen, dort das weiche Fleisch zwischen Wirbeln und Muskelsträngen durchbohren, sich einen Weg schräg aufwärts durch den Schädel suchen und haarscharf neben den Augen an den Schläfen wieder austreten. Einer der Spitzen taucht an der Nasenwurzel auf. Trotz der monstermäßigen Schmerzen frage ich mich, was davon im Spiegel zu

sehen ist. Später. Wenn ich mich traue, die Augen zu öffnen. Wie heißen diese Männer auf der Insel kurz vor Australien? Nachdenken geht gerade nicht. Ich werde einfach mit geschlossenen Augen aufs Klo gehen und dann wieder zurück ins Bett. Mein Kopf erinnert sich vielleicht dann an seine normale Verfassung und regeneriert. Es sind nicht nur die Schmerzen, die mich fertig machen. Es ist die Hoffnungslosigkeit, die mich flach atmen lässt. Ich habe viel investiert, und es hätte klappen können. In der Kneipe der lauwarme Schweinebraten als Unterlage, obwohl ich kein Fleisch mag und die Küche offiziell schon geschlossen war. Später das Bier und im Club die Shots. Ich hielt gut mit den anderen mit, laberte mehr als gewöhnlich, war sogar witzig, erinnere ich mich. Philipp schien beeindruckt, dass ich später den Randstein entlang noch gerade gehen und Verständliches von mir geben konnte. Basti warf mir einen anerkennenden Blick zu, als ich einen weiteren Wodka Shot bestellte. Einer zu viel. Plötzlich hasse ich den Geschmack, der meine Schleimhäute vielleicht für immer versifft hat. Also doch kein endlos Saufen. Das bekamen die anderen voll mit, wie mir plötzlich zum Umfallen schlecht war. Volle Pleite. Jetzt bleibt nichts mehr, um bei den anderen Eindruck zu schinden. Das Kiffen fällt aus. Das war Papas Ding. Sex ist auch nichts, womit ich punkten kann. Egal. Aufhören mit Denken. Momentan ist Schlafen die einzige Option.

Mal di capo (ital.) – mal de cabeza (span.) –
mal de téte (franz.) – headache (engl.) –
malum capitis (lat.) – Kopfschmerzen

Beim nächsten Wachwerden hat jemand ein erlegtes Wild-schwein auf meiner Schädeldecke geparkt. Immerhin kann ich nach meinem Translator greifen und die Tasten treffen. ›Kopfschmerzen‹ mit einem geilen Ergebnis, was die romanischen Sprachen betrifft. Das lässt mich entspannen und an ein Frühstück denken. Um meinen Magen zu schonen, koche ich mir Haferflocken in Wasser mit einer Prise Zucker und entdecke Mamas Zettel.

>»Ich komme am Abend zurück.
>Machst du was mit Benni? Bussi. Mama.«

Seit dem letzten Wachwerden habe ich nichts mehr von ihm gehört. Da er nicht in der Wohnung ist, treibt er sich wohl in der Nachbarschaft herum. Trotz Mamas Verbot. Ihr Problem. Sein Problem. Dennoch gehe ich durchs Treppen-haus auf die Straße hinaus, um nach ihm zu schauen. Er verlässt gerade das Nachbarhaus und schaut dabei zu den Fenstern im oberen Stockwerk hinauf. Als er näher kommt, rufe ich ihm zu: »Benni? Alles klar?«

Er guckt, wie ich mir Adam nach dem Biss in den verbo-tenen Apfel vorstelle. »Ey. Was ist los? Hast du was ange-stellt?«

Er schüttelt den Kopf. »Ich hab ge-ar-beit un Herr Pissa-mann gehol-fen.«

»Echt? Wer ist das? Und was hast du gemacht?«

Bennis drückt den Rücken durch und erklärt mir wie ein stolzer Gockel: »Die Faschen kommen in Kon-tainer, un die Fau gib Euro.«

»Echt? Und wo habt ihr die Flaschen her gehabt?«

»Von die Sta-ße und von Müll-eimer.«

»Benni. Ich weiß nicht, was Mama dazu sagt. Die würde es sicher verbieten.«

»Du sag nix? Bitte.«

Keine Antwort muss genügen. Ich will nichts damit zu tun haben. Es ist doch gut, wenn er sich eine Beschäftigung sucht. Jetzt weiß ich zumindest, wohin die Flaschen gekommen sind. Ich gönne sie ihm und seinem Pizzamann, die paar Euro. Ohne Plan ziehen wir anschließend um die Häuser, bis Benni mich am Arm packt. »Schau. Des is Bubi un Fischin.«

Er zeigt auf ein abgebildetes Fischepaar in einer Auslage eines Geschäfts für Taucherbedarf. Ich kapiere nicht, was er will, und er schaut mich an wie einen Nullchecker. »Da.«

»Taucher-Logbuch«, lese ich laut. »Was willst du damit?«

»Die Fischin für Bubi.«

Ich erinnere mich schwach. »Mama hat dir doch erklärt, dass dafür deine Glaskugel nicht ausreicht. Wenn du ausziehst, muss sowieso jemand deinen Fisch übernehmen.«

Sein Gesicht wird still wie frisch gefrorenes Eis. »Bubi geht zu Fischin?«

»Wie das denn? Kapier ich nicht. Willst du ihn in den See bringen?«

Pesce (ital.) – pez (span.) – poisson (franz.) –
fish (engl.) – piscis (lat.) – Fisch

Keine Antwort. Scheiß Fisch. Ich gebe das Wort für einen Check ein, vergleiche die Übersetzungen und bekomme ein akzeptables Ergebnis. Englisch passt zumindest zum deutschen Wort. Bennis Schweigen irritiert mich. Seine Probleme müsste man haben. Die schräge Denke meines Bruders nervt mich heute extrem. Weil er wieder stehen geblieben ist, drehe ich mich nach ihm um. Bevor ich ihn anschnauzen kann, höre ich ihn laut sagen: »Ich will tauchen.«

»Verdammt, Benni, das ist nichts für dich. Teuer und gefährlich. Mit Sauerstoff und so. Und deinen schlechten Augen. Du spielst doch schon Fußball.«

»Fuß-ball is Seise. Immer fal-s, immer an-dere Tor. Ich kann nich. Mag nich.«

»Echt? Dann mach doch den Torwart. Der bleibt einfach stehen, und schon ist er gut, vorausgesetzt, er hält den Ball.«

Benni macht Anstalten, zum Geschäft zurückzugehen. »Ich will tauchen.«

Mit einem lauten Schnaufer folge ich ihm. Dieser sture Esel. Er hat mich voll im Griff. Benni wirft einen weiteren Blick ins Schaufenster, bevor er die Ladentür öffnet. »Güß Gott.«

Ein junger Verkäufer grüßt zurück, und Benni erklärt ihm: »Ich will tauchen.«

»Gerne. Zum ersten Mal?«

Benni nickt stumm.

»Dafür brauchst du keine eigene Ausrüstung. Komm einfach zum Schnuppern am Montag gegen 15 Uhr zum Steg beim Eisele Weißt du, wo das ist?«

Ich sehe Benni ein weiteres Mal nicken.

»Dein Name und eine Telefonnummer von dir?«

»Benni Kim-ber-lin-g«, buchstabiert mein Bruder und schaut mich auffordernd an. Ich nenne seine Handynummer, er hebt lässig die Hand und verlässt das Geschäft. Die Ladentür hinter uns zu schließen überlässt er mir.

»Und was kostet das jetzt?«, schnauze ich ihn draußen an. Benni antwortet nicht. Mir ist überhaupt nicht wohl bei der Sache. Deshalb schlage ich vor: »Wir sagen Mama nichts davon, okay? Die ist sicher dagegen.«

»Geheimis?« Benni strahlt, und ich frage mich, wie das jetzt wieder gelaufen ist, dass mein Bruder genau das erreicht hat, was er wollte.

Immersione (ital.) – inmersión (span.) – immersion (franz.) – immersion (engl.) – immersum (lat.) – Tauchen

Statt mich weiter über ihn zu ärgern checke ich den Begriff. Topp Ergebnis, allerdings mit einem Trick, weil die Engländer für ›Tauchen‹ normalerweise das Wort ›diving‹ benutzen. Trotzdem alles im blauen Bereich.

»Lala, daf ich Wit-s er-sählen?«

Ich stöhne. Immer, wenn Benni in Superlaune ist, kommt er auf die Idee, selbst erdachte Witze zum Besten zu geben, die kein Schwein versteht. Eingeschlossen ihm selbst, denke ich mir dann jedes Mal. Trotzdem lachen alle, vielleicht über die eigene Beschränktheit. »Nur wenn du aufhörst, mich ›Lala‹ zu nennen.«

Mein Bruder nimmt einen tiefen Atemzug. »Al-so: Warum fahren Man-tafahrer auf die Autobahn?«

Ich verdrehe die Augen und frage, um die Sache abzukürzen: »Was weißt du eigentlich von Mantas?«

Benni sonnt sich in der Rolle des Überlegenen und erklärt breit grinsend: »Warum sie Aus-weise in Kühlschan-k vagessen haben.«

Ich stutze kurz, weil ich diese Version seiner verqueren Logik noch nicht kenne und grinse beifällig. »Und, woher kennst du Mantas?«

»Herr Schuder hat.«

»Einen Manta? Zu diesem Proll passt das sogar.«

Bennis Superlaune steigert sich in ein Überfliegerstrahlen, sodass er vorschlägt: »Gehen wir in Café? Ich besahl.«

Topp Idee. Ich frage zurück: »Zeig, wie viel du hast.«

Benni zieht umständlich seinen mit einer Metallkette an der Gürtelschlaufe befestigten knallroten Geldbeutel aus seiner Gesäßtasche und erklärt dazu: »Warum keiner mir Euro k-laut.«

»Alles klar. Dir Geld zu klauen gelingt nicht mal dem Obermafioso.«

»Was is Ober-mafoso?«

»Ein organisierter Verbrecher aus Italien.«

Bennis Unterlippe schiebt sich vorwärts. Er denkt sicher über das Wort ›organisiert‹ nach, verzichtet aber auf weitere Fragen. Mit mir Kaffee zu trinken hat momentan Priorität. Stolz zeigt er mir seinen Schein.

»Krass. Ein Zwanni. Dein Taschengeld?«

Benni winkt lässig ab. »Mit Kuchen.«

Wir betreten eines der Cafés und stehen vor der Theke. »Okay. Für mich den Rübli mit Sahne.«

Nach dem Platz nehmen winkt Benni dem Kellner und bestellt. »S-wei Rüb-li mit Sahne un s-wei Latte macchiato.«

Der Mann nickt, ohne die Miene zu verziehen. Benni lehnt sich entspannt zurück. »Gut?«

»Perfekt.«

Ich betrachtete meinen Bruder. Ein Gesicht wie eine Dörrpflaume aus Marzipan. Krass, wie der sich freuen kann. Darüber, dass er mich ins Café einladen darf. Das soll mal einer verstehen. Ich jedenfalls nicht. Warum Benni so ist, wie er ist. Sind viele Behindis so? Da fällt mir etwas ein. »Benni, weißt du eigentlich, warum du behindert bist?«

In diesem Moment bringt der Kellner unsere Sachen, und Benni bedankt sich mit einer Art Verbeugung und einem »Messi dir.«

Die Mundwinkel des Mannes verziehen sich, die Nasenflügel blähen sich auf. Ich verkneife mir den üblichen Rüffel an Benni, wenn er fremde Leute duzt. Der Affe von Kellner soll gefälligst seinen Job gut machen, und dazu gehört, nett auf Bennis freundliche Art zu reagieren.

Mein Bruder probiert die Sahne, nickt zufrieden und wendet sich mir zu. »Was has du gesag?«

»Ob du weißt, warum du anders bist als die anderen? Nicht lesen, schreiben und rechnen kannst? Mit Geld umgehen und so.«

»Ich kann.«

»Du kannst es ausgeben. Logisch. Und sonst?«

Benni bewegt sich nicht. Seine hohe Stirn verschiebt

sich zu steilen Falten. Die Mundwinkel sinken, als er leise sagt: »Ich mit Mama in Bauch.«

»Benni, nicht mit Mama, sondern bei Mama drin.«

»Genau. Dann raus. Mit Po. Kein Luf in Kop-f. Warum ich bin behin-det.«

»Okay. Das hat dir Mama erzählt?«

»Genau.«

Nach einem Moment fügt er hinzu: »Ich bin taurig.«

»Was? Wie meinst du das?«

»Ich bin taurig. Warum ich bin behin-det. Ich will nich.«

Ich spüre, wie ich die Schultern hochziehe. Verdammt. Ein Behinderter, der nicht behindert sein will. Klaro. Ist ja normal, oder? Ich starre schweigend auf den Kuchen und spüre Bennis Blick. Also versuche ich es. »Benni, du hast Recht. Schon ätzend, dass du nicht normal bist. Doch da kann man nichts machen. Trotzdem bist du eine Show. Ich glaube, ich will echt keinen anderen Bruder.« Als ich es sage, merke ich, dass es sogar stimmt. Manchmal. Eher selten. Aber es ist nicht einfach gelogen.

In Bennis Gesicht geht die Sonne auf. Die Stirn glättet sich und glänzt. Die Falten rutschen zu den runden Backen hinunter. Der Mund zieht sich breit in Richtung Ohrläppchen. Volles Strahlen. Ich weiß noch immer nicht, warum mein Bruder so ist, wie er ist. Vielleicht wäre er auch als Nichtbehinderter ein cooler Typ. Oder aber die übliche Denke würde ihn zu einem Normalo machen, zu einem, der auf seinen Vorteil schaut und im Leben richtig was auf die Reihe bekommt. Damit wäre es mit Sicherheit leichter

für mich. Doch dann wäre er eben nicht Benni. Logisch. Ich schaue ihn an. »Soll ich zahlen?«

»Nein. Ich geh allein su Mann.«

»Echt? Pass auf, du kriegst was raus. Und gib ihm Trinkgeld.«

Benni steht langsam auf. »Ich mach alles. Meine Euro.«

»Stimmt. Bis gleich.«

Als wir wieder auf der Straße stehen, frage ich: »Danke für die Einladung. Wie viel Geld hast du jetzt noch?«

Benni strahlt und schüttelt den Kopf. »Tin-gel-d.«

»Was heißt das?«

Benni zieht seinen Geldbeutel heraus, öffnet ihn und schaut hinein. »Kein Euro. Tin-gel-d. Der Mann hat gefeut.«

»Du hast ihm den Rest geschenkt?«

Bennis Augen werden zu Schlitzen in seinem grinsenden Gesicht. »Gut?«

»Für den Kellner schon. Für dich nicht. Dir steht eine Kackwoche bevor.«

Mancia (ital.) – propina (span.) – pourboire (franz.) – gratuity (engl.) – corollarium (lat.) – Trinkgeld

Mein Translator gibt mir Recht. Der Vergleich der Übersetzungen bringt ein mageres Ergebnis und passt sicher zu Bennis Konto.

Der jedoch schüttelt den Kopf. »Wir gehen zu die Ban-k. Neue Euro holen.«

»Stimmt. Das tun wir. Gut, dass wir deine EC-Karte haben.«

Seine Augen blitzen auf wie Straßenlaternen in der Dämmerung. »Ich daf des machen?«

»Logisch. Du hebst dein Geld ab. Und ich weiß deine Geheimnummer.«

Das letzte Wort lässt Benni breit grinsen. »Aba kein K-leingel-d.«

»Versprochen. Ich weiß, du hast die Münzen dick.«

Er will mir einen weiteren seiner selbstdachten Witze erzählen, doch das verschiebe ich auf später, was ich dann wiederum mit dem Hinweis ablehne, dass wir im Ruhebereich des Zuges sitzen. Ich bin doch keine Mutter Theresa. Zwei Benni-Witze an einem Tag würde nicht mal die stemmen.

Barzelletta (ital.) – chiste (span.) – blague (franz.) – joke (engl.) – ridiculum (lat.) – Witz

Logisch, dass ich nach meinem Teil greife und die Übersetzungen dafür vergleiche. Das Ergebnis ist leider selbst ein Witz. Und was heißt das jetzt für mich und diesen Tag?

Zuhause wartet Mama auf uns. »Leander? Ich muss mit dir reden, allein.«

Ich werfe Benni einen Blick zu, und er versteht, dass es ernst ist. Sicher geht es um das Chaos, das ich in ihrem Zimmer hinterlassen habe. Sie wartet im Wohnzimmer auf mich, und ich setze mich auf den Stuhl neben der Tür. Zum ersten Mal sehe ich graue Strähnen in ihrem dichten, dunklen Haar. Sie sollte sie färben, denke ich plötzlich. Wie

ätzend, sie mir als alte Frau vorzustellen. Da höre ich sie sagen: »Frau Klein rief an.«

»Was, die Klein, jetzt in den Ferien?«

»Ja, es lässt ihr keine Ruhe, meinte sie.«

Eine Erinnerung an einen Vorfall in der Klasse drängt sich plötzlich in mein Bewusstsein. Da fragt Mama: »Leander, warum erzählst du, dass dein Vater gestorben ist?«

»Weil ... Kommt doch auf's gleiche raus, so wie's jetzt ist. Vielleicht ist er ja wirklich tot. Ich habe ihn ewig nicht gesehen. Und nicht gehört«, sage ich noch, als mir einfällt, dass Mama nichts von meinem Telefonat mit ihm weiß.

Sie atmet hörbar aus. »Wenn er tot wäre, würden wir es erfahren. Du sagst deiner Klasse nach den Ferien die Wahrheit.«

Ich gebe ein schnaubendes Geräusch von mir. »Wozu? Das ist denen doch scheißegal. Außerdem glaube ich es selbst erst, wenn ich ihn sehe, mit ihm telefoniere oder einen Brief von ihm bekomme.«

»Den du in meinem Zimmer gesucht hast?«

Ich zucke schweigend mit der Schulter.

»Du konntest ihn dort nicht finden. Du kriegst ihn bei Gelegenheit.«

Ich stehe auf. Soll ich mich deshalb streiten? Wie egal mir das inzwischen ist. Mama redet weiter. »Wie findest du übrigens das Buch?«

»Was?«

Da fällt mir ein, was sie meint. »Keine Ahnung. Werde es bald mal lesen.«

»Einverstanden. In Zukunft sag Bescheid, bevor du in mein Zimmer gehst.«

Bugia (ital.) – mentira (span.) – mensonge (franz.) –
lie (engl.) – mendacium (lat.) – Lüge

Endlich bin ich allein. Zur Entspannung checke ich das Wort ›Lüge‹. Drei Übereinstimmungen in drei Buchstaben. Nichts Halbes und nichts Ganzes. Die Ähnlichkeit im Englischen und Deutschen ist zu geringfügig, um sie zu bewerten. Während ich Mama in ihrem Zimmer aufräumen höre, entschließe ich mich zum Aufbruch und frage Benni: »Lust auf Live-Musik im Theatron?«

Statt zu antworten greift er nach seinen ausgelatschten Mustang Sneakers, und wir gehen zur Bahn. Dort hänge ich meinen Gedanken nach, und Benni starrt dem Typen gegenüber ins Gesicht, bis der sich einen neuen Platz sucht. Ich habe keine Lust, mit meinem Bruder ein Gespräch über das Anschauen von fremden Leuten zu beginnen.

Als wir am Hauptbahnhof umsteigen, ist die U-Bahn voller Touristen, von denen einer Benni anquatscht. »Excuse me, that's the right way to Olympia?«

Benni nickt gefühlt zehnmal mit dem Kopf und sagt: »Ja, ja, Olym-pia.« Danach strahlt er mich an. »Ich bin gut mit Touris?«

Im Olympiazentrum angekommen verteilen sich die Massen von Menschen. Wir gehen den Weg über die Brücke in Richtung Schwimmhalle. Geil, unter dem Zeltdach der Olympiahalle durchzugehen. Das beste Bauwerk aller Zei-

ten. Es gibt kein cooleres, und es steht hier. Weil ich gerade am Schauen bin, bemerke ich auch die kurz geschorenen Wiesen am See. Sie sind hellgrün wie junge Laubfrösche, die einzelnen Gänseblümchen darauf haben gerötete Blütenblätter, und sogar die Blätter der Kastanienbäume mit ihren weißen Kerzen glänzen frisch. Was für eine topp Entscheidung, hierher zu kommen und Benni später mit Tanzen beschäftigt zu wissen. Nachdenken. Träumen. Nichts tun. Ferien. Unten am See und auf den hohen Stufen rund um die Bühne lagern Leute, die sich die Wartezeit bis zu den ersten Auftritten mit Lunchpaketen und Bierdosen verkürzen. Die Stimmung ist gediegen, und ich suche mir einen Platz auf dem Rasen.

»Ich daf gehen?« Benni ist wild darauf, mit der Band, die ihre Instrumente aufbaut, Kontakt aufzunehmen.

»Aber nerv' die nicht«, ich lasse mich fallen und schließe die Augen.

›Binder & Krieglstein‹ hatte ich im Programm gelesen. Nie davon gehört. War wohl eher was für Benni. Hundert pro ließ er für die nächste Zeit den Schlagzeuger nicht mehr aus den Augen. Da schlugen die ersten Beats. Auf der Bühne sah ich eine Sängerin stehen. Nicht übel die Stimme, trotzdem nicht mein Geschmack. Ich versuchte, Benni zu entdecken und meinte, ihn tanzen zu sehen. Neben ihm eine zierliche Frau mit langem offenem Haar. Gerade drängten weitere Menschen auf die Tanzfläche, und Benni verschwand zwischen ihnen. Entspannt ließ ich mich zurück ins Gras fallen und dachte an Ines. Wäre

cool zu wissen, was sie gerade machte. Ob sie mit Anna oder mit Lena unterwegs war oder mit beiden. Um mehr über Ines zu erfahren, war ich inzwischen sogar auf Insta. Konnte ihre Fotos sehen und die Kommentare lesen. Dass sie Lena als ›allerbeste Freundin fürs Leben‹, als ABFFL bezeichnet, war okay, auch wenn diese öffentlichen Liebeserklärungen nervten. Würde Ines jemals das Kürzel für mich benutzen? Egal. Ich dachte an ihren Busen. Perfekt. Wie der sich anfühlen musste. Fest oder eher weich? Ich stellte mir einen Pfirsich vor. Einer, der sich ganz leicht vom Kern löste. Aprikose war auch gut. Mir wurde warm in der Hose. Stellte mir ihre Yoni vor. Das Wort hatte ich Mama sagen hören. Gefiel mir besser als die Namen, die die Jungs dafür benutzten. Ich schüttelte mich und stand auf, um nach Benni zu schauen. Erst als ich zur Bühne hinunter und dort die erste Stufe zur Tanzfläche hinauf stieg, meinte ich, Bennis rotes Trikot zwischen den Leuten aufblitzen zu sehen. Es gehörte zu einem eng umschlungenen Paar. War das echt Benni? Für einen Moment sah ich das Gesicht einer Frau, die sich an die Schulter ihres Tanzpartners schmiegte. Sie hob den Kopf und bewegte die Lippen. Die beiden verschwanden, so klein wie sie waren, wieder im Gewühl, und ich beschloss, dass es Fremde waren. Als ich um das Oval der Tanzfläche herum von neuem die Stufen erreichte, sah ich, wie das Paar Händchen haltend dort herunter kam. Benni erkannte mich und rief, als der Applaus für die Musiker gerade nachließ: »Lala, ich geh mit die Mäd-chen. Daf ich?«

Die junge Frau drehte sich verblüfft um, schaute erst

Benni und dann mich an und fragte in die Pause hinein: »Hey, Kindergarten oder was?«

Ich wusste keine Antwort, zuckte die Achsel, und weg war die Braut.

»Warum?«, schickte Benni ihr hinterher.

»Die scheint ja voll auf dich abgefahren zu sein. Sorry, ich hab's vermasselt.«

Benni grinste. »Mach nix. Das kann nich jeda.«

»Stimmt. Wie hast du das überhaupt geschafft, sie anzubaggern?«

Benni bewegte sein Gesicht wie eine alte Eule. »Nich Bagga, Bussi.«

»Aha,« antwortete ich leicht genervt, »und was heißt das jetzt?«

Benni schob Kinn und Unterlippe wie ein Gorilla in Richtung Nase und stützte seinen Kopf in die rechte Hand, offensichtlich, um mit seinen Erklärungen weiter auszuholen. Bloß das nicht. Ich schob nach: »Vergiss es. Alles klar.«

Das fehlte noch, dass ich mir eingestehen musste, dass meinem beschränkten Bruder etwas gelang, was für mich krass überfällig war. Wusste er überhaupt, was er ausstrahlte? Ich musste es checken.

Erotismo (ital.) – erotismo (span.) – érotisme (franz.) –
eroticism (engl.) – illecebra (lat.) – Erotik

›Erotik‹, ein Wort, das in allen Sprachen ähnlich klang. Die Übereinstimmungen passten immerhin in sechs Buchstaben. Geil. Aber wieso kannten die Römer das Wort dann

nicht? Pseudositttenstreng oder was? Benni bemerkte zum Glück, dass ich am Denken war. So schwiegen wir uns auf der Heimfahrt an. Zuhause holte er die Post aus dem Kasten und setzte sich ungefragt zu mir. »Warum is des ein schaz Bief?«

Ich war dabei, Fotos von Ines auf Insta anzusehen. In ihrem neuen Bikini, mit farbigen Strähnen im Haar, mit blauer Zunge beim Lecken von Wassereis. Es langweilte mich, für ihre Bilder Herzen zu vergeben anstatt ihr persönlich zu sagen, wie Klasse ich sie fand. Würde ich jemals die Frauen verstehen? Ich ließ es sein für den Moment und wandte mich Benni zu. »Schatzbrief? Was soll das sein?« Ich warf einen Blick auf das Teil in seiner Hand und erklärte: »Schwarz, okay, aber das ist wohl eher eine Traueranzeige.« Damit riss ich das Kuvert auf. Kurz fiel mir Papa ein. Wenn der eines Tages tot war, käme die Nachricht wohl eher nicht auf dem Postweg. Ich las den Text laut vor.

>*Wir trauern um unseren lieben Mann,*
Vater und Großvater Axel Schluder.
Die Trauerfeier findet statt am
Freitag, den 14. Juni, um 10.30 Uhr
am Waldfriedhof, Alter Teil.«

»Mensch, Benni. Der Herr Schluder ist tot. Hoffentlich müssen wir nicht hin.«

Benni schüttelte den Kopf. »Warum is der lieb?«

»Das sagt man so, egal wie er wirklich war. Leg den Brief für Mama bereit.« Ein interessantes Wort. Ich machte den

Vergleich für die ›Traueranzeige‹. Keinerlei Übereinstimmungen. Krass. Das sprach dafür, ins Bett zu gehen.

Partecipazione di lutto (ital.) – esquela de defunción (span.) –
faire-part de décès (franz.) – obituary (engl.) –
nuntium de morte (lat.) – Traueranzeige

Am Donnerstag beim Frühstück fing Mama mit dem Thema an, noch bevor das Koffein mein Gehirn erreicht hatte. »Du hast die Anzeige gelesen?«

»Hm«, brummte ich.

»Die Beerdigung ist morgen. Wir sollten da hingehen.«

Ich verschluckte mich an meiner Frage. Als ich wieder reden konnte, nahm ich einen zweiten Anlauf. »Was sollen wir dort? Der hat uns das Leben schwer gemacht. Und jetzt sollen wir am Grab stehen und trauern? Ohne mich!« Ich stand auf. Der Appetit war mir definitiv vergangen.

»Bleib sitzen. Ich will das mit dir klären.«

Genervt sank ich auf die Sitzfläche zurück. »Und?«

Sie schwieg einen Moment. »Es geht überhaupt nicht um Herrn Schluder, der hat es hinter sich. Es geht um uns und unsere Zeit hier. Es wird nie mehr so sein wie zu seinen Lebzeiten. Vielleicht wird es leichter, vielleicht wird das Haus aber auch verkauft, und wir kriegen einen neuen Vermieter, oder wir müssen ausziehen, weil es saniert und danach zu teuer für uns wird. Keiner weiß es. Ich möchte diese Jahre mit Herrn Schluder gut abschließen, und es gibt keine bessere Gelegenheit dafür als sein Begräbnis. Vor allem Benni zuliebe will ich, dass wir daran teilnehmen.«

Keine Ahnung, was ich ihr darauf antworten sollte. Ich wollte nicht zu diesem Begräbnis, weil ich Beerdigungen ätzend fand. Dazu kam, dass mich Herrn Schluder nicht interessierte. Weder tot noch lebendig. Ich stand auf. »Schon mal was von Entscheidungsfreiheit gehört?«

Der Stuhl gab einen Ton von sich, als er an den Tisch stieß. Ich würde mich nicht wieder hinsetzen. Mamas Stimme kickte wie der Anfang eines Lachens, bevor sie sagte: »Fühlst du dich bedrängt?«

»Mindestens. Ich würde sogar ...«

»Sag es nicht. Natürlich ist es deine Entscheidung. Aber wenn du nicht mitkommst, weigert sich Benni auch. Er soll sich jedoch von Herrn Schluder verabschieden können. Die Begegnungen der beiden waren immer schwierig, und Benni träumte sogar von ihm, soviel Angst hatte er vor ihm.«

Das war der Punkt. Benni musste den Sarg sehen, in dem sein Erzfeind lag. Wieder einmal gelang es Mama, mich zu überrumpeln. Gerissen, wie sie das jedes Mal machte. Einfach mit dem, was sie an Argumenten brachte. Und dazu dieser Ernst. Als gäbe es nichts Wichtigeres. Sie hätte Politikerin werden sollen. Doch das würde ich ihr nicht sagen. Sie fühlte sich sonst noch cooler, als sie eh schon war. Ich dachte an Papa. Das, was er an Mama früher sicher mal faszinierend fand, ließ ihn später vielleicht abtauchen.

Politica (ital.) – política (span.) – politique (franz.) –
politics (engl.) – res publica (lat.) – Politik

Nachdem Mama in ihrer Berufskleidung zum Friedhof aufgebrochen war, checkte ich die ›Politik‹. Sechs Übereinstimmungen in sieben Buchstaben sprachen für einen hammermäßig guten Tag und verführten mich zu einem spontanen Entschluss. Benni war sofort damit einverstanden. Wir brachen auf. Bei der Kontrolle in der Bahn zeigte er stolz seinen Behindertenausweis. »Mein Buder is f-rei«, erklärte Benni dem Mann, der abwinkte. Da überfielen mich plötzlich Zweifel an der Idee, Oma in ihrem Pflegeheim zu besuchen. Prompt wollte Benni wissen, was auch mich beschäftigte. »Is Papa da?«

»Nein, eher nicht. Das war Zufall, dass er sie besuchte, als du anriefst.«

Ich war froh, dass Mama am Morgen nicht wissen wollte, welchen Plan wir für den Tag hatten. Man wusste bei ihr nie, wie sie auf unser Vorhaben reagierte. Mitten in meine Überlegungen hinein fragte Benni: »Warum is Papa weg?«

»Was? Das weißt du doch. Weil Mama ihn nicht mehr mochte.«

»Warum?«

»Weiß ich auch nicht genau. Als er uns damals in Gefahr brachte, war es endgültig aus, meinte jedenfalls Mama«, fügte ich hinzu.

»Weil ich Kuchen genasch hab?«

»Nein. Doch nicht deswegen. Du bist nicht schuld daran, aber ich mag jetzt in der Bahn nicht darüber reden. Außerdem ist es egal.«

Ich dachte echt nicht gern daran zurück. Papa hatte wohl bis zu jenem Vorfall nie wirklich aufgehört zu kif-

fen. Er fand, dass es harmloser als Nikotin war, und dass es ihn inspirierte. Damals, als er am Kinderwochenende einen Auffahrunfall mit uns im Auto verursachte, redete er so wirr daher, dass die Polizei ihn zum Test mitnahm. Es war eher Zufall, dass der Beamte auch Benni zur Ärztin schickte. Er war an dem Tag bei Papa krank geworden und weigerte sich, nach dem Unfall aus dem Auto zu steigen. Dann kam heraus, dass der Kuchen, den Papa bei sich zuhause im Kühlschrank aufbewahrte und von dem Benni genascht hatte, Haschisch enthielt. Für den Richter war das wohl eine Art Aufsichtsverletzung, und Mama nutzte die Gelegenheit, Papa den Umgang mit uns verbieten zu lassen. Seitdem war alles anders. Papa fehlte mir, sein Lachen, seine Witze, das Boxen mit ihm. Mein Leben machte echt keinen Spaß mehr. Papa verlor damals auch den Führerschein. Vielleicht war das das Schlimmste für ihn. Aber wer weiß. Vielleicht hatte er es sich inzwischen gut eingerichtet in seinem neuen Leben ohne uns. Ich hörte meine Zähne knirschen und stieß mit dem Fuß an den harten Unterbau der S-Bahn Sitze, was richtig weh tat.

»Auss-teigen?« fragte Benni, dessen Hände plötzlich wie die Flügel eines gefangenen Vogels flatterten. Vom Bahnhof aus liefen wir schweigend den Weg zum See. Meine Zehen schmerzten, und ich spürte einen Rest von Wut. Trotzdem fielen mir die übergroßen Bäume im Park auf. Zedern, ich kannte sie. Sie verzweigten sich zu mehreren Stämmen, trafen in mächtigen Kronen wieder zusammen und beugten ihre dicken Ästen bis zum Boden hinab. Ohne zu springen lief ein rostrotes Eichhörnchen einen dieser Baumkreise ab.

Ich blieb stehen. »Krass schön. Schade, dass die Oma nichts davon hat.«

Wir passierten das voll mit Menschen besetzte Café im gelb gestrichenen Gebäude und gingen den Gang mit den Zimmertüren entlang. Benni sagte: »Riech wie K-lo.«

»Sei still, das sind sicher nur die Putzmittel.« Ich klopfte und hörte durch die Tür eine Stimme von einem neuen Virus reden. Als ich die Tür aufdrückte, sah ich ein Bett am Fenster stehen. Mit jemandem darin. Warum fiel mir dabei das Wort ›Endstation‹ ein? Am liebsten wäre ich umgekehrt, doch Benni stand hinter mir und drängte mich ins Zimmer. In dem Bett hob sich Omas schmaler Kopf kaum von dem weißen Kissenbezug ab, auf dem sie lag. Die Augen schwammen hell zwischen geröteten Hautfalten. Farblose, dünne Strähnen umrahmten in unterschiedlich gestutzten Längen den Schädel, und aus dem Kinn wuchs ein einsames, schwarzes Haar.

»Omi?« Bennis Stimme klang wie ein Schrei. Er blieb hinter mir, während ich nach einer der wächsernen Hände griff. »Wie geht es dir?«

Sie verzog die schmalen Lippen zu etwas Unverständlichem.

»Wo is Papa?«, fragte Benni aus sicherer Entfernung.

Oma drehte den Kopf zur Seite und zeigte mit der freien Hand zum Tisch hin. Ich legte die kühlen Finger zurück auf die Bettdecke und war mit zwei Schritten dort. Neben Schnabeltasse und Teekanne lag auf einem weißen Plastiktablett eine BISS-Ausgabe. Als ich sie fragend in die Höhe hielt, bewegte Oma den Kopf. Vielleicht ein Nicken.

»Ist die von Papa?«, fragte ich, doch ihre Augen waren schon zugefallen.

»Daf Omi Roll-schu fahren?«, fragte Benni, und seine Stimme klang schrill.

»Omi kann nicht mehr mit dem Rollstuhl fahren, höchstens in den Himmel.«

»Was? Lala, du mach Wit-se.«

»Benni, Rollstuhl ist eine schöne Idee, aber Oma will das sicher nicht. Ich weiß nicht, was los ist. Vielleicht geht es ihr schlecht, vielleicht stirbt sie bald.«

Dummerweise schaute ich zu dem zweiten Bett hinüber. Mein Blick traf auf ein fremdes Gesicht, in dem sich Lippen bewegten. Ich wollte nicht hingehen.

»Fen-seher is laut«, hörte ich Benni sagen und fragte: »Ist es zu laut?«

Erst da merkte ich, wie das Gerät dröhnte. Ich ging auf das fremde Bett zu. »Ganz aus?«

Ein Nicken und diesmal eine fleischige Hand, die sich bewegte. Ein Griff nach der Fernbedienung auf dem Nachttisch und ein Drücken auf den roten Knopf. Nichts wie raus hier. Ein letzter Blick zu Omi, die irgendwie tot aussah. Mein Bruder trat mir auf die Ferse, so nah folgte er mir durch die Tür, die offen stehen blieb. Ich packte es nicht, zurückzugehen. Meine Gedanken rasten. Papa und BISS? Wieso brachte er die Zeitung mit? Vielleicht hatte er sie nur zufällig liegen gelassen? Oder war er Straßenverkäufer geworden? Als Obdachloser? Könnte das sein? Kannte ihn vielleicht jemand aus meiner Klasse? Aber die meinten ja inzwischen, dass er tot war.

Benni quatschte in meine Gedanken hinein. »Mit die Fau Roll-schu fahren?«

»Was? Wieso willst du die fremde Frau herumfahren?«

»Sie is taurig.«

»Benni, darauf hab ich keinen Bock. Pause. Ich muss nachdenken.«

Er ließ nicht locker und fragte wieder: »Das näch-se Mal? Fahren wir mit sie?«

»Okay, vielleicht, aber jetzt hör einfach auf mit deinem Gequatsche.«

Darauf sagte er mit quengelnder Kinderstimme: »Ich will su Meggie gehen.«

»Okay, machen wir.« Unterwegs zum nächsten McDonald's fiel mir ein, dass ich in Zukunft unbedingt auf BISS-Verkäufer achten musste. Um zu entspannen, verglich ich die Übersetzungen des Wortes ›Altenheim‹.

Asilo per i vecchi (ital.) – residencia de ancianos (span.) – asile des vieillards (franz.) – old-age asylum (engl.) – gerusia (lat.) – Altenheim

Leider brachte es nur drei Übereinstimmungen in vier Buchstaben, sogar wenn ich ›y‹ als ›i‹ wertete. Also eher assig. Auf der Heimfahrt war ich am Denken und Benni mit der Verdauung seines Bacon Chickens beschäftigt.

Zuhause angekommen übertrug ich die Vergleiche der letzten Tage in mein Buch. Ich strich über den Einband und die Prägung des Wortes ›Shigé‹. Ein japanischer Mädchen-

name, der ›energetisch‹ bedeutet und mir gefiel. Er könnte so etwas wie mein Lebenselixier sein. Da hörte ich die Wohnungstür gehen. Es war Benni, und ich traf ihn in der Küche. »Bist du noch mal weg gewesen? Wieder Flaschen sammeln mit deinem Pizzamann?«

Benni verzog das Gesicht. »Fetig mit Faschen. Die Fau in Geschäff mag nich Pissamann. Ich geh allein su Automat. Hab s-wei Faschen, eine mit Sch-nur. Ich sieh an Sch-nur un tu wieda in Automat und wieda. Aber die Fau gib mich kein Euro. Sag Polisei, wenn ich wieda komm. Kein Euro für Pissamann.«

»Benni. Spinnst du? Das ist kriminell, was ihr da macht. Du gehst da nicht mehr hin. Ist das klar?«

Er grummelte etwas Unverständliches in sein dickes Kinn.

Am nächsten Tag gibt es gewaltigen Stress wegen Schluders Beerdigung.

»Nich die Hose. Ich will nich. Ich will die da.« Benni zeigt auf seine abgeschnittenen und von vielen Sommersonnen ausgeblichenen Jeans.

»Benni, das geht garantiert nicht. Alle kommen dunkel gekleidet. Du auch.«

»Ich bin nich dun-kel. Ich bin hell.«

»Andere auch. Aber alle tun, als ob sie traurig wären.«

Benni hält inne, seine Augen leuchten und seine Grübchen werden breiter. »Ein S-piel?«

»Ja, ein Spiel. Und du spielst mit oder bleibst zu Hause.«

»Okay, ich sieh dun-kel Hose an.«

In der Aussegnungshalle verstummt Benni, überwältigt von den flackernden Kerzen und den üppigen Blumenarrangements. Doch als von der Empore herunter ein »Ave Maria« ertönt, sagt er laut: »Des mag Herr Schuder nich. Ich hab rich-tig Musik.« Damit hält er mir eine CD hin.

»Sei still. Das Ave Maria hat sich sicher die Frau Schluder ausgesucht.«

Als der Wagen mit dem Sarg aus der Halle an uns vorbei geschoben wird, bewegt sich Benni wie selbstverständlich darauf zu. Ich packe ihn am Arm und lasse ihn nicht los, bis die Angehörigen an uns vorüber sind.

»Warum wir gehen lan-sam?«, fragt Benni.

»Keine Ahnung. Wegen der Trauer, nehme ich an.«

»Die Tauer is sch-wer?«

»Ja, die ist krass schwer.« Wie bei mir, obwohl Papa nicht tot ist, fällt mir ein. Am Grab lässt Benni den Sarg beim Ablassen nicht aus den Augen. »Herr Schuder is da rein? Has du gesehn?«

»Sonst würden die den ganzen Aufwand doch nicht machen. Was meinst du, was das alles kostet.«

Benni versteht wahrscheinlich nicht, was ich damit meine, doch zum Glück schweigt er und beobachtet den Pfarrer, der zu reden begonnen hat.

»Wie in die Kir-che«, mault Benni schon nach wenigen Minuten.

»Still, es reden noch andere.«

»Wer?«

»Alle, die wollen.«

Ein Mann im schwarzen Anzug mit Krawatte über dem

weißem Hemd tritt ans Mikrophon und erzählt von jemandem, der gut und lustig und großherzig war.

»Warum sag der nix von Herr Schuder?« fragt mich
Benni halblaut.

Ich muss grinsen und flüstere: »Der redet doch von
Herrn Schluder.«

Benni scheint aufmerksam zuzuhören. Als der Redner
fragt: »Möchte noch jemand sprechen?«, drängt sich mein
Bruder eilig durch die Umherstehenden. Ich reagiere zu
spät. Benni ist schon am Mikro, streckt sich, um es vom
Ständer zu holen und verbeugt sich tief. Neugierig recken
sich die Köpfe nach ihm, der neben den Wagenrädern aus
Blumen wie ein Kind wirkt. Er schließt für einen Moment
die Augen. In den Zweigen über ihm flötet eine Amsel.
Als sie verstummt, beginnt er deutlich seine Worte zu
artikulieren: »Geehr-te Damen, geehr-te Herren. Ich bin
Benni, bin bal-d neun-sehn Jahre al-t un bin be-hin-det.
Ich hab ein gute und ein schech-te Nach-rich.« Er hält
kurz inne, bevor er fortfährt: »Herr Schuder mag B-las-
musik wie ich, des is gut. Ich geb CD in des Gab su ihm.«
Benni streckt die Hand mit der Scheibe zu den tief hängenden Wolken hinauf. »Aber er mag keine Behin-derer,
und des is schech-t.« Benni schnauft hörbar ein und wieder aus und schaut zum Grab hin. »Herr Schuder, du sag
immer: ›Hau ab‹, wann ich komm. Warum?« Nach eini-
gen Momenten, in denen Benni seiner Stimme hinterher
zu lauschen scheint, sagt er: »Ich danke Sie, messi dir, auf
Wieder-sehn.«

Er tritt vom Mikro zurück, verneigt sich in Richtung

der Trauergäste und wendet sich dem Grab zu, wo er die CD zwischen die Blumen steckt. Als nächstes stößt er die bereitstehende Schaufel in den Berg Erde und hebt sie beladen in die Höhe, um sie über dem Sarg ins Grab zu leeren. Die Klumpen schlagen aufs Holz, und Benni steht und schaut ihnen nach. Verdammt. Was macht er jetzt noch? Endlich sehe ich ihn mit einem zufriedenen Grinsen im Gesicht durch die Trauergemeinde zurückkommen. Die Worte, die ich ihm sagen wollte, bleiben mir an der Zunge kleben, und ich drücke seine Hand.

»Is gut?« fragt er. Ich nicke, muss schlucken.

»Wein du?« fragt Benni. Erschrocken schüttle ich den Kopf.

Funerali (ital.) – funerales (span.) – funérailles (franz.) – funeral (engl.) – funus (lat.) – Beerdigung

Während die Leute ans Grab pilgern, vergleiche ich die Übersetzungen für ›Beerdigung‹. Das Wort habe ich schon einmal gecheckt, aber nicht mit den Wörtern aus der romanischen Sprachfamilie. Das Ergebnis ist diesmal eindeutig besser und stellt einen coolen Resttag in Aussicht.

Der letzte Redner lädt die Trauergäste in die nahegelegene Wirtschaft ein. Mama, die plötzlich neben uns steht, sagt kein Wort zu Bennis Rede. Sie hat es wie gewohnt eilig.

»Leander, geht ihr nach Hause?«

Bevor ich zustimmen kann, widerspricht Benni: »Ich nich. Ich will Kaffee.«

In diesem Moment tritt ein Mädchen mit Rastazöp-

fen auf Benni zu. »Das war echt krass. Stark, dass du dich getraut hast. Ihr kommt doch noch mit?«

Was für eine sanfte Stimme. Sie dreht mir das Gesicht zu. Benni nickt eifrig, und ich weiß nicht, wo ich hinschauen soll. Mama verschwindet zwischen den Leuten, und Benni folgt der unbekannten Braut ins Gasthaus. Ich hinterher. Keiner der Gäste wirkt besonders traurig. Der Lärmpegel der Gespräche und des Gelächters ist von Anfang an hoch. Ich habe absolut keinen Bock, weiter wie ein Langweiler unter den fremden Gästen zu sitzen. Keine Minute länger. Benni, der sich gerade eine weitere Tasse Kaffee einschenken lässt, sieht zu mir her. Er kapiert zum Glück, wie ich drauf bin und beginnt umständlich, sich von den Leuten zu verabschieden. Schweigend fahren wir nach Hause.

Dort suche ich im Netz nach einem Kinofilm, den ich Ines bei passender Gelegenheit vorschlagen könnte. Plötzlich läutet jemand an der Haustür. Einmal, zweimal, dreimal. Ist es Mama, die ihren Schlüssel vergessen hat? Wieso reagiert Benni nicht? Ich sprinte durch den Flur, drücke auf den Öffner und reiße die Eingangstür auf. Vom Hauseingang her kommt mit hohem Tempo ein Rollator auf unsere Wohnungstür zugeschoben, dahinter die Nachbarin, die im Haus gegenüber wohnt. Keine Ahnung, wie die heißt. Sie atmet japsend, versucht etwas zu sagen und bekommt nichts raus.

»Was ist los? Kommen Sie nicht in Ihre Wohnung? Meine Mutter ist nicht da.«

Die Frau fasst sich an den Hals. Auf ihrem hellblauen

Rollkragenpullover hängen perlmuttig glänzende Teile einer Kette. Hoffentlich reißt die nicht, denke ich und will sie nicht aufsammeln müssen. »Kann ich Ihnen helfen?«

Statt einer Antwort schiebt sie ihr Gefährt in unseren Korridor. Ich drücke mich an die Wand, um nicht angefahren zu werden. Die Frau hier in der Wohnung zu haben, ist heftig. Sie scheint kurz vor einem Zusammenbruch zu stehen, schüttelt stumm den Kopf und presst die Hand auf ihren Busen. »Benni«, stammelt sie.

Woher kennt die seinen Namen? »Mein Bruder? Der ist zuhause. Alles in Ordnung.« Um es ihr zu beweisen, rufe ich nach ihm.

Benni kommt in Strümpfen den Flur entlang. »Hallo, Fau Kosemeier.«

Sie beginnt zu keuchen und starrt ihn an. »Da macht wos in seim Zimma.«

»Benni? Was machst du?«

»Nix. Ich bin allein. Keine is da. Wie du sag. Warum ich daf.«

Bei seinen Worten packt es mich eiskalt. »Bist du am …?«

Benni strahlt mich an. »Ja. Ich daf«, fügt er laut und deutlich hinzu. Wie ein Idiot gehe ich den Flur entlang, Benni folgt mir. Dahinter Frau Klostermeier mit ihrem Rollator. »Genau. Do genau hod ea's g'macht. Genau do.«

Mein Blick geht zum beleuchteten roten Sitzsack unter dem Deckenstrahler und zu den beiden großen Fenstern dahinter. Jetzt am Abend wirken sie wie riesige dunkle Fußballfelder. »Benni? Was ist mit den Rollos?«

»Ich schaf nich.«

»Aber wenn du ...« Ich merke, wie genervt ich bin. Was tue ich hier eigentlich? Verdammt. Diese Pappnase von Bruder. Ich drehe mich zu der Frau um. »Entschuldigen Sie. Sie wissen ja, er ist geistig behindert.«

»Jo, aba desweng mua ea doch ned ...«

»Sie haben vollkommen recht. Ich werde es meiner Mutter erzählen. Sie kümmert sich darum.«

»Is de 'etz um de Zeid no ned dahoam?«

»Wie Sie sehen, nein. Meine Mutter arbeitet viel.«

»So, so. Um de Zeid. Des konn jo nix wern mid den Kindern. Und no dazua mid am solchn. Warum is da ned im Heim?« Sie zeigt auf meinen Bruder.

»Benni kommt vielleicht bald in ein Heim.«

»So. Wenn's grod stimma tät'.«

Da mischt sich Benni ein. »Ich wohn um su Dani. Aber nich wegen dich. Warum ich mag.«

»Du musst Sie zua ma song«, belehrt ihn Frau Klostermeier.

»Du muss auch Sie su mir sagen, ich bin ewach-sen.« Seine laute Stimme steht für einen Moment vibrierend im Raum. Die Nachbarin weicht zurück. Benni hinterher. An der Wohnungstür wirft sie einen Blick zurück auf ihn, bevor sie den Rollator ins Treppenhaus hinausschiebt. Die Tür fällt ins Schloss, und ich stelle mich davor. »Lass. Sie hat keine Ahnung.«

Vor sich hin brummend schlurft Benni in sein Zimmer zurück.

Ich checke das Wort ›Masturbation‹. Vier Übereinstimmungen in zwölf Buchstaben und dazu die Übersetzungen

auf Italienisch und Latein mit gleichem Wortstamm sind ein geiles Ergebnis.

Onanismo (ital.) – masturbación (span.) –
masturbation (franz.) – masturbation (engl.) –
onania (lat.) – Masturbation

Solange ich am nächsten Morgen noch im Bett liegend die Augen geschlossen hielt, blieben die Bilder, die ich gerade geträumt hatte. Es war etwas mit Herrn Schluder, der Bennis CD aus den Wolken schleuderte, sodass sie in tausend Splitter zerbrach. Der Himmel dröhnte von seinem »Hau ab« Geschrei, das wie kurz aufeinander folgende Donnerschläge allmählich verebbte. Als ich die Augen öffnete, blickte ich in Bennis grinsendes Gesicht. »Fühs-tück is fetig. Komm du?«

»Benni. Lass das. Ich mag nicht, dass du mich weckst.« Weil er wie ein überfahrener Dackel schaute, schickte ich hinterher: »Geh schon mal voraus.«

Ich musste nachdenken. Wie machte das mein Bruder? Die Leute in der Wirtschaft unterhielten sich mit Benni, als gehörte er zur Familie. Er erzählte eine neue Version seines Manta-Witzes – dabei stellte sich heraus, dass Herr Schluder tatsächlich einen entsprechenden Pkw besaß – und alle lachten. Sie umarmten Benni beim Verabschieden, und ich hörte das Mädchen mit den Rastazöpfen sagen: »Mein Opa hätte dich mal zu uns einladen sollen.«

Prompt antwortete mein Bruder: »Ich komm? Mit Lala susammen?«

Dabei zeigte Benni auf mich. Es war krass peinlich, und ich wollte nur weg. Doch Amy, wie sie sich vorstellte, antwortete mit ihrer melodischen Stimme: »Auf jeden Fall. Bis die Tage, ich bin auf Insta. Amelie Tausendfreund. War der Name meiner Mutter.«

War? Egal. Ich wartete draußen auf Benni. Er konnte sie ohne mich treffen.

Doch inzwischen war Samstag, und ich freute mich aufs Frühstück und einen guten Plan für den Tag.

Mein Bruder strahlte mich an. »Wo gehen wir?«

»Keine Ahnung. Hast du eine Idee?«

»Theaton?«

»Schon wieder? Willst du die hübsche Dunkle noch mal treffen? Die wird dich diesmal anders behandeln, schätze ich.«

»Mach nix. Ich mag Musik und tan-sen.«

Mir fiel das phänomenale Ergebnis meiner Sprachvergleiche vom letzten Abend ein. Vielleicht würde heute endlich mal etwas richtig Cooles passieren. Ich dachte an die Toten Hosen und ihren uralten Song. Mich frei machen. Wenn ich nur endlich wüsste, wofür. Benni wartete ungeduldig auf meine Entscheidung, und ich schaute auf die Uhr. »Okay. Vielleicht schaffen wir die Bahn um 25.«

Die Reste des Frühstücks blieben unaufgeräumt zurück, und wir starteten. Die Haustür fiel hinter uns zu. »Hey, beeil dich. Die S-Bahn wartet nicht.«

Benni war zurückgeblieben und starrte zu den Briefkästen des Nachbarhauses hinüber. »Aber der Herr Pissa.«

»Welcher Herr Pizza? Der mit den Flaschen? Lass dich bloß nicht mehr mit dem zusammen erwischen. Du nervst. Wenn du noch mal hingehst, erzähl ich Mama davon.«

Benni schüttelte den Kopf und lief hinter mir her. »Wate«, rief er.

Ich beschleunigte meinen Schritt. Wegen Benni mochte ich keine halbe Stunde am Bahnhof herumstehen und auf den nächsten Zug warten. Sollte mein nerviger Bruder sehen, wie er mit den kurzen Beinen hinterherkam. Kaum saßen wir in der Bahn, fuhr sie auch schon los. Statt zu entspannen hörte ich einen fremden Mann sagen: »Eure Fahrscheine bitte.«

Ich wusste es und weigerte mich dennoch, den Funken Hoffnung aufzugeben, dass Benni ihn diesmal dabei hatte. Deshalb fragte ich: »Benni?«

»Hab ich nich. Du has.«

»Ey, Mann. Es ist dein Ausweis.«

Der Typ unterbrach mich. »Was ist jetzt los? Habt ihr oder habt ihr nicht? Wenn nicht, dann bitte eure Namen und Adressen.« Der Kontrolleur zog seinen Block aus der Tasche und hielt den Kuli zum Schreiben bereit. Ich dachte an Mamas üblichen Spruch: ›Zum Bahn fahren immer an Bennis Behindertenausweis denken‹ und schaute dem Mann so cool wie möglich ins Gesicht. »Robert Weiß. Ammerseestr. 14.«

Bennis Mund öffnete sich in Zeitlupentempo. »Des s-timm nich.«

Der Beamte stutzte, schaute Benni und dann mich an.

»Du hältst dich wohl für besonders schlau? Ich kann euch auch zur Polizeiwache mitnehmen.«

Inzwischen beobachteten mehrere Leute interessiert das Geschehen. Ich fluchte innerlich und traute mir zu, durch die sich gerade öffnende Tür zu sprinten und Benni sitzen zu lassen. Doch einige Sekunden später war die Chance vorbei. Mir blieb nur zu sagen: »Mein Bruder ist geistig behindert.«

»Das fällt dir früh ein. Warum soll ich das glauben? Der sieht normal aus.«

Benni wandte sich dem Kontrolleur zu. »Ich bin behindet. Lüg nich.«

Nach einem sprachlosen Moment entschied der Mann. »Es reicht. Ausweis oder zahlen. Sonst kommt ihr beide mit.«

Ich hasste die Leute, die betont unauffällig zu uns her schauten, um nichts von der sich zuspitzenden Handlung zu versäumen. Meine Hände waren kalt und feucht. Ich hatte nichts dabei, um mich oder Benni auszuweisen. Musste ich Mamas Handynummer angeben, damit sie uns bei den Bullen abholte? Der Horror. Eine dicke Frau murmelte gerade noch hörbar vor sich hin: »Wenn das jeder täte, würden die von der MVG die Preise weiter erhöhen. Und wir sind dann wieder die Dummen.«

Ich spürte die Wut in mir wie Gas in einen Ballon strömen. Noch ein Wort, und ich stopfe dir die Dummheit ins Maul zurück, schoss es mir durchs Hirn.

»Lala?«

»Schnauze«, zischte ich Benni zu.

Da löste sich eine mir bekannte Gestalt aus der Menge der Gaffer, ging auf den Bahnheini zu und sagte: »Ich bin der Lehrer des jungen Mannes. Was brauchen Sie von mir, damit die beiden weiterfahren können?«

Auf den Sitz zurückgesunken versuchte ich, mein Zittern zu unterdrücken. Benni griff vorsichtig nach meiner Hand. »Lala? Du bis wieder gut?«

Der Ton, den ich von mir gab, ließ ihn die Augen aufreißen.

Kurz danach setzte sich Herr Mücke uns gegenüber und reichte mir einen Beleg. »Fahr bei Gelegenheit mit dem Beleg und dem Ausweis deines Bruders bei der Zentrale vorbei. Wenn du überzeugend bist, zahlst du nichts.«

Ich murmelte etwas, das er als Zustimmung auffassen konnte.

»Verbringt ihr Eure Ferien zusammen?«

Wortloses Achselzucken.

»Du weißt, dass ich eure Vertrauenslehrerin in diesem Schuljahr vertrete?«

Ich verzog kurz die Lippen.

Die Mücke redete weiter. »Habt ihr Lust, mich an einem der nächsten Tage beim Müller am Seebahnhof zu treffen?«

Er fügte hinzu: »Wie willst du eigentlich genannt werden?«

Ich schaute überrascht auf. Noch nie hatte mir jemand diese Frage gestellt.

»Leo«, sagte ich, ohne zu überlegen.

»Gut, Leo. Und?«

»Nein, wir haben schon was vor.«

»Aber doch nicht jeden Tag? Ich bin dort oft zum Früh-stücken.« Mücke stieg an der nächsten Station aus.

Biglietto (ital.) – billete (span.) – billet (franz.) –
ticket (engl.) – tessera itineraria (lat.) – Fahrkarte

Mein Hirn ratterte. Ich hatte keinen Peil und machte das Naheliegende. Drei Übereinstimmungen in fünf Buchsta-ben sollten fürs Chillen ausreichen. Auf der Weiterfahrt zum Olympiazentrum merkte ich jedoch, dass ich keinen Bock mehr hatte Kack Vorhersagen. Ohne Benni wäre ich nach Hause gefahren. Wenigstens hielt er den Mund.

Ausgerechnet die Mücke. Damals im Schullandheim nannten wir ihn heimlich Mr. Bean. Er war mit einem klei-nen Rucksack als einziges Gepäckstück angereist. Quer über die Ecke seines Balkons gespannt hing später ein super-kurzes Stück Schnur zum Trocknen seiner Badehose. Die Jungs im Nachbarzimmer entdeckten, dass die hölzernen Wäscheklammern, die die Mücke benutzte, angesägt und gekürzt waren. Ey, ein minimalistischer Freak, oder hatte er vielleicht drei uneheliche Waisenkinder zu versorgen? Die Jungs sammelten tagelang Ideen, wie die Mücke alias Mr. Bean zusätzlich Platz sparen und sein Gepäck verkleinern könnte. Als er überraschend dazu kam und davon hörte, reagierte er cool und wollte ihre Vorschläge hören. Gleich zu Anfang der Freizeit leitete er mit den anderen Lehrern zusammen eine abartige Kommunikationsübung, bei der jeder jedem etwas sagen musste. Die Mädchen machten das gleiche nebenan. Wir Jungs saßen uns in zwei Kreisen

gegenüber, von denen sich der äußere anders herum drehte als der innere. So traf man wenigstens nur auf jeden zweiten. Das war strange genug. Wir sollten dem anderen in die Augen schauen und ihm irgendetwas Positives über sein Aussehen und seinen Charakter sagen. Krass. Ich kam auf die Idee, bei jedem über die Haare zu reden und darüber, dass er echt gut zuhören konnte. Das war easy, und jeder freute sich. Aber es war doch ätzend, weil immer ein mehrere Minuten langes Schweigen blieb, bis man weiter rücken durfte. Später gehörte ich zu dem Kreis, der etwas gesagt bekam. Zum Glück redeten die meisten über meine schwarzen Haare und darüber, dass ich gut zuhören konnte. Das war total okay, weil ja jeder wusste, dass ich nur den Mund aufmachte, wenn es absolut nicht anders ging. Bis mir Emanuel gegenüber saß. Der war älter und wiederholte die Klasse. Er fixierte mich aus schmalen Augen und meinte dann: »Dein Gesicht kommt bekannt vor. Die Bräute stehen wahrscheinlich drauf. Aber sonst weiß ich nichts von dir. Ich erinnere mich nicht, dich je etwas sagen gehört zu haben. Du scheinst die Dynamik einer Klobürste zu haben. Sie tut nur, wenn man sie benutzt.« Bis zum Weiterrücken schaute Emanuel gelangweilt an mir vorbei auf einen Punkt hinter mir. Was anschließend die anderen zu mir sagten, habe ich vergessen. Als am Ende der Freizeit die Runde noch einmal stattfinden sollte, gab ich Nasenbluten vor. Das Ketchup beim Abendessen hatte mich darauf gebracht. So hörte ich auf meiner Matte dem Gemurmel der anderen zu und erschrak, als die Mücke mich ansprach. Statt in den Kreis zurückzukehren entschied ich mich für das Einzelge-

spräch, das er vorschlug. Um es abzukürzen, entschuldigte ich mich mit einem längeren Toilettengang.

Die Mücke in Latein zu haben, war total in Ordnung. Aber jetzt diese Situation in der Bahn. Obwohl sie gut ausging, nervte es mich total, von der Mücke gerettet zu werden. Ich war kein Psychopath, der Hilfe brauchte. Es war einfach nur peinlich. Mitten in meine Gedanken hinein hörte ich Benni an der Wagentür reden. Die Braut neben ihm kannte ich nicht. Oder doch. Sie drehte sich zu mir her. Logisch. Von der Beerdigung. Amy. In diesem Moment sagte sie: »Hi. Dein Bruder sagt, ihr fahrt zum Theatron?«

Da war wieder dieser weiche Ton in ihrer Stimme, als ob sie grinsen würde. Irgendwie gut. Amy betrachtete mich aus ihren grünen Schlitzaugen, als gäbe es irgend etwas Wichtiges zu entscheiden.

Ich nickte und hörte sie fragen: »Welche Bands spielen heute?«

»Keine Ahnung. Wir fahren hin, weil uns nichts anderes eingefallen ist.«

Wieder dieser krasse Blick und eine Frage, die eine ganze Oktave von Tönen zu umfassen schien: »Habt ihr Bock auf Unterwasser?«

Während ich zum zweiten Mal innerhalb von 24 Stunden vor Amy stand, ohne dass mir etwas einfiel, schrie Benni aufgeregt: »Wir tauchen?«

»Nicht ganz. Obwohl du eine Taucherbrille aus Papier bekommst. Aber wir brauchen kein Badezeug und werden auch nicht nass, außer du willst die Seeanemonen füttern.«

Ich ahnte, wovon sie sprach. Mich interessierte die

Unterwasserwelt nicht, doch Benni hatte bereits entschieden. Egal. Deshalb standen wir bald darauf in einer Warteschlange, um das zu tun, was dort alle taten. Amy und Benni redeten über Katzen- und Zebrahaie. Ich drehte mich weg und gab das Wort des harmlosen Tieres ein, das weder beißt noch Gift verspritzt.

Coda di attesa (ital.) – cola de espera (span.) –
file d'attente (franz.) – queue (engl.) –
series exspectantium (lat.) – Warteschlange

Zwei Übereinstimmungen in vier Buchstaben waren ein schlaffes Ergebnis. Es passte zu meiner Stimmung. Hatten das italienische ›coda‹ und das spanische ›cola‹ etwas miteinander zu tun? Ich nahm mir halbherzig vor, mich später damit zu befassen und hörte, wie Amy an der Kasse um den Eintrittspreis für Benni wegen seiner Behinderung feilschte. Peinlich. Sie schien hier bekannt zu sein.

Als wir endlich durch waren, begann ein Spiel mit sich schließenden und wieder offenen Schleusentüren. Irgendwann waren wir auch dort durch. Amy schaute mich an. »Noch immer schlecht drauf? Es wird dir gefallen.«

Sie erwartete hoffentlich keine Antwort. Sonst hätte ich ihr sagen müssen, dass mich Fische null interessierten.

»Es sind übrigens nicht nur Fische hier«, hörte ich sie sagen. »Sondern auch Schildkröten, ein Octopus, Hummer und Quallen«, fügte sie hinzu. Quallen. Als Kind hatte ich was Spannendes mit ihnen erlebt. Was war das gewesen?

»Ich geh schon voraus«, nuschelte ich, um weiteren

Erklärungen zu entgehen, und landete in einem düsteren Raum mit bequem aussehenden Sesseln. An allen vier Wände zogen hinter hohem Glas vor sprudelnden Luftblasen in blau angestrahltem Wasser Schwärme von Fischen vorbei. Nicht schlecht. So war es vielleicht original auf dem Meeresgrund, falls da jemand unbedingt hin wollte. Ich jedenfalls nicht. Trotzdem ließ ich mich in eines der Polster sinken und versuchte, die Fische wiederzuerkennen, wenn sie vorbeikamen. Für mich sahen sie alle gleich aus. Benni hörte ich schon, bevor er den Raum betrat. Er entdeckte mich und sprudelte über wie ein erhitzter Wasserkocher.

»Benni, nicht so laut. Ich bin selbst da und habe Augen im Kopf.«

Später ließ ich die beiden vorausgehen, um mir Amys Frisur genauer anzuschauen. Sie hatte ihren Haarscheitel knapp über dem rechten Ohr und einzelne Rastas am Kopf entlang bis zum Nacken zu einem Zopf geflochten. Dieser verschwand unter dem nach der anderen Seite hängenden offenen Haar. Zugegebenermaßen ziemlich cool.

Amy und Benni waren vor einem Becken stehengeblieben. Die Tiere schienen alle Namen zu haben, und Amy erklärte meinem Bruder gerade, warum es Otto, dem Octopus, hier besser ging als Bubi in seinem Kugelglas. Ich versäumte Amys Erklärung, auf wen die Haifischdame Zora eifersüchtig war, konnte mir einen neugierigen Blick auf das schmollende Tier jedoch nicht verkneifen. Es lag blau angestrahlt an die Scheibe gepresst und sah mich aus winzigen Augen total desinteressiert an, während sich die anderen Haie unentwegt durchs Becken bewegten. Ich schaute

gelangweilt zurück. Da hörte ich Bennis aufgeregtes Rufen. Über seine Schulter hinweg war endlich etwas echt Krasses zu sehen: Die Nüstern blähten sich, die bewimperten Augen rollten und die Backen pumpten. Seltsam waren die Büschel an den Stellen, wo normal die Ohren saßen. Die Haut war gelb mit schwarzen Punkten und erinnerte mich an das Kleid meiner Grundschullehrerin, in dem ich sie als Erstklässler gemalt hatte. Vom Kopf über den Nacken und den Rücken des Tieres hinunter verlief ein breiter dunkler Streifen, echt stylisch. Logisch war mir klar, dass es ein Hippocampus war, ein Seepferdchen. Das letzte, das ich als Kind in natura gesehen hatte, war das Mitbringsel von Freunden meiner Eltern gewesen. Trocken, hart, grau und tot, und ich sollte mich freuen und ›danke‹ sagen. Später nahm ich es mit in den Sandkasten und legte es in meinen Wassereimer. Als es sich trotzdem nicht bewegte, vergrub ich es im Garten neben den toten Goldhamstern.

Ippocampo (ital.) – hipocampo (span.) –
hippocampe (franz.) – hippocampus (engl.) –
hippocampus (lat.) – Seepferdchen

Dieses Wort zu checken, fixte mich echt an. Fünf Übereinstimmungen in acht Buchstaben. Beim englischen Begriff trickste ich, weil die Engländer es normal ›sea-horse‹ nennen. So bekam ich ein cooles Ergebnis, das den Hippocampus in meinem eigenen Hirn voll motivierte, neue Nervenzellenverbindungen zu schaffen. Perfekt.

»Das Männchen ist schwanger und kriegt bald Babys«,

hörte ich plötzlich Amy sagen. Während ich keinen Kommentar auf Lager hatte, blökte Benni in seiner üblichen Lautstärke: »Des geht nich. Mann hat keine Scheide.«

»Aber einen Beutel, in den das Weibchen ihre Eier ablegt. Der geht später auf wie der Bauch einer Frau beim Kaiserschnitt, und die Kleinen kommen raus.«

Benni schwieg beeindruckt. Ich auch. Keine Ahnung, ob mein Bruder wusste, was ein Kaiserschnitt war. Damit hätte er sich seinen Hirnschaden erspart, schoss es mir durch den Kopf.

Da drehte sich Amy nach mir um. »Hast du das Männchen gesehen? Das dunkelblaue mit der Beule am Bauch?«

Ich nickte wortlos, widerwillig, beeindruckt. Die volle Palette. Irgendwie war mir das alles gerade einen Tick zu heftig, kein Bedarf an mehr. Ich ging weiter, bis ich etwas hörte, das wie ein unterdrückter Schrei von Amy klang. Sie stand an einem Becken und starrte hinein. Als ich dazu kam, sah ich nur Schlingpflanzen und Felsen, doch Amy sagte: »Da, das eine. Es trauert.«

Verdammt. Das war mir jetzt endgültig zu psycho. Doch sie zeigte auf etwas, das am Beckenrand klebte und mich an eine Drachenhaut erinnerte. Ein dunkles, offenes Auge schaute mich an. Ich stotterte, so geplättet wie ich war. »Du meinst im Ernst?«

Amy nickte. »Logo. Seepferdchen sind monogam.«

»Mono was?«, fragte ich voll daneben. Logisch kannte ich die Bedeutung von dem Wort, aber bei Seepferdchen?

Amys Stimme hörte sich endgültig nach Märchenstunde an, als sie sagte: »Sie leben treu als Pärchen, machen nicht

mit anderem herum und so. Werden sie getrennt, trauern sie wochenlang, bevor sie sich einen neuen Partner suchen. Cool, was?«

Sie blickte mich mit schräg gestelltem Kopf an. Ich nickte stumm und wäre gern woanders gewesen. Als Amy ankündigte, dass sie noch einem Tierpfleger Bescheid geben wollte, hob ich grüßend die Hand. Benni machte zum Glück kein Theater.

Fuga (ital.) – fuga (span.) – fuite (franz.) –
refuge (engl.) – fuga (lat.) – Flucht

Auf der Fahrt nach Hause checkte ich das Wort, weil ich mich echt so fühlte. Das Ergebnis war gut. Zuhause angekommen begegneten uns auf dem Weg jede Menge Leute, die in Richtung Rathaus unterwegs waren.

»Was machen die?«, fragte Benni.

»Wir gehen zur Tombola«, antwortete jemand Fremdes. Das Wort wirkte wie ein Stromstoß auf meinen Bruder. Meinen Widerstand fegte er mit dem Hinweis beiseite: »Du sag, ich daf bes-timmen.«

Ich hatte keine Chance auf Widerspruch und folgte ihm und den anderen. Im voll besetzten Rathaussaal gab es Kaffee und Kuchen. Zwischen den Tischen gingen junge Frauen mit Körbchen voller Lose herum. Benni zog einen Schein heraus und schwenkte ihn mit erhobenem Arm über dem Kopf.

»Aber nicht für das ganze Geld. Sicher kriegst du nur Nieten, keine Gewinne.«

Mein Bruder gab mir keine Antwort und rief das Mädchen im lindgrünen Dirndl an unseren Tisch. Als sie vor uns stand, fragte ich, was es an Gewinnen gab.

»Alles Mögliche. Vom Fahrrad bis zum Aschenbecher. Die Geschäftsleute haben reichlich gespendet.«

Nach einem Roller traute ich mich nicht zu fragen. Da hatte die Großzügigkeit der örtlichen Unternehmer sicher ihre Grenzen. Benni nahm der Braut den Korb aus der Hand und wählt seine Lose aus dem bunten Haufen.

»Nur rote? Hast du einen Tipp bekommen?«

Darauf Benni: »R-hot is G-lück.«

»Aha. Aber jetzt ist Schluss. Dein Geld reicht nur für zehn Lose.« Sie nahm den Korb an sich, und ich rückte nahe an Benni heran.

»Für den Schein hättest du uns lieber etwas zu trinken gekauft.«

»Des is besser als wie Cola.« Großzügig schob er mir einen Teil der roten Röllchen hin. Von seinem Eifer angesteckt zog ich sie aus ihren Ringen. »Leider kein Gewinn. Das ist schon die dritte Niete.«

»Jetz. Ich hab G-lück.« Benni zeigte mir seine Zettel mit Zahlen.

»Okay. Alles klar. Auf zu den Preisen.«

Von unserem Platz aus – weit hinten in der Warteschlange – versuche ich, die Zahlen auf den ausgestellten Gegenständen zu erkennen. Gerade jubelt jemand über den Hauptgewinn, einen Nintendo Switch.

»Ich kieg des auch?«

»Der ist weg. Vielleicht was anderes, was cool ist.«

Benni hüpft neben mir wie ein Gummiball, um etwas von dem zu erfahren, was vorne am Tisch mit den Preisen passiert. Endlich nimmt ein junges Mädel im pinkfarbenen Dirndl Bennis Lose entgegen.

»Ich kieg die surück«, ermahnt er sie, »warum des is mein G-lück.«

Sie lächelt. »Du kriegst was Besseres. Okay?«

»Okay«, Benni dreht sich in meine Richtung. »Mädchen is lieb. Mag du?«

»Schnauze. Schau, was du gewonnen hast.«

Die Dirndlmaid bringt einen mittelgroßen, blauen Karton. »Trivial Pursuit. Ein Klasse Spiel. Herzlichen Glückwunsch.«

Bennis Blick wird starr. »Ich will kein S-piel.«

Ich stöhne. »Schon klar. Aber du hast es gewonnen.«

»Nein. Ich mag des nich.«

Die Braut in Pink hält die Schachtel minutenlang über den Tisch, bis Benni endlich danach greift. Er hebt das Spiel hoch und ruft laut in das Geplapper der Umstehenden hinein: »Wer mag des?«

Die Frau neben uns lacht ihn an. »Gern. Ich geb' dir mein Los dafür. Ach was, du bekommst meine beiden Nummern.«

Benni grinst breit und reicht dem Pink-Dirndl die neuen Zettel. Während sie im Regal nach den Gewinnen sucht, beugt sich Benni weit über den Tisch.

»Ey, gib Ruhe. Du nervst«, schnauze ich ihn an.

Das Mädchen kommt zurück. »Eine Duschlotion mit wasserfestem Radio.«

»Geil,« meint Benni strahlend.

»Und einen Frosch für den Gartenteich.«

Benni schüttelt den Kopf. »Wir haben nich.«

Ich greife danach. »Wir stellen ihn in die Dusche. Und die anderen Gewinne?«

Benni trennt sich von zwei weiteren Losen, und die Maid in Pink bringt ein Päckchen und sagt: »Eine handgemachte Naturseife. Für die Mama?«

Benni zögert, bevor er die Hand aufhält. »Was noch?«

Sie verschwindet wieder und bringt einen Karton mit. »Ein Bierseidel.«

Bevor Benni ablehnen kann, nehme ich es dem Mädchen aus der Hand. »Danke. Das ist für mich.«

»Du tin-k kein Bier«, schmollt Benni. Er zeigt sein letztes Los und lässt die junge Frau nicht aus den Augen. »Jetz super Gewinn. Wetten?« meint er in meine Richtung. Inzwischen bin ich genauso hibbelig wie er. Hoffentlich hat er recht. Es dauert. Ich sehe die Fee in einem Karton wühlen. Endlich kommt sie zurück und verbirgt etwas hinter dem Rücken. Das Ergebnis des letzten Checks fällt mir ein. Hätte ich nicht einen zusätzlichen machen können, einen für mehr Erfolg? Ich starre der Braut auf die Lippen, um im Stimmengewirr zu verstehen, was sie sagt: »Der nächste Winter kommt bestimmt. Und dann, schwupsdiwups, habt ihr das Richtige für eure Windschutzscheibe.« Sie hebt einen blauen Schneekratzer in die Höhe und Benni vors Gesicht. Der atmet tief ein, reißt die Augen auf und stößt nach ihre Hand. »Ich hab kein Auto.«

Das Mädchen zuckt zurück und lässt den Kratzer auf den Tisch fallen. Ich errate mehr als ich höre, was sie sagt: »Ach so. Aber vielleicht der Papa?«

Bennis Stimme wird zu einem Fauchen. »Auch nich.«

Die pinkfarbene Maid dreht uns den Rücken zu, und ich ziehe an Benni, um ihn vom Tisch weg zu bringen.

»Will mehr Lose«, blafft er mich an und schaut wütend um sich. Verdammt, wie kriege ich den Sturkopf aus dem Raum heraus? Er bleibt eisern wie eine Münchner Bavaria einfach stehen und schaut mir herausfordernd ins Gesicht. Muss ich jetzt echt? Und wenn wieder nur Schrott dabei ist? Mir ist nach Heulen wegen des doppelten Reinfalls. Keinen erwähnenswerten Gewinn und dazu noch der Quadrat-schädel von Bruder.

In diesem Moment höre ich das Dirndl an der Gewinn-theke sagen: »Herzlichen Glückwunsch. Einen Segel-törn auf dem Starnberger See für drei Personen haben Sie gewonnen. Was für ein Glück.«

Neugierig drehe ich mich nach dem Gewinner um und bin geplättet. Es ist die Nachbarin mit ihrem Rollator, die schmallippig sagt: »Des mog i ned.«

»Aber der Gewinn ist was wert. Damit machen Sie sicher jemandem in der Familie eine Freude.«

Frau Klostermeier bleibt stur. »Des hob i ned und des wui i ned.«

Das Pinkdirndl dreht sich mit dem Gutschein in der Hand seiner Kollegin zu. »Aber ich kann doch nicht .., das geht doch nicht .., wie kann ich das Los ...?«

Da greift Benni nach dem Schneekratzer vom Tisch und

macht einen Schritt auf den Gehwagen zu. »Du mag tauschen? Du has Auto?«

Schwerfällig wie ein untertourig gefahrener Diesel dreht sich die Nachbarin zu ihm hin. Ihre schwarz gemalten Augenbrauen schieben sich aufeinander zu, als sie sagt: »A Auto hob i scho. I kannt jo sonst nirgendwo hi.« Die Frau betrachtet Benni. »Di kenn i doch. Du bisd doch da, da ...«

»Ja, aba des mach ich jez mit Rollo«, nickt Benni eifrig.

»So. Dann is 's jo recht. Na jo. Woin mia moi ned so sei. Und 'etz hosd oan Schnääkratza gwonna? Davo konn ma ned genug hom. Weil i de oiwei valege, und dann is koana do.«

Benni macht eine tiefe Verbeugung und reicht ihr mit einem irren Grinsen im Gesicht das blaue Teil. »Messi dir. Un viel S-pas mit dein Auto.«

Ihre Stimme klingt nett, als sie zur Dirndlbraut sagt: »Gebn Sie am junga Mo den Guadschein.«

Ich kann es nicht glauben und schaue das Papier an, das mir Benni reicht. »Wir gehen, bevor sich deine Frau Klostermeier noch umentscheidet.«

»Ich bin gut?«

»Supergut. Du bist eine Schau.«

Benni streckt sich unter meinem Lob. »Wir beiben und kaufen mehr Lose?«

»Nein, das tun wir garantiert nicht. Das hier kann nicht mehr getoppt werden.«

Ich muss es einfach wissen und checke die ›Tombola‹. Perfekt. Fast. Nur die Römer kannten noch kein Wort dafür.

Tombola (ital.) – tómbola (span.) – tombola (franz.) –
tombola (engl.) – sors (lat.) – Tombola

Der Sonntag sollte normal für alle ein freier Tag sein, doch Mama hatte ein Trauergespräch mit Angehörigen vor sich, die damit nicht bis Montag warten wollten. Sie fragte wie eine unbeteiligte Verkäuferin: »Was habt ihr heute vor?« Es interessierte sie nicht wirklich.

»Velleich Mücke t-reffen«, sagte Benni.

»Mücke? Wer ist das?«

Da ich keine Antwort gab, beeilte sich Benni zu sagen: »Ein Feun-d.«

Mama schien mit seiner Antwort zufrieden zu sein, versprach, mittags zurück zu sein und verschwand mit einem kurzen Winken. Die Mücke treffen ging gar nicht. Sonntags war der Lehrer sowieso nicht im Café. Außerdem. Was hatten private Dingen mit der Schule zu tun? Nichts, solange meine Noten in Ordnung waren. Und dafür würde ich bald mal wieder etwas tun. Würde die Mücke mich anders benoten, wenn er mehr von mir wüsste? Perverse Vorstellung. Vielleicht hatte er gehört, was ich auf der letzten Bio Exkursion von den anderen einstecken musste? Dass sie mich ›Lea‹ und ›Leni‹ nannten, war noch das Harmloseste. Dass Tom einen Handyclip herumschickte, in dem ich mich in den hellen Jeans auf die Bank mit der Erdbeermatsche setze, war fake. Die roten Flecken darauf leider nicht. Voll witzig! Nur nicht für mich. Die Jungs pissten sich vor Lachen fast ein, und einer von ihnen toppte es, als er sagte: »Ich glaube, Lea hat ihre Tage.«

Den Weg zurück zur Schule ging ich als Letzter. Zuhause schmiss ich die Hose in die Mülltonne. Mama würde bald danach fragen, aber Mücke mir kaum eine neue kaufen. Ich spürte die Ohnmacht krass in mir hochkochen.

Fragola (ital.) – fresa (span.) – fraise (franz.) –
strawberry (engl.) – fragum (lat.) – Erdbeere

Das Ergebnis ließ mich einigermaßen entspannen. Wie üblich war es das englische Wort, das die Chance auf einen chilligen Tag in Frage stellte.

»Su Müller gehen?« Benni schaute mir ins Gesicht.

»Nein. Jetzt nicht.«

»Du mag nich mit Mücke reden?«

Ich fauchte ihn an. »Hast du meine Ansage nicht gehört? Du hast absolut keinen Schimmer.«

Mein Bruder blieb unbeeindruckt und schnaufte. »Ich weiß, Mücke is gut.«

»Benni, nerv nicht.«

Der Zwerg ließ nicht locker. »Warum will du Leo heißen?«

»Weil. Und jetzt raus.«

Was glaubte Benni eigentlich, wer er war? Er als Behinderter wollte mir ins Gewissen reden. Prompt textete er mich weiter zu. »Lala beib Lala.«

Als ich knurrte, griff er nach dem letzten Croissant und verließ die Küche. Der Schnellchecker. Vor allem, weil ich manchmal echt nicht wusste, ob etwas stimmte von dem wirren Zeug, das er von sich gab.

Überraschend schnell kam Mama zurück und fragte nach Benni.

»Keine Ahnung. Bin ich hier der Babysitter?«

Meine Denke hing noch immer an dem, was Benni mir vorgeworfen hatte. Nicht alles daran war Schrott.

»Leander, würdest du mir bitte sagen, wo Benni ist?« Von neuem stand Mama in der Tür. So wie sie mich ansah, würde ich sie so schnell nicht loswerden. Ich warf die Decke, unter die ich mich verkrochen hatte, zu Boden. »In der Wohnung ist er nicht?«, blöde Frage, das merkte ich selbst. »Vielleicht besucht er jemanden in der Nachbarschaft?«

Mamas Stimme wurde unangenehm laut. »Falls Benni zu jemandem in die Wohnung geht, will ich davon wissen.« Auf ihrer Stirn zeigten sich senkrechte Falten. »Ich gehe davon aus, ihr haltet euch an mein Verbot?«

Ich zuckte mit den Schultern und drückte mich an ihr vorbei. »Bin gleich wieder da.« Damit ließ ich die Wohnungstür zufallen, lief die Treppen hinunter und war draußen. Ein Blick auf die Kästen des Nachbarhauses zeigte mir, dass bei Bennis Pizzamann Zeitungen im Briefschlitz klemmten. In welchem Stockwerk wohnte der Mann? Zum Glück stand die Tür zum Haus offen. Ich blieb davor stehen und lauschte auf das Klopfen im Treppenhaus.

»Herr Pissa?«, hörte ich die vertraute Stimme rufen. »Benni, bist du's?«

Stille. Kein weiteres Klopfen. Kein Rufen. Ich stieg die Stufen zum ersten Stock hinauf. Als ich den Absatz erreicht hatte, kam mir Benni aufgeregt entgegen. »Gut, dass du komm. Du muss zu Herr Pissa. Velleich is er ...«

Ich spürte, wie ich sauer wurde. »Gar nichts muss ich. Du musst, und zwar sofort. Lass die Leute in Ruhe. Der kann doch mal wegfahren, ohne dass du ihm hinterher tigerst. Vielleicht hat der 'ne Freundin oder so.«

Benni schien nachzudenken. Um ihn zu bewegen, sagte ich noch: »Übrigens ist Mama zurück. Wenn sie erfährt, wo du dich herumtreibst, gibt's Ärger.«

Das wirkte. Benni lief an mir vorbei die Stufen hinunter. »Du sag nix?«

Als Mama später fragte, wo Benni gewesen war, murmelte ich Unverständliches. Ich wollte weg, und das ohne ihn. Dass ich mich mit meiner Weigerung, Mücke zu treffen, durchgesetzt hatte, machte mich weniger zufrieden als erwartet. Aber das mit dem öffentlichen Café ging gar nicht. Einen Lehrer treffen und das noch dazu in den Ferien. Abartig. Vielleicht konnte ich Marco erreichen. Auf meine WhatsApp-Nachricht reagierte er nicht. Trotzdem fuhr ich in seine Richtung, weil mir nichts Besseres einfiel. Hauptsache weg. Irgendwas ergab sich immer.

U-Bahn Station Westfriedhof. Dort angekommen nahm ich die Rolltreppe zur Oberfläche hinauf und ging an der Friedhofsmauer entlang.

Plötzlich stand ich vor Ines, die mich fragte: »Leander. Warst du am Grab?«

Ich schaute in gesprenkelte Augen. Zum ersten Mal bemerkte ich die Pünktchen auf der hellbraunen Iris. Schauen und eine Antwort formulieren ging gerade nicht gleichzeitig. Ich nickte auf Verdacht.

»Willst du reden? Ich hab Zeit.«

Ich raffte es nicht. Trug ich ein Schild auf der Stirn, wo
›Hab mich bitte lieb‹ drauf stand, oder was war jetzt los?
Ines fasste mich an der Hand und zog mich zu einer Bank
ins Parkrondell. Als wir nebeneinander saßen, spürte ich
ihren Oberschenkel mein Bein streifen. Das war jetzt Kino,
oder? Egal. Ich blieb einfach stumm, weil genau der Film
lief, von dem ich seit gefühlten Ewigkeiten träumte. Etwas
in meinem Kopf behauptete, dass das hier nicht echt war.
Bullshit. Ich saß real neben Ines.

Sie hielt noch immer meine Hand und strich darüber.
Verzögert kapierte ich, was sie sagte: »Weißt du, ich will
später mal Psychologie studieren, weil ich gut zuhören
kann. Mir ist klar, dass das, was du mir anvertraust, bei mir
bleiben muss. Ich rede nicht einmal mit Anna oder Lena
darüber.«

Ich wachte auf. Gut, dass sie das jetzt sagte. Das war vielleicht schon das Ende der Vorstellung. Ich fiel von neuem in
ihre Augen und sagte: »Ich kann noch nicht darüber sprechen, das mit dem Tod von meinen Vater ist einfach noch
zu ... du weißt schon. Aber hier bei dir sitzen ist perfekt.«

Sie hörte auf zu streicheln. Dafür ließ ich meinen Kopf
zur Seite sinken, bis mein Gesicht ihr Haar berührte. Eine
kastanienbraune Strähne streifte mich. Ich schloss die
Augen und atmete tief ein. Der Geruch nach Zimt. Ich
wollte ihn mitnehmen und nie wieder vergessen. Da fiel
mir ein, dass ich Ines etwas fragen wollte. Es musste aber
das Richtige sein, damit sie nicht wieder von Papa redete.
Fürs Kino verabreden? Oder gemeinsam zum Theatron

fahren? In der einbrechenden Nacht unter freiem Himmel am See im Gras liegen, ohne zu reden? Würde ihr das gefallen? Konnte man einem Mädchen sagen, dass man von ihm träumte? Die Situation begann mich zu stressen, und wir schwiegen beide. Vielleicht fühlte sich Liebe so an. Wie Eispralinen, die auf der Zunge schmolzen, solange man nicht zubiss.

»Alles klar bei euch?«

Ines sprang auf und stieß mit der Schulter an meine Schläfe. Hinter der Bank stand Diego aus der Kollegstufe mit seinem super trainierten Körper und schaute aus schmalen Augen auf mich herab. »Sieh mal einer an. Der Proll wagt sich an meine Freundin. Du bist doch noch minderjährig. Soll ich mir an dir Spargel die Hände schmutzig machen? Muss ich mir echt gut überlegen.«

Ich starrte ihn an, bis er sagte: »Ines, was ist los? Komm endlich!«

»Lass ihn. Du weißt doch. Außerdem war nichts.«

»Das sah nicht wirklich danach aus«, schnauzte er sie an und zog sie mit sich.

Ich blieb sitzen, als hätte jemand bei mir den Stecker gezogen. Keine Ahnung, wie viel Zeit verging, bis ich mit der Bahn nach Hause fuhr.

Fallimento (ital.) – fracaso (span.) – échec (franz.) –
stranding (engl.) – naufragium (lat.) – Scheitern

Es gab genau das eine Wort zum Nachschlagen. Wie ein Programm, das jemand für alle Zeiten auf meine Festplatte

eingebrannt hatte. Die Übersetzung brachte in den fünf Sprachen nur zwei Übereinstimmungen in vier Buchstaben, wobei das lateinische Wort genau genommen ›Schiffbruch‹ heißt. Sogar wenn ich das gelten ließ, war das Ergebnis katastrophal.

Zuhause angekommen überfiel mich Benni mit dem üblichen Gelaber. Diesmal ertrug ich es definitiv nicht. »Benni, lass mich in Ruhe. Ich bin krank.«

»Lala muss ins Bett?«

»Ja. Ich leg mich hin.«

Er rührte sich nicht von der Stelle. »Der Dotor komm?«

»Nein. Kein Doktor. Lass mich einfach in Ruhe.«

Prompt tauchte Mama neben ihm auf. »Lenni? Ist was?«

»Neiiiiiiiin! Ich will einfach nur meine Ru-he. Verstanden?«

Mama zögerte wie gewohnt. »Leander. Ich mach mir Sorgen um dich.«

Ich schlug die Tür hinter mir genau mit der Lautstärke zu, dass Mama sie nicht sofort wieder aufriss und hörte die beiden endlich aufbrechen. Wieso wurde alles immer noch ätzender? Ines mit Diego. Woher sollte ich das wissen? Weil ich zu lange gezögert hatte. Das war doch sicher neu, dass die beiden zusammen waren. Dieser Blender. Dieser Brutalo. Egal. Früher wollte ich immer unbedingt älter sein. Endlich mehr tun können. Aber jetzt durchblickte ich es einfach nicht mehr. Mit sechzehn sollte es doch irgendwie easy werden. Konnte ich nicht einfach darauf warten, dass meine Probleme verschwanden? Eingehüllt vom Nebel der Ahnungslosigkeit. »Spargel« nannte mich Diego, was okay

war. Aber dass mein Leben immer bescheidener wurde, obwohl ich nichts dazu tat, war Kacke. Wieso lief das bei mir nicht so wie bei den anderen? Was für eine Dumpfbacke war ich eigentlich, dass ich kein ganz normales Leben hinkriegte? Es musste nicht besonders sein, sondern einfach so wie bei Marco oder Basti. Die hatten manchmal auch Stress, aber nicht so abartig heftig wie ich. Ich spürte den Druck auf der Brust. Mir war zum Heulen. Warum eigentlich nicht? War sowieso allein. Interessierte ja doch keinen. Ich stellte mir vor, wie es war, tot zu sein. Ohne den ganzen Schrott. Was würde der Pfarrer über mich sagen? »Wir trauern um einen jungen Menschen, der am Leben verzweifelte. Wir trauern zusammen mit seinen Eltern und dem Bruder.« Benni. Er würde mich heftig vermissen. Mama garantiert auch. Und Papa? Würde er zerknirscht an meinem Grab stehen und sich schuldig fühlen? Dabei wäre er nicht schuld. Wenn überhaupt, dann Mama oder Benni. Nicht wirklich. Wer war dann schuld an meinem ätzenden Leben? Konnte es noch anders werden? Sollte ich mir noch eine Chance geben? Aber vielleicht wurde es sogar schlimmer. Dann konnte ich mich immer noch umbringen. Wahrscheinlich kriegte ich nicht mal das hin. Dazu war ich vielleicht zu feige. Wie machten das die Leute? Sich auf die Schienen legen und zu Matsch fahren lassen? Den andere dann zusammen kratzen mussten? Abartig und mega super egoistisch. Ich schüttelte mich und stand auf. In der Küche brummte der Geschirrspüler. Sonnenlicht, das plötzlich durchs Fenster hereinbrach, spiegelte sich in den blauen Fliesen an der Wand. Sah schön aus, wie sanft bewegtes Wasser. Also doch

leben. Ich griff nach dem Telefonhörer und wählte Marcos Nummer. Als er sich meldete, fragte ich: »Was geht ab?«

Schon als er nichts sagte, war alles klar. Dann begann er von Philipp zu labern, und ich unterbrach ihn. Ich war nicht scharf auf seine Ausreden. »Kein Problem. Bis irgendwann mal.«

Logisch. Philipp hatte nie Bock auf mich. Deshalb kniff Marco. Ich legte mich ins Bett und zog die Decke über mich.

»Lala?«

Ich hörte ihn schon an der Wohnungstür rufen und stellte mich schlafend. Warum war ich nicht aufgebrochen? Jetzt war Benni zurück, und Mama ließ ihn mit Sicherheit bei mir. Die Tür öffnete sich mit einem Knall, und ich hörte ihn fragen: »Lala muss su Dotor?«

»Nein. Lass mich.«

Diesmal ließ er sich nicht beeindrucken: »Taurig?«

»Benni. Bitte. Lass mich einfach in Ruhe!«

Ich kam mir vor wie vom Murmeltier gegrüßt, als ich Mama sagen hörte: »Lenni. Warum liegst du bei diesem schönen Wetter im Bett?«

»Weil ich ein Mensch bin, der gern im Bett liegt. Egal, ob der Planet gerade sticht oder nicht. Alles klar?«

»Ja, ja. Schon gut. Ich muss ganz kurz noch mal weg. Bist du für Benni da?«

»Wenn ich ›nein‹ sage, macht das einen Unterschied?«

Sie schwieg.

»Schon klar. Geh. Ich steh auf.«

Mama verschwand, und Benni beobachtete mich. »Was machen?«

»Benni. Halt die Luft an und versau' mir nicht total die Laune. Mach, was du willst, aber lass mich in Ruhe.«

Er hing vor meiner Tür herum, bis ich aufstand und Tee kochte. Benni folgte mir. »Gehs du schon besser?«

Logisch musste ich grinsen, und Benni grinste zurück. Wir hingen untätig herum, bis Mama zurückkam und mit Benni eine Runde Joggen ging mit anschließenden Eisdielenbesuch. So lautete zumindest ihr Plan.

Ich hatte mir vorgenommen, ins Rio zu fahren, um ungestört über Ines nachzudenken. Mich von einem Film ablenken zu lassen. Beides war gut. Manchmal verschwand ein Problem von selbst, wenn man lang genug wartete. Meine Liebe zu Ines verging wahrscheinlich nicht so einfach. Nicht solange ich ihr immer wieder begegnete. Die Bahn, die ich nahm, fuhr nur bis Pasing. Gleisarbeiten an der Stammstrecke oder so was in der Art. Die Ansage war nicht zu verstehen. Es dauerte. Endlich war ich am Rosenheimer Platz und stieg aus. Am oberen Ende der Rolltreppe hielt mir jemand eine BISS-Zeitung entgegen. Genervt wandte ich mich ab. Da blieb mein Blick an dem breitkrempige Hut hängen, der ein schmales Gesicht verschattete. Der helle Borsalino mit dunklem Band war vor Unzeiten vielleicht einmal weiß gewesen. Papa? dachte ich, ohne es auszusprechen. Ich wusste es echt nicht, stand einfach da und schaute auf den Einkaufsroller mit den Broschüren. Der Mann auf dem Campingstuhl sah voll alt aus. Er bedankte sich höflich bei einer Kundin. Seine Stimme. Sie hatte sich nicht verändert.

»Papa?«

Er drehte mir das Gesicht zu. Sagte nichts. Erkannte er mich nicht? Ich ging einen Schritt auf ihn zu und wusste nicht mehr, ob ich das wirklich wollte. Er sah irgendwie anders aus. »Lenni? Echt. Du bist es.«

Und jetzt? Ich hätte weitergehen können, doch da hörte ich ihn sagen: »Mein Sohn. Gut siehst du aus. Hätte dich fast nicht erkannt.«

Hast du ja auch nicht, wollte ich sagen.

Da fuhr er fort: »Hab heute gut verkauft. Hast du Hunger? Ich lade dich zum Pizza Hut ein. Einverstanden?«

»Nein, ich bin nur ...« Keine Ahnung, was ich sagen wollte.

Papa dagegen schien seine Verlegenheit überwunden zu haben. »Was bist du? Sohn eines Penners? Schlimm? Weil ich Verkäufer bin? Ich wollte doch immer schon weg von den Behinderten. Jetzt bin ich auch Benni los. Schade. Wie geht's ihm?«

»Gut. Und dir?«, fragte ich, um überhaupt etwas zu sagen. Plötzlich fühlte ich mich weniger schlecht. Papa. Im pflaumenblauen Licht der einbrechenden Dämmerung sah er aus wie früher. Aber ich wollte trotzdem nicht mit ihm zusammen gesehen werden. Nicht hier, wo uns Jungs aus der Schule begegnen konnten. »Sag mir, wo du wohnst. Ich ruf dich an.«

»Schämst du dich wegen mir? Ganz schön hart.«

»Nein, es ist nur, weil ...«

»Weil?«

»Es ist nur, weil ich in der Schule behauptet hab, dass du tot bist.«

Papa gab ein Lachen von sich, das wie ein Meckern klang. »Stark.«

Leute sahen sich nach uns um. Das war mehr als peinlich. Ich fragte: »Bist du nicht sauer?«

»Klar bin ich sauer. Aber Totgesagte leben länger. Wusstest du das nicht? Jetzt komm, sei ein Mann. Dann bin ich eben auferstanden, wenn dich einer fragt. Die Geschichte ist doch noch viel besser.«

Fuck. Ich hasste es. Das vertraute Gefühl, nicht ernst genommen zu werden. Voll sauer sagte ich: »Ich will nicht. Mein Leben ist verkackt genug, seitdem du weg bist. Aber ich hab mich dran gewöhnt.«

»Ach so. Man legt keinen Wert mehr auf den Herrn Vater.«

Es reichte. Ich blökte zurück: »Du machst immer alles noch schlimmer. Du schnallst es einfach nicht.« Meine Unterkiefer wurden starr. Der Bauch fühlte sich an wie eine Trommel. Ich musste weg, wenn ich mich nicht schluchzend Papa in die Arme werfen wollte und rannte die Treppen zum Untergeschoss hinunter in die U-Bahn hinein, deren Türen sich gerade laut hupend schlossen. Als ich auf den freien Sitz fiel, atmete ich auf. An der nächsten Station stieg ich aus und ging in irgendein Kino im Zentrum, wo ich einen amerikanischen Film über einen Scharfschützen schaute. Das passte perfekt, um Dampf abzulassen. Noch vor Beginn des Streifens checkte ich die ›Wut‹.

Violenza (ital) – violencia (span.) – violence (franz.) – violence (engl.) – violentia (lat.) – Wut

Mit Lautverschiebungen schaffte ich fünf Übereinstimmungen in sieben Buchstaben. Topp. Vielleicht kam mein Leben doch irgendwie in Ordnung. Den Abend verbrachte ich zuhause am Laptop und checkte meinen Insta Account. Keine einzige Reaktion. Voll ätzend. Hatte ich mir ernsthaft vorgestellt, dass sich Ines bei mir melden würde? Amy fiel mir ein. Aber ich wollte ja gar nichts von ihr. Nur so auf Verdacht gab ich den Namen ein, den sie mir genannt hatte und fand sie sofort. Sie hatte einen Post geschrieben.

»Hi, mein Opa ist gestorben. War schon alt. Auf der Beerdigung waren zwei Jungs. Benni ging ans Mikro, krass. Der hat sich getraut, eine heftige Ansage über meinen Opa zu machen. So, wie er echt manchmal drauf war. Der andere heißt Leander. Total süß. Wie Liam Payne von ›One Direction‹.«

Meinte sie mich? Logisch. Warum machte die das? Ich fand dieses Öffentlich machen ätzend. Aber sie war sowieso nicht mein Typ. Zu groß und weniger schlank als Ines. Das Foto zeigte eine rot getigerte Katze neben einem Mädchenkopf von hinten. Blonde Rastas. Ich meldete mich ab, weil ich über Papa nachdenken wollte. Darüber schlief ich ein und träumte von ihm.

Da sind lauter verkleidete Straßenverkäufer. Die Stadt ist voll davon, und ich suche Papa unter ihnen. Einmal meine ich, ihn in einem Katzenkostüm gefunden zu haben. Doch Papa gibt sich nicht zu erkennen und verschwindet immer wieder neu im Menschengewühl.

Es ist Montag Morgen. Während des Wachwerdens höre ich Mama rufen: »Post für Herrn Benjamin Kimberling.«

Ein Möbelstück fällt krachend um, vielleicht ein Stuhl oder ein Schrank. Dazu jault Bennis Stimme wie eine heiß gelaufene Kreissäge. »Des is von wer?«

Ich habe Lust, an der allgemeinen Aufregung teilzuhaben und finde Mama laut vorlesend in der blauen Ecke sitzen.

»Sehr geehrte Familie Kimberling, wir freuen uns, Ihnen mitteilen zu dürfen, dass Benjamin in unser Wohnheim einziehen kann. Für ihn steht ein Einzelzimmer zur Verfügung, das noch renoviert werden muss.«

Sie schaut Benni an. »Wie findest du das?«

»Un Bubi?«

»Benni. Schluss damit. Fang nicht jedes Mal wieder damit an. Der Fisch darf nicht mit. Das ist längst geklärt. Aber du, willst du oder willst du nicht? Du kannst schon bald einziehen, wenn du dich dafür entscheidest.«

»Ja, ich will. Wir malen Simmer r-hot?«

»Was? Darüber reden wir später. Jetzt ruf ich an und sag zu.«

Mama verschwindet in Richtung Wohnzimmer, und Benni fragt mit dünner Stimme: »Bubi daf su dich?«

»Nein, Benni. Das hab ich dir von Anfang an gesagt. Ich mag keine Fische. Und ich weiß nicht, wie lange ich noch hier bei Mama bleibe. Vielleicht sorgt die ja für Bubi, wenn du nicht da bist.«

Er schüttelt den Kopf. »Keine Seit. Bubi is tot mit ohne Futter jedes Tag.«

»Red' keinen Schmarren, Mama lässt ihn doch nicht verhungern.«

Doch er ist ganz klar. »Nein, des geht nich. Bubi muss immer Fühs-tück.«

»Dann bringen wir ihn eben zurück ins Geschäft. Dort wird er neu verkauft.«

Wieder schüttelt er den Kopf. »Da sin su viele Fische. Is su en-g für Bubi. Er will in See.«

»Woher willst du das denn wissen? Sag jetzt bloß nicht, von ihm selbst.«

Benni verschränkt die Arme vor dem Bauch, schiebt die Unterlippe wie ein Kamel nach vorne und wendet sich ohne weiteren Kommentar von mir ab. Er macht komplett die Schotten dicht, wenn es um diesen kack Fisch geht. Ich lasse ihn stehen und treffe Mama im Wohnzimmer.

Sie strahlt. »Alles klar. Benni kann einziehen, sobald das Zimmer fertig ist. Dann wird es auch für uns beide leichter.«

Ich unterdrücke gerade noch die Frage, wer es hier wirklich schwer mit Benni hat. Momentan ist es meine Zeit, die für ihn drauf geht. Trotzdem frage ich: »Sag mal, was passiert jetzt eigentlich mit seinem Bubi? Benni macht sich heftige Gedanken darüber.«

Mama zuckt mit den Schultern. »Wir bringen den Fisch zurück. Was sonst. Bis Benni sich im Wohnheim eingelebt hat, ist Bubi vergessen.«

Ich suche ihren Blick, dem sie ausweicht, und sage: »So wenig kennst du deinen Sohn? Keine Chance.«

»Jetzt übertreib mal nicht. Benni lebt so sehr im Hier und Jetzt wie keiner von uns. Sein Fisch ist nächste Woche weg und damit das Problem aus der Welt.«

Kopfschüttelnd wende ich mich ab. Auch wenn es stimmt, dass Benni im Gegensatz zu den meisten Leuten, die sich ständig mit Vergangenem oder Zukünftigem beschäftigen, echt in der Gegenwart lebt, ist er beziehungsfähig. Warum überreißt Mama das nicht? Ist das eher ihr Problem oder doch das von Benni? Sein Problem fehlt bisher in meiner Sammlung. Der Vergleich mit den anderen Sprachen ergibt vier Übereinstimmungen in vier Buchstaben.

Handicappato (ital.) – incapacitado (span.) –
handicapé(franz.) – handicapped (engl.) –
debilis (lat.) – behindert

Das übliche Wort für ›Behinderung‹ hat sich offensichtlich erst nach den Römern durchgesetzt. Weil es gerade gut läuft, mache ich weiter.

D'accordo (ital.) – de acuerdo (span.) – d'accord (franz.) –
all right (engl.) – vale (lat.) – einverstanden!

›In Ordnung‹ auf Italienisch, Spanisch und Französisch. Das passt. Englisch und Deutsch sind voll daneben. Und Latein? Die Römer drückten ihre Zustimmung mit ›vale‹ aus, im Sinne von ›es gilt‹. Also nur drei Übereinstimmungen in sechs Buchstaben. Gechillt mit Tendenz zu cool.

›Komparatistik‹, der Begriff ist mir in der Vita eines Autors begegnet. Gefällt mir besser als das deutsche Wort ›vergleichende Sprachwissenschaft‹. Oder hat das, was ich mache, eher etwas mit Linguistik zu tun? Ich werde es bei Gelegenheit klären. Egal. Das Sprechen von Fremdsprachen ist das eine. Ich bin nicht gut darin, weil ich sowieso nicht gerne rede. Was mich jedoch interessiert, sind die Gemeinsamkeiten der Sprachen. René Spitz fällt mir ein. Der wollte vielleicht die Ursprache finden. Die Säuglinge in den Kinderheimen starben sogar, weil die Betreuerinnen nicht mit ihnen reden durften. Krass. Ich suche die Verbindungen zwischen den Sprachen und kenne keinen, der das macht. Deshalb erzähle ich niemandem davon. Meine Sammlung umfasst inzwischen etwa vierzig Wörter in fünf Sprachen, mit Deutsch sechs. Anfänglich wollte ich Russisch dazu nehmen, doch das scheint null gemeinsame Wurzeln mit den anderen Sprachen zu haben. Außerdem müsste ich dafür die kyrillische Schrift lernen. Zu viel Aufwand. Andererseits habe ich nur dann eine Chance, wenn ich überzeugend bin. Wenn nicht, wird Mama Druck machen. Als ich versuchte, mit ihr darüber zu reden, meinte sie: »Du wirst Lehrer. Dafür brauchst du kein Einser-Abitur. Als Wissenschaftler ist es viel schwerer, erfolgreich zu sein.« Lehrer geht überhaupt nicht. Vielleicht in den Slums irgendeiner südamerikanischen Großstadt, wo es nicht so wichtig ist, wie gut jemand die Sprache beherrscht.

Als Benni klopfte und nach dem Treffen mit Mücke fragte, winkte ich ab.

»Okay, machen wir, aber nur, wenn du jetzt schlagartig den Mund hältst.«

Benni verstummte, und Mama schien nichts gehört zu haben. Sie trug schwarz und dazu ihr Abwesenheitsgesicht. Ich wartete darauf, dass die Wohnungstür hinter ihr zuschnappte, dann brachen auch wir auf. Logisch würden wir Mücke nicht treffen. Benni wusste es nur noch nicht. Weil ich grimmig vor mich hin starrte, hielt er den Mund. Ich war am Überlegen, auf welche Schiene ich ihn bringen konnte. Um zu entspannen, checkte ich das Wort ›Mücke‹. Vier Übereinstimmungen in fünf Buchstaben waren topp.

Moscerino (ital.) – mosquito (span.) – moustique (franz.) – mosquito (engl.) – culex (lat.) – Mücke

Benni kannte das Café Müller, von dem Mücke gesprochen hatte und war nicht bereit, sich in die Eisdiele nebenan einladen zu lassen. Als wir in dem Bistro standen, warf ich einen Blick zu den Tischen hinüber und behauptete: »Die Mücke ist schon gegangen.« Ich zeigte auf die Vanilleschnecke hinter der Scheibe. »Magst du die?«

Mein Ablenkungsmanöver ging voll daneben, weil Benni den Lehrer entdeckte. Er saß an der Rückwand und zeigte auf den Platz neben sich. Mein Bruder drängte sich an dicken Leuten auf schmalen Stühlen vorbei. Zähneknirschend folgte ich ihm. Zu Benni gewandt meinte die Mücke gerade: »Du weißt bereits, was du willst?«

Mein Bruder artikulierte deutlich: »Ich will Latte macchiato mit Schokokuchen.«

»Hervorragend. Und du Leo?«

Er hatte tatsächlich daran gedacht und mich ›Leo‹ genannt. Ich spürte dem ungewohnten Namen nach und sagte: »Das gleiche.«

»Benni, du bestellst für euch?«

Als ich mit Mücke allein war, fühlte ich mich strange. Was sollte ich mit ihm reden oder welchen Smalltalk ablassen? Womit war er gut beschäftigt, damit er mich in Ruhe ließ? Da hörte ich ihn fragen: »Wann brüllt dein Löwe?«

»Wie bitte?«

»Was liegt dir wirklich am Herzen? Wofür brennst du?«

Heftig, doch ich ahnte, was er meinte. Meine Ansage war in dem Gebrabbel der Kaffeegäste zum Glück kaum zu verstehen. »Ich hab keine Freundin, nicht wirklich, da läuft nichts.«

Der Lehrer blieb ernst, nur sein linker Mundwinkel zuckte für einen Moment. »Ich meine nicht die Frauen, ich meine dich. Was machst du, wenn du keine Schule, keinen Benni, keine Aufgabe hast? Einfach nur für dich?«

Ich überlegte. Mir fiel echt nichts ein, was ich ihm erzählen konnte, außer: »Sie wissen natürlich, was lateinisch ›Mücke‹ heißt?«

Der Lehrer schien sich nicht zu wundern. »Culex, culicis, masculinum.«

»Der hat mir heute Morgen das Ergebnis versaut. Keine Übereinstimmungen mit den anderen Sprachen.«

»Das machst du? Sprachvergleiche?«

Ich nickte. »Nur so für mich. Aus Langeweile. Nichts Ernsthaftes.«

Der Rest ging ihn nichts an. Plötzlich wurde mir heiß bei der Vorstellung, dass er vielleicht checkte, wie ich die Ergebnisse für mich deutete. Super peinlich. Mücke sah mich an, ohne etwas zu sagen. Zum Glück brachte Benni gerade mit der Bedienung zusammen das Bestellte zum Tisch und fragte: »Daf ich?«

Mücke nickte und wünschte guten Appetit. Dann wandte er sich wieder an mich. »Ich finde deine Sprachvergleiche interessant. Wenn du einverstanden bist, würde ich dich darin unterstützen, sie in eine Form zu bringen, die andere Schüler zum Lernen anregt. Was hältst du davon?«

»Äh. Ich weiß nicht. Es klingt okay, aber ich glaub, so weit bin ich noch nicht.«

Er hob die Hände. »Kein Problem. Bleib dran. Ich frag dich wieder danach.«

Ich wusste momentan echt nicht, wie ich das finden sollte. Eigentlich topp. Plötzlich hatte ich Angst, dass er einen Rückzieher machte und sagte: »Meinen Sie, man kann damit auch was beruflich machen?«

Mücke schaute nur stumm. Es war klar, dass er jetzt kniff. Ich ärgerte mich, gefragt zu haben. Doch dann meinte er: »Ich denke darüber nach. Jetzt muss ich los. Lasst euch Zeit, ich zahle die Sachen an der Theke. Wir sehen uns.«

»Messi dir.« Benni rief es ihm nach und winkte heftig. Geschickt wich er meiner Hand aus. »Benni. Verdammt. Du kannst den doch nicht duzen.« Ehrlich gesagt war ich zu aufgeregt, um mich über meinen Bruder zu ärgern. Die Mücke. Ich hatte ihr etwas von meinem Geheimnis anvertraut, einfach so Mich damit in der Schule zu zeigen, stand

allerdings auf einem anderen Blatt. Aber dass der Lehrer überhaupt auf diese Idee kam. Irgendwie stark. Oder war das einfach seine Masche, um Psychos aufzubauen? Sie bei Laune und am Leben zu halten? Glaubte ich nicht. Dafür gab sich die Mücke nicht her. War das jetzt eine richtige Chance? Konnte ich ihm trauen? Vorausgesetzt, ich ließ mich darauf ein. Warum fiel mir dazu das Bild einer Rolltreppe ein? Wenn ich den richtigen Knopf drückte, lief sie in die entgegengesetzte Richtung. Das war doch so. Darüber musste ich nachdenken. Auf der Zugfahrt nach Hause grinste Benni zufrieden vor sich hin und hielt den Mund. Ich checkte in aller Ruhe ›Rolltreppe‹ und bekam ein krass gutes Ergebnis.

Scala mobile (ital.) – escalera mecánica (span.) –
escalator (franz.) – escalator (engl.) –
scalae volubiles (lat.) – Rolltreppe

Daheim lag eine Postkarte, die mir gefiel. Der Schattenriss eines Berges. Gleichmäßig wölbten sich die Flanken vom Gipfel hinunter in die Ebene. Vollendete Schönheit. Am höchsten Punkt der Nippel. Paradiesische, pure Schöpfung. Ich meinte plötzlich, Ines' Busen zu spüren, wie er sich in meine Handfläche hinein schmiegte und drehte die Karte zum Lesen um. ›Teide auf Teneriffa, von La Gomera aus gesehen.‹ Helene, Mamas Freundin, machte dort Urlaub, erinnerte ich mich und betrachtete von neuem den Berg. Einfach geil, diese zarte Silhouette, die perfekte Wölbung. Sollte ich damit beginnen, Busenberge zu sammeln oder

Zwiebeltürme von katholischen Kirchen? Waren Päpste und Bischöfe vielleicht Busenfetischisten, ohne es zu ahnen?

Petto (ital.) – pecho (span.) – poitrine (franz.) –
breast (engl.) – pectus (lat.) – Brust

Der Vergleich in den fünf Sprachen brachte leider viel zu wenig Übereinstimmungen. Madig bei so viel Bellezza. Als Mama mittags kam, fragte ich sie nach der Karte.

»Wegen der Busenform?«, meinte sie. Krass. Sie hatte echt die Sensibilität eines hoch eingestellten Bügeleisens. Ich verzog mich kommentarlos.

Warum Benni keine Uhrzeit lesen kann, aber immer genau weiß, was für ein Wochentag gerade ist, und das sogar in den Ferien, werde ich nie kapieren. Es besteht jedenfalls zu keinem Zeitpunkt die Gefahr, dass er seinen ersten Tauchtermin versäumt. Deshalb fahren wir am Nachmittag zum Tauchclub am Dampfersteg. Während ich für Benni das Anmeldeformular ausfülle, befragt ihn der Trainer. »Du kannst schwimmen? Du bist fit? Du bist 18?«

Benni nickt gefühlt zehnmal. Geistig und körperlich gesund? Ich entscheide mich für ein »Ja«. Zum Tauchen reicht es. Dafür muss Benni weder lesen noch rechnen können. Anfälle? Ich weiß von keinem. Zumindest nicht bis zu diesem Zeitpunkt. Niemand kann erwarten, dass ich plötzlich Hellseher bin. Der Trainer grinst Benni an. »Ich bin die ganze Zeit dabei. Keine Angst. Ich bin übrigens Martin, kannst Matte zu mir sagen. Du kriegst eine

Taucherbrille mit Stärke. Darfst mir dafür deine geben. Bist du aufgeregt?«

Benni nickt und greift nach der Brille.

»Ansaugen, sie muss auch ohne Riemen halten.« Matte scheint zufrieden zu sein. »Und jetzt zu den wichtigen Signalen unter Wasser: Kreis aus Daumen und Zeigefinger heißt ›okay‹, der nach oben gestreckte Daumen ›Auftauchen‹.«

Benni streckt den Daumen der Faust in die Höhe und sagt: »Des is ›okay‹.«

»Eben nicht. Wenn du das unter Wasser zeigst, ist der Tauchgang zu Ende.«

Mein Bruder verstummt erschrocken.

»Und jetzt der Druckausgleich. Wenn du tauchst, nimmt der Druck auf deinen Körper zu. Bei 10 Metern etwa um 1 Bar.«

Benni schaut verwirrt in meine Richtung, und Matte redet weiter. »Den Druck spürst du in den Ohren. Die tun richtig weh, wenn du nicht ausgleichst. Du kennst das vielleicht vom Fliegen.«

Zögerliches Nicken bei Benni.

„Gut, dann weißt du ja, dass du die Nase zudrücken musst, bis es in deinen Ohren knistert. Dann ist das Trommelfell wieder gerade gebeult, weil die Luft statt ausgeatmet zu werden über die Eustachische Röhre dorthin gelangt.« Ich erinnere mich an den Flug nach Teneriffa und daran, dass Benni wegen der Ohrenschmerzen weinte. Papa übte mit ihm damals das Nase zuhalten und Luft anhalten.

»Wir fahren jetzt mit meinem Boot auf den See hinaus. Willst du mit?« wendet sich Matte an mich.

»Benni? Du schaffst es allein?«

Er winkt lässig ab. »Logisch.«

Anschließend hilft Benni dabei, Flossen, Bleigürtel und Taucherbrille ins Boot zu bringen. Matte bringt die Sauerstoffflaschen mit den Westen. Da fällt mir etwas ein. »Was wünscht man sich zum Tauchen? Gut Floss?«

Matte hört mich nicht, weil er für Benni einen größeren Neoprenanzug aus dem Auto holt. Mein Bruder schimpft leise vor sich hin: »Der Gummi is Seise!«

Ich kann mir ein Grinsen nicht verkneifen. »Das Mundstück schmeckt eklig? Ich bin stolz auf dich, dass du dich traust. Mich kriegst du da nicht runter.« Benni drückt stolz den Rücken durch und sagt: »Du muss ›Gut Luf-t‹ sagen.« Sie steigen ein, der Motor springt an, und das Boot entfernt sich vom Ufer.

Gomma (ital.) – goma (span.) – gomme (franz.) –
gum (engl.) – cummis (lat.) – Gummi

Ich setze mich auf die Bank mit Blick auf den See und mache den Check mit ›Gummi‹. Sechs Übereinstimmungen in drei Buchstaben mithilfe von Lautverschiebungen. Das Ergebnis stellt einen erfolgreichen Tag in Aussicht. Entspannt ziehe ich die Reclam-Ausgabe vom ›Prozess‹ aus der Tasche. Schullektüre. Freiwillig würde ich den Kafka nicht lesen. Zu bedrückend. Diese Ohnmacht, der Josef K. ausgeliefert ist. Nicht zu wissen, was man falsch gemacht hat. Ein heftiger Gedanke. Ich lasse das gelbe Heft sinken und schaue hinaus auf den See. Dort sehe ich Benni auf dem Bootsrand

als dunkle Gestalt in der Tauchermontur sitzen. Der Trainer ihm gegenüber. Sie scheinen miteinander zu reden. Plötzlich lässt sich Benni nach hinten fallen. Sein Körper rollt über den Kopf hinweg. Ich sehe ihn auftauchen und hastig wegschwimmen. Matte lässt sich auf die gleiche Weise ins Wasser gleiten und winkt Benni zu sich ans Boot heran. Es dauert eine Weile, bis die beiden zusammen unter der Wasseroberfläche verschwinden, und ich mich von neuem Kafka zuwende. Aber meine Gedanken sind bei Benni. Mein großer behinderter Bruder, der wieder einmal etwas macht, woran sein Leben zu hängen scheint. Abgefahren.

Als das Boot nach einer Stunde ans Ufer zurückkehrt, wirkt Bennis Gesicht ungewohnt spitz, und ich frage erschrocken: »Wie war's?«

An Bennis Stelle antwortet Matte: »Er hat's gut gemacht. Und das mit dem Druckausgleich war okay, oder?«

Benni nickt knapp.

»Für heute reicht's. Ich wasche noch die Anzüge aus, beim nächsten Mal machst du das selbst. Hier ist deine Brille. Bis dann.«

Benni beeilt sich mit dem Umziehen und setzt sich anschließend zu mir auf die Bank. Wie ein Sturzbach schießen die Sätze aus ihm heraus. »Des war kal-t. Keine Sonne. Dun-kel. Die Fische nich so schön wie Bubi. Hab Ang-s gehab. Ohren tun weh. Will raus. Nich gewuss wie. Matte nich gesehn. Oran-ge Fischin auch nich gesehn. Muss wieder schaun. Für Bubi. Velleich näch-se Mal ich seh sie.«

»Du willst trotzdem wieder tauchen? Überlege es dir. Die Tierhandlung nimmt Bubi bestimmt.«

Bennis Augen werden zu schmalen Strichen. »Nein.«

»Wieso?«

»Vas-pochen is vas-pochen.«

Ich stöhne genervt. »Benni. Dein Bubi ist ein Fisch, hat keine Großhirnrinde und kein Bewusstsein. Bei dem gilt dein Versprechen nicht.«

Benni reißt die Augen auf, öffnet den Mund und holt tief Luft. Dann wird er voll starr, presst die Lippen aufeinander, steht auf und geht quer über die Wiese zur Straße. Ich packe die Badetasche und beeile mich, ihn einzuholen.

Zuhause gibt es Tomaten-Mozzarella mit frischem Basilikum, und Mama fragt gut gelaunt: »Was habt ihr heute erlebt?«

Bevor ich antworten kann, platzt Benni damit heraus. »Ich hab getauch.«

Erschrocken schlägt er sich die Hand vor den Mund und starrt mich an. »Ich daf des nich sagen«, schiebt er hinterher.

Mama schaut interessiert von ihm zu mir. »Aha? Was heißt das jetzt? Lenni?«

»Das, was du eben gehört hast. Benni wollte eine Schnuppertauchstunde und hat sie bekommen. Im See. Hat sich toll angestellt. Zufrieden?«

»Und warum wird das vor mir geheim gehalten? Du weißt doch, dass Benni mir sowieso alles erzählt.«

»Ja, wenn du ihn so ausdrücklich fragst. Normalerweise interessierst du dich nicht dafür, wie wir die Tage verbringen.«

»Natürlich will ich wissen, was ihr treibt. Ich bin für euch verantwortlich.«

Ich stöhne hörbar auf und verkneife mir jeden weiteren Kommentar.

Mama wendet sich Benni zu. »Es ist gut, dass du es mir sagst. Erzähl mehr.«

Benni schaut mich an. »Daf ich?«

Ich verdrehe die Augen. »Logisch. Benni, frag nicht. Du nervst.«

Mama rückt ihren Stuhl näher. »Sei nicht ungerecht. Ich will alles hören.«

Und zu Benni gewandt. »Vielleicht möchtest du wieder tauchen?«

Ich stehe auf, und Mama sagt: »Leander, bitte bleib.«

»Ich muss mal.«

Segreto (ital.) – secreto (span.) – secret (franz.) – secret (engl.) – secreta (lat.) – Geheimnis

Das Pinkeln im Sitzen hat den Vorteil, dass ich bequem Sprachvergleiche machen kann. Bei den Übersetzungen von ›Geheimnis‹ finde ich fünf Übereinstimmungen in sechs Buchstaben. Ultracool. Das ist kaum noch zu übertreffen. Eigentlich kann es heute nur noch gut werden.

Beim Zurückkommen strahlt Mama mich an. »Ist doch toll, was sich Benni zutraut, findest du nicht? Ich werde ihm die nächste Stunde bezahlen. Gehst du wieder mit ihm hin?«

»Warum machst du es nicht selbst? Ich weiß nicht, ob das was für Benni ist.«

»Aber der Trainer ist immer dabei. Da kann doch nichts passieren, oder? Jetzt in den Ferien schaff ich es nicht. Später geh ich mit, einverstanden?«

Ich zucke mit den Schultern. Das macht sie eh nicht. Egal. Mama hat noch eine weitere Frage. »Sag mal, warum darf Benni nicht in den See pinkeln?«

Ich grinse. »Er darf nicht in den Neoprenanzug, das ist alles. In den See pinkeln hab ich mit ihm geübt, nachdem er jedes Mal die Badehose ausgezogen und einmal dabei verloren hat. Ich musste nach ihr tauchen.«

Da spüre ich Mamas Hand auf meiner Schulter. »Danke dafür, wie du das mit Benni schaffst.« Dann sagt sie noch: »Ich würde gern mit dir reden. Bitte.«

Ich bin nicht scharf darauf. Benni ergreift die Gelegenheit, sein Abendessen zu beenden und zu Bubi ins Zimmer zu verschwinden. Mamas Lob ist cool, doch ich traue ihr nicht. Sie wirkt heute sanft und hat offensichtlich Zeit. Mir wäre es lieber, wenn sie den Abend mit Benni statt mit mir verbringen würde. Deshalb will ich das Gespräch schnell hinter mich bringen. »Also, was gibt's?« Um abzukürzen, füge ich hinzu: »Ein neuer Mann?«

Ihr Gesicht ist ernst. Ihre Augenlider flattern. »Es geht um einen Sterbefall.«

Ich schlage mit der flachen Hand auf den Tisch.

»Du hast es versprochen.«

»Ja, ich weiß, aber diesmal ...«

»Nein. Ich will nichts hören von deinen Toten.«

Mama streckt die Hand aus. »Es geht auch um dich.«

»Was? Wieso um mich?« Kurz denke ich an Ines. Ob ihr

etwas passiert ist? Aber Mama weiß nichts von ihr. Da höre ich sie sagen: »Du musst mir etwas versprechen.«

Ich ärgere mich und will an meinen Schreibtisch. Diese Gespräche mit Mama sind in letzter Zeit besonders nervig und bringen rein gar nichts. Ihr Lamento passt für ihre Beerdigungen, aber nicht für mich. Prompt wiederholt sie sich: »Bitte versprich mir, dass du ...«

»Was? Dass ich mich nicht vor den Regio werfe, keinen goldenen Schuss setze, nicht vom Hochhaus springe?«

»Sei still.«

»Aber das willst du doch hören, oder?«

»Leander. Ich hatte im Institut heute wieder einen jungen Mann.«

»Bitte keine Details. Du hast es hoch und heilig versprochen.«

Mama weiß genau, wie ernst es mir damit ist, und trotzdem will sie es unbedingt zu Ende bringen. Als ob ich nicht längst ahne, worauf es hinaus laufen wird, redet sie weiter. »Gut. Aber ich will von dir hören, dass du mit Problemen zu mir kommst oder zu deinem Lehrer.«

Wie bitte? Hat sie vielleicht mit Mücke geredet und ihn sogar auf mich angesetzt? Ich falle ihr ins Wort. »Vergiss es. Aber zu deiner Beruhigung: Noch ist mein Leben nicht total versaut. Ich finde es manchmal sogar ganz nett. Und jetzt gute Nacht.« Mein Abgang ist krass gut. Wenigstens das.

Beim Aufwachen am Dienstag fühle ich mich wie in einer Schaukel zwischen Vergessen und Nichtwissen. So erleben

es vielleicht Neugeborene. Oder Demente auf der Suche nach Orientierung. Ich mag diese Momente und versuche, sie auszudehnen. Alles ist offen, leer und frei. So schmeckt sicher das buddhistische Sein, von dem Mama gerne redet. Ich weiß dann nicht, wer ich bin. Winner oder Loser? Das Nachdenken darüber bringt das coole Gefühl zum Verschwinden. Die Erinnerungen an mein Leben kommen zurück, und es ist auch okay. Eigentlich unlogisch, aber gleichzeitig beruhigend. Mir fällt ein, den Begriff ›frei‹ zu checken. Fünf Übereinstimmungen in fünf Buchstaben, wenn ich bei Englisch ›liberal‹ statt ›free‹ benutze. Das spricht für einen gechillten Tag.

Libero (ital.) – libre (span.) – libre (franz.) –
liberal (engl.) – liber (lat.) – frei

Mama ist an diesem Morgen mit Benni unterwegs, und ich mache klar Schiff in meinem Zimmer. Zumindest ansatzweise, bis das »Demonicon« von Basti auftaucht. Ich habe komplett vergessen, dass das Spiel hier noch herumliegt. Basti wohl auch. Die Beschreibung klang abgefahren, doch dann wurden mir die Kampfszenen zu viel, die Graphik zu düster und die Figuren zu hässlich. Ich werde es Basti zurückbringen. Mit etwas Glück ergibt sich etwas mit ihm. Also fahre ich nach Gern. Schon nach dem ersten Läuten steht Frau MacLair in der offenen Tür. »Leander. Du willst zu Sebastian? Bei dem kann es heute länger dauern. Er ist beim Zahnarzt. Magst du auf ihn warten?«

Bevor ich etwas herausbringe, schaue ich in die Augen

von Ines und höre Bastis Mutter sagen: »Ihr kennt euch ja sicher. Ich nehme Ines ein Stück mit.«

Ines ist bei Basti zu Hause? Aber wieso ist der dann beim Zahnarzt? Ich frage sie einigermaßen verwirrt: »Was machst du hier?«

»Querflöte bei Frau MacLair.«

Ich atme auf. »Ach so. Kann ich mitfahren?«

Bastis Mutter nimmt mir das Spiel ab, bevor wir zum geparkten schwarzen Porsche Cayenne hinübergehen. Als sich Ines neben mich auf die breiten Polster setzt, streift ihr nacktes Knie meinen Oberschenkel. Ich schaue an ihrem Bein entlang bis zum schmalen Fuß mit den unterschiedlich farbig lackierten Nägeln in hellgrünen Sandalen. Dünne Riemchen. Stylisch. Ihre Hand liegt so nah neben meiner, dass ich ihre Wärme spüre. Ich greife danach. Ines entzieht sie mir nicht. Ich spüre beides. Ihre Hand und darunter ihr Bein. Stumm starre ich nach vorn durch die Windschutzscheibe. Frau MacLair hat aufgehört zu reden, da meine Antworten nur einsilbig ausfielen. »So, ich lass euch hier raus. Ines, wir sehen uns nächste Woche.«

Draußen auf der Straße schaue ich ihr ins Gesicht. »Und jetzt? Hast du Zeit? Gehen wir in den Park?«

Sie zögert, und ich greife nach ihrer Hand. »Bitte komm, nur kurz.«

Heute ist Ines anders. Sicher wegen Diego. Aber ich will noch nicht aufgeben. Ich will meine vielleicht letzte Chance nutzen und lege den Arm um sie. Sie zögert nur einen Moment und lässt sich dann den Fußweg entlang führen. Die Bank ist erst zu sehen, als wir schon an ihr vorbei sind,

so gut steht sie hinter blühenden Büschen versteckt. Gerade wird sie frei. Eine ältere Dame mit ihrer Begleiterin winkt uns fröhlich zu. »Für euch. Aber brav bleiben.«

Ich beeile mich. Bloß keinen Schwatz mit redseligen Seniorinnen. Stattdessen ziehe ich Ines neben mich. »Gut die Bank, oder?«

Sie nickt. Die Fremdheit von vorhin weicht einer neuen Vertrautheit. Ines scheint zu entspannen. Diesmal werde ich nichts dem Zufall überlassen. Garantiert nichts. Ines soll endlich erfahren, wie sie mit mir dran ist. Für mich klingt der Satz peinlich, doch ich bin fest entschlossen, ihn auszusprechen. „Ich liebe dich«. Sie schweigt. Habe ich etwa nur gedacht statt geredet? Erleichtert atme ich auf. Gut, dass sie nichts dazu sagt. Ich spüre, wie warm ihr Arm ist und streiche darüber. Ines gibt ein klitzekleines Geräusch von sich. Also weiter mit Streicheln. Ihr flacher Bauch unter dem zitronengelben Top blitzt mich an. Meine Hand gleitet darüber hinweg auf die kleinen runden Brüste zu. Ich bin angespannt und darauf gefasst, sofort den Rückweg einzuschlagen, falls Ines eine unwillige Äußerung tut. Doch sie scheint es zu mögen. Meine Finger haben ihre Nippel gefunden und angefangen, sie zu reiben. Ich will nicht mehr damit aufhören, bis mir überall am Körper warm ist. Es ist genau das, wovon ich seit Ewigkeiten geträumt habe.

»Hallo, jemand zuhause?« höre ich Ines plötzlich fragen. Erschrocken zucke ich zusammen. Mein Blick fällt auf meine leere Hand. Das Top ist in Wirklichkeit blassgelb, und Ines schaut mich fragend an. Ich weiß nichts zu sagen.

War das eben Kopfkino? Das Schweigen zwischen uns wird groß und breit. Treibt uns auseinander. Ich bewege mich nicht. Was ist jetzt los? Mein Arm liegt unverändert um Ines Schultern. Er fühlt sich falsch an, gehört da vielleicht nicht hin, doch ich will ihn nicht zurückziehen. Ich will nicht, dass es jetzt schon wieder zu Ende ist. Da höre ich Ines leise sagen: »Du bist immer so still. Von dir weiß keiner so richtig was. Als wenn du nicht gern redest.«

Was soll ich dazu sagen? Was will sie hören?

»Aber ich finde schüchterne Jungs süß. Du hattest noch nie Sex, oder?«

Kann man noch mehr als schweigen? Außer für immer zu verstummen?

»Egal. Denk dir nichts. Es ist meist nicht so toll, wie man vorher immer meint.«

Ich halte die Luft an. Was mich seit Jahren beschäftigt, behandelt sie, als ging's ums Zähneputzen. Vielleicht hat sie es mit Diego gemacht. Mit mir ist es anders. Entschlossen lege ich die Hand auf den dünnen Stoff ihrer Shorts und spüre die nackte Haut des Oberschenkels. Der flache Bauch hebt und senkt sich zwischen den Beckenknochen. Behutsam lasse ich die Hand dorthin gleiten. Ein Blick zu Ines. Sie hält die Augen geschlossen. Gibt keinen Laut von sich. Was sie sagte, war doch eigentlich nett. Sie mag mich so wie ich bin. Ich denke an ihre Yoni und spüre, wie es eng wird in meiner Hose. Ganz vorsichtig ziehe ich die Finger von ihrem warmen Bauch weg und greife nach der Gürtelschnalle. Vielleicht mag Ines meinen Lingam – ein weiteres Hammer Wort, das ich Mama habe sagen hören –

anschauen oder die Hand darauf legen. Doch da setzt sich Ines ruckartig auf. »Aber ich fass' dich nicht an. Dass du's weißt. Schwänze sind eklig.«

Ey. Ich habe nur einen. Und den kennst du nicht. Ist meiner eklig? Bin ich eklig? Oder hast du ein Problem, von dem ich nichts weiß? Ich sage kein Wort und warte. Ines presst ihre Oberschenkel zusammen. »Ich muss weiter. Sorry. Bin noch verabredet.«

Ich nicke stumm. Wie benebelt nehme ich ihre trockenen Lippen im Gesicht wahr, bevor sie sich an den blühenden Zweigen vorbei drückt. Etwas ist falsch gelaufen. Statt in Hochstimmung zu sein, fühle ich mich endmadig. Mir fällt ein, dass ich Ines nicht geküsst habe. Es hat sich nicht ergeben. Ich habe ihr auch nicht wirklich in die Augen geschaut nur kurz, so wie man es macht, wenn man miteinander redet. Ist es jetzt endgültig vorbei, bevor es richtig angefangen hat? Gibt es überhaupt noch etwas, das ich bei Ines gut machen kann? Mit wem soll ich darüber reden, ohne das Opfer zu sein, das es derartig verkackt hat? Eigentlich ist es zu spät, um die Mücke beim Müller zu treffen, doch ich habe keinen Peil, wo ich sonst noch hingehen kann. Zuhause warten Benni und Mama. Das ist keine Option.

Als ich das Café betrete, zieht sich Mücke gerade seinen Mantel über. »Ich wollte gerade gehen, aber wenn du magst, bleib ich auf einen dritten Kaffee.«

Ich nicke, obwohl ich sofort wieder gehen möchte. Was für eine bescheuerte Idee. Will ich mir echt bei meinen

Lehrer Rat holen oder wie? Wir setzen uns, und die Mücke sagt: »Du hast Glück, dass ich mich fest gelesen habe.« Das Buch, das er mir hinhält, trägt den Titel:

„Scherben des Glücks, ein historischer Roman
über die Schwester Friedrichs des Großen.“

»Gut, dass es anderen auch so geht«, denke ich laut.

»So wie dir?«

Ich komme mir vor wie Bennis Plastikhund mit Wackelkopf, und die Mücke fragt: »Glück? Was ist das für dich?« Er meint natürlich die Frauen, was sonst. Soll ich ihm vom Reinfall mit Ines erzählen? Einem Lehrer, der mehr als dreißig Jahre älter ist als ich? Ich schüttele den Kopf.

Da fragt er: »Als Kind? Mit deinen Eltern? Weihnachten? Geborgenheit?«

Also doch nicht mit Frauen. Ich weiß nicht, was ich antworten soll. Glück. Keine Ahnung. Hat mir nie jemand gesagt, dass gerade Glück ist. Wie soll man das dann wissen? Weiß man wahrscheinlich immer erst, wenn es vorbei ist. Und dann ist es nicht mehr das gleiche. Man ändert sich. Oder das Glück ändert sich. Oder beides. Ich weiche Mückes Blick aus. Voll daneben, hier mit dem Lehrer zu sitzen. Noch peinlicher ist es, mit ihm über Ines und mein verplantes Gefummel zu reden. Ich sollte aufstehen und gehen, sonst erzähle ich ihm echt noch etwas. Unentschlossen lasse ich den Blick schweifen.

Hinter ihm hängt ein Plakat an der Wand. Eine sich überschlagende Welle. Voll schön. Ich meine plötzlich, das

Geräusch zu hören, mit dem sie ans Ufer stürzt. Wie ein Schrank, der umfällt. Woher kenne ich dieses Getöse, das jeden anderen Laut verschluckt? Wenn es endet, kommt das Klickern der Kiesel unter dem zurückströmenden Wasser. Und gleich darauf das nächste Branden. Wo genau habe ich das gehört? Stundenlang. Die ganze Nacht hindurch. Es schien damals nicht weichen zu wollen, das und die Finsternis. Papa lag dicht neben mir, zündete eine Kerze an und erzählte flüsternd Geschichten, um Benni nicht zu wecken. Ich folgte mit den Augen den schwarzen Schatten, die über die dunklen Felswände wanderten. Es war warm im Schlafsack, und ich atmete Papas Geruch ein.

»Chinguarime.«

Mückes Augen fangen meinen Blick ein. »Chingua ... ?«

Die Worte kommen einfach, ohne dass ich groß darüber nachdenke. »So hieß die Bucht. Wir wohnten in einer Höhle. Andere waren auch da, am Strand, mit Trommeln am Feuer. Beim Baden sahen wir Quallen im Wasser. Mein Vater fing sie. Sie waren blau, durchsichtig und giftig. Irgendwas mit Galeeren. Wie die Ruderschiffe. Wir durften die Quallen nicht anfassen, weil man davon sterben konnte. Sie sind dann selbst gestorben ohne Wasser in der Sonne. Ich war echt traurig darüber. Aber es war eine schöne Traurigkeit, weil mein Vater das für uns machte.« Ich halte inne, weil ich ewig nicht mehr daran gedacht hatte.

»Und wie ging es weiter?«

»Einer von den halbnackten Typen erzählte meinem Vater, dass Polizisten nach uns gefragt hatten. Deshalb mussten wir zu unserer Mutter ins Hotel zurück. Es war

okay dort, aber langweilig. Ich wollte zurück zum Chingua-rime Strand, aber ich durfte nicht. Meinen Vater trafen wir erst zur Rückfahrt auf der Fähre wieder, und unsere Mutter redete nicht mehr mit ihm.«

»Magst du die Geschichte aufschreiben?«

Ich schaue ihn überrascht an. »Wozu?«

»Weiß ich noch nicht. Sie ist gut. Vielleicht für den ›Ful-mentis‹?«

Ich schüttle den Kopf. »Auf keinen Fall. Nicht für die Schülerzeitung. Never.«

»Und unter einem Pseudonym?«

Ich wusste keine Antwort.

»Du könntest den Text mit ›Leo‹ signieren. Denk darüber nach. Und sonst? Wolltest du was loswerden?«

»Ist nicht mehr wichtig. Hat sich schon ergeben.«

Die Mücke brach auf. Ich blieb noch zum Check für das ›Glück‹.

Felicità(ital.) – felicidad (span.) – félicité(franz.) –
felicity (engl.) – felicitas (lat.) – Glück

Fünf Übereinstimmungen in sieben Buchstaben sind eines der besten Ergebnisse meiner bisherigen Aufzeichnungen. Genial.

Auf dem Heimweg brummt mein Handy. Ich sehe Bennis Nummer und nehme das Gespräch an. »Benni, was gibt's?«

»Hobe die Ehre, is dein Buder.«

»Schon klar. Und was ist los?«

»Dani is da.«

»Wo?«

»Bei Makus und mich.«

Ich brauche einen Moment, um zu verstehen, von wo aus er anruft und frage: »Du bist im Wohnheim?«

»Genau, su P-robe.«

»Super. Und was machst du jetzt?«

»Fen-sehen.«

»Und Markus auch?«

Benni zögert und scheint nach Markus zu schauen. »Der mach mit Dani.«

»Und was macht Markus mit deiner Freundin?«

»Gib Bussi.«

»Was? Deiner Freundin?«

Da Benni schweigt, frag ich weiter: »Und Dani? Was macht die?«

»Die feut sich.«

Strange. Was geht's mich an, aber ich will es trotzdem wissen. »Benni? Bist du nicht eifersüchtig, wenn die da rummachen?«

»Eifer...?«

»Stört dich das nicht? Willst du Markus nicht eine rein-hauen?«

Benni scheint zu überlegen. »Nein. Makus is mein Feun-d.«

»Und Dani?«

»Feun-din.«

»Alles klar. Benni, und was machst du jetzt?«

»Fen-seh schauen.«

Gelosia (ital.) – celos (span.) – jalousie (franz.) –
jealousy (engl.) – invidia (lat.) – Eifersucht

Warum hat Benni die nicht? Wie geht das? Mein Check liefert vier Übereinstimmungen in fünf Buchstaben, nachdem ich die Vokale herum geschoben habe. Super Ergebnis. Schade, dass Latein nichts dafür hergibt. Ich bin weiter am Grübeln. Checkt Benni das einfach nicht, oder liegt der Defekt bei mir, weil mir fehlt, was er voll drauf hat: Selbstvertrauen?

Als Mama mit Benni gut gelaunt und schwatzend nach Hause kommt, scheinen Markus und Dani kein Thema zu sein. Ich fange damit nicht an. Stattdessen schreibe ich den Text über Chinguarime. Einfach so. Ohne zu wissen, was ich damit tun werde. Als er fertig ist, gefällt er mir.

Unter unseren Tritten auf dem schmalen Weg hoch über dem Meer lösten sich Steine, die über den Abhang sprangen und ins Wasser stürzten. Mein Vater trug Benni auf dem Arm, aber ich musste alleine gehen, obwohl ich Angst vor den polternden Brocken bekam. Auf den Felsen am Ende des Pfades hatte jemand ein blaues Herz gemalt mit roter Umrandung, das von weitem leuchtete. Wenn man es erreicht, war man am Ziel, hatte mein Vater gesagt. Es gefiel mir zu sehen, wie das Herz größer wurde, und ich war froh, als wir davorstanden und von dort hinunterschauten. Doch ich erschrak. Es ging richtig steil abwärts, und ich sah am Strand Leute mit bunten Hüten auf den Köpfen, die zu uns herauf winkten. Da traute ich mich weiter zu gehen. Als wir fast unten waren, hörte der Weg zwischen den Felsen

auf. Der Weg war weg und meine Angst zurück. Für das letzte
Stück, das mannshoch über einen glatten Felsen führte, musste
ich mich am Seil festhalten und rückwärts daran hinunter rut-
schen. Mein Vater hatte mir vorher in die Augen geschaut und
versprochen, dass mich einer von den Männern packen und
auf den groben Kies stellen würde. Dafür bekamen die nackten
Strandleute den Wurstaufschnitt vom Hotelbuffet und unsere
Flasche Begrüßungssekt. Die leerten sie ohne Gläser abends
am Feuer, an dem wir mit ihnen saßen und ihnen beim Tan-
zen zuschauten. Als wir später in einer der Felsenhöhlen ein-
schliefen, hörten wir die Gitarren und Stimmen unserer neuen
Freunde.

Ich sollte ihn Mücke schicken. Besser er las ihn als Mama,
die durchdrehen würde. Jemand musste die Geschichte
kennen, sonst war sie nicht wirklich.

Um mich auf neue Gedanken zu bringen, schlug ich
das Buch aus Mamas Zimmer auf. Es war kurz nach Mitternacht, als ich im Bett eine neue Position zum Weiter-
lesen suchte. Ich konnte nicht aufhören. Noch nicht. Ich
fühlte mich dermaßen als Clay, wie man sich nur als Clay
fühlen konnte. Ich wollte unbedingt bis zu der Stelle kommen, wo es darum ging, was Hannah vor ihrem Tod über
Clay geschrieben hatte. Die Anspannung setzte mir zu. Die
Erfahrung, angepasst und vorsichtig zu leben und trotzdem
Fehler zu machen und damit eben doch irgendwie beteiligt
und schuld zu sein. Das kam mir bekannt vor. Beim Lesen
stellte ich mir Hannah als Ines vor. Wie hartnäckig sollte
ich noch an ihr dran bleiben? Was wusste ich überhaupt

von ihr? Würde sie sich jemals für mich entscheiden? Etwa nach dem zweiten Drittel des Buches ging es endlich um Clays Anteil an Hannahs Entschluss. Er kam gut weg. Zum Glück. Nicht schuldig. Ich schloss das Buch und versuchte zu schlafen. Es ging nicht. Ich stand total unter Strom. Das Gelesene ließ mich nicht los. Ich war viel mehr Clay als Leander oder Leo. Aus sich selbst aussteigen und ein ganz anderes Leben leben. Manchmal war es wie ein Spiegel, in dem ich irgendwann checkte, wer ich wirklich war. Als wenn der Autor einen kannte und über einen schrieb, und ich dabei etwas krass Neues erfuhr. Konnte man sich auf diese Weise Schmerz ersparen und ihn stattdessen in fremden Geschichten erleben? Galt das? Als Erfahrung? Wäre doch cool. Und dann ins eigene Leben zurückkehren und froh sein, dass es einen real nicht traf. Abgefahren. Ich wollte mein Gedankenkarussell endlich anhalten und mich weniger wichtig nehmen. Akzeptieren, wer ich war. Und endlich schlafen.

Es war Mittwoch, und ich war müde.

»In den Himmel? Nein, das nicht, das kann nur der liebe Gott. Aber zum Himmel, das geht,« hörte ich Mama sagen. Ich schaute sie fragend an.

»Guten Morgen, Lenni. Dein Bruder interessiert sich für Weltraumbestattung.«

»Wie kommt das?«

Benni strahlte mich an. »Lala, wir kiegen Euro, warum wir ar-beiten.«

»Mama? Was soll das?«

»Nur ein Angebot. Falls ihr eure Zeit damit verbringt, Werbung für meinen Auftraggeber zu machen und seine Flyer verteilt, verdient ihr schnelles Geld.«

Alles klar. Ich kam mir echt verarscht vor. Mein Widerstand würde gegen die Wand laufen. Die Sache war durch. Zwei gegen einen. Etwas wollte ich aber doch noch wissen. »Was sollen wir deiner Empfehlung nach auf die Fragen antworten, die dabei gestellt werden?«

»Könnt ihr beantworten oder es lassen, wie ihr wollt.«

Benni suchte meinen Blick. »Lala, wir machen?«

Ich ignorierte seine Anstrengungen und versuchte stattdessen Mama nicht ungestraft davonkommen zu lassen. „Womit sollen wir überhaupt werben? Mit Sprüchen wie ›Springen Sie in unsere Särgen, da liegen Sie super‹?«

Mama lachte. »Nein. Ihr braucht nur die Flyer hergeben. Dort steht alles über Bestattungsvorsorge und die entsprechenden Themen drauf.«

Ich gab ein Knurren von mir. »Unfair, dass du Benni gefragt hast statt mich.«

»Du brauchst nur abzulehnen. Ich finde auch jemanden anderen dafür.«

»Lala, bitte. Ich will.« Benni presste die Handflächen aneinander wie zum Beten, und ich beging den Fehler zu grinsen. Damit hatte ich verloren. Ich goss mir Kaffee ein und sagte: »Okay, weil wir für heute noch keinen Plan haben. Wenn's blöd läuft, suchst du dir für morgen einen anderen Deppen.«

Mama nickte. »Der Karton steht in der Garderobe. Das Geld kriegt ihr später.«

Damit verschwand sie mit einem Küsschen für Benni und einem Winken für mich. Benni schleppte die Schachtel in die Küche, und ich griff gerade noch rechtzeitig danach, um sie am Kippen zu hindern. »Das sind sicher 1000 Stück. Die sollte Mama mal selber verteilen.« Gleichzeitig nahm ich eines der Exemplare heraus. Auf einem freundlichen Rot stand in heller Schrift ›Sei allem Abschied voran, als wäre er hinter dir, wie der Winter, der eben geht. Rainer Maria Rilke.‹ Nicht schlecht. Wirkte nicht wie eine Bestattungsvorsorge. Erst im weiteren Text wurde darauf eingegangen.

Bevor wir aufbrachen, machte ich logisch einen Check für die ›Werbung‹.

Pubblicità(ital.) – publicidad (span.) – publicité(franz.) – publicity (engl.) – publicum (lat.) – Werbung

Fünf Übereinstimmungen in sechs Buchstaben. Quasi das gleiche Wort in allen Sprachen außer im Deutschen. Einigermaßen motiviert folgte ich Benni, der mit dem schweren Rucksack voller Flyer in Richtung Bahn rannte.

»Benni, hey, sagte Mama eigentlich, wo wir die Dinger verteilen sollen?«

Statt zu antworten guckte mein Bruder wie sein Fisch, sodass ich Bescheid wusste. »Okay, dann gehen wir in die Fußgängerzone, wo viele Leute sind.«

Als wir in der Bahn saßen, zog Benni einen Packen der Prospekte heraus und reichte eines davon seinem Nachbarn. »Mag du des lesen?«

Der schüttelte stumm den Kopf, und ich zischte Benni

zu: »Hier dürfen wir nicht. Willst du schon wieder Ärger mit dem Schaffner?«

Das wirkte, und Benni blieb still, bis wir im Zentrum waren. Beim Anblick der vielen Leute hatte ich plötzlich Angst, Benni im Gedränge zu verlieren und sagte: »Du bleibst bei mir, ist das klar? Und sagst nichts.«

Benni verzog das Gesicht. »Mama sag, ich daf auch.«

»Dann geh mit Mama, nicht mit mir.« Ich streckte einem Mann im Zweireiher einen Flyer hin. Der wandte sich entschieden ab, und mein Blick traf den nächsten Fußgänger. Dieser machte einen weiten Bogen um mich und Benni, sodass wir plötzlich wie auf einer Insel im Strom der Passanten standen. Da nahm Benni mir den Flyer aus der Hand und ging einen Schritt auf eine Frau zu. »Was mach du, wenn Tod komm?«

»Wie bitte?«

Die Frau blieb stehen, schaute auf den Flyer und begann zu lesen. »Ein schönes Zitat. Darf ich es mitnehmen?«

Benni nickte und sagte in meine Richtung: »Gib mich mehr.«

Ich drückte ihm einen Stoß Flyer in die Hand und zischte ihm zu: »Du bleibst neben mir. Ich hab keinen Bock, dich im Gewühl zu suchen.«

»Du beib bei mich«, antwortete Benni und sprach eine Frau mit Kinderwagen an. »Keine weiß, wann Tod komm.«

Sie nahm ihm eine der Broschüren ab. »Da hast du leider recht.«

Eilig schob sie ihr Gefährt weiter. Benni kam richtig in Fahrt und rief laut: »Nich di Tod vagessen.«

Erschrocken nahm ein alter Herr ihm den Flyer ab. »Tu ich nicht, tu ich nicht«, beteuerte er, und stieß seinen Stock aufs Pflaster. Ich suchte noch immer nach den richtigen Worten. Niemand wollte den Prospekt, den ich stumm den Fußgängern entgegenstreckte.

»Du muss was sagen«, belehrte mich Benni. »Leute wissen nich, was du will.«

»Schlaumeier«, fauchte ich zurück.

»Machen Sie sich Gedanken über den Tod?«, versuchte ich es bei der nächsten Passantin.

»Heute nicht, ich bin gerade Oma geworden«, antwortete sie fröhlich.

»Glückwunsch«, rief ich ihr hinterher. Prompt kam sie zurück. »Danke. Aber du hast recht. Niemand weiß, wann er auf einen wartet. Gib deinen Flyer her.«

Der nächste Mann, dem ich mit meinem Satz ein Exemplar anbot, schimpfte. »Lass mich in Ruh mit dem Schmarren. Wenn's vorbei ist, is vorbei.«

Ich wandte mich ab. Benni brauchte schon wieder Nachschub. Er strahlte mich an. »Ich bin gut?«

Ohne meine Antwort abzuwarten ging Benni auf den nächsten Fußgänger zu. »Du denk an dein Tod?«

»Spinnst du? Was bist'n du für 'n Nazi?«

Ich reagierte sofort. »Hey, lass meinen Bruder in Ruhe.«

»Wieso ich? Er hat mich angemacht von wegen Tod.«

In diesem Moment erkannte ich die Stimme und drehte mich nach ihr um. »Gaby? Sorry, war nicht so gemeint. Wir müssen die Dinger loswerden.«

Das Gesicht der großen Gestalt erstarrte, die Augen

unter der Kappe verengten sich, die Mundwinkel bewegten sich abwärts. Ich realisierte, was passiert war und schob hinterher. »Fuck. Max. Logisch.«

Bennys Blick wanderte von mir zum anderen. Er fragte laut: »Du bis Mann?«

Der Typ zischte Benni etwas Unverständliches zu, und ich warf dazwischen: »Benni, hör auf zu labern. Du siehst doch, dass Max ein Mann ist.«

»Has recht, Mann is besser.«

Ich drehte mich zurück zu Max. Doch der war schon im Gewühl verschwunden. Benni steckte die restlichen Flyer in den Rucksack. Es reichte uns beiden. Als wir über den Chickenburgern beim McDonald's am Stachus saßen, wollte Benni mehr über Max wissen. Ich erklärte es ihm. „Max wurde als Gaby geboren. Niemand außer ihm merkte, dass er ein Junge war. Deswegen haben ihn alle als Mädchen behandelt. Die Eltern, im Kindergarten, in der Schule. Das war sicher verdammt schwer für ihn.«

»Un was mach der?«

»Wenn er sich traut, kann Max erklären, dass er ein Junge ist. Das ist natürlich schwer, solange sein Körper wie der von einem Mädchen aussieht. Die meisten Lehrer haben ihn weiter Gaby genannt. Sobald Max erwachsen ist, kann er entscheiden, welche Behandlungen sein Körper bekommt für die männlichen Geschlechtsmerkmale.«

Benni legte seinen Kopf schräg, betrachtete mich aufmerksam und fragte: »Lala, will du Mäd-chen sein?«

»Was? Ich ein Mädchen? Wie kommst du drauf?«

»Du bis wie Mäd-chen. Hüb-s. Nich reden. lmmer den-k du un sch-reib du.«

»Ja super. Du baust mich richtig auf. Das hat mir gerade noch gefehlt.«

»Nich böse sein. Ich sag nix. Geheimis.«

»Benni. Du Vollidiot. Ich will nicht. Verstehst du? Ich bin männlichen Geschlechts und habe nicht vor, es zu ändern. Capito? Ich bin Mann.«

»Okay. Du bis Mann.« Benni zog den Kopf ein und schaute auf den Rest des Burgers, den er auf dem Teller liegen ließ. Wir fuhren schweigend zurück.

Genere (ital.) – género (span.) – genre (franz.) –
gender (engl.) – genus (lat.) – Geschlecht

Fünf Übereinstimmungen in drei Buchstaben sind als Ergebnis in Ordnung. Schade, dass das deutsche Wort nicht dazu passt. Sein Ursprung kommt von ›in die selbe Richtung schlagen‹ oder so etwas ähnlichem.

Zuhause angekommen schmeiße ich mich in vollen Klamotten aufs Bett. Krass diese Szene mit Max. Warum muss der auch heute auftauchen? In der Schule ist sein Geschlecht kein Thema. Für die meisten ist er Gaby, nur die Mücke nennt ihn Max und die Jungs, die näheren Kontakt mit ihm haben. Es war die Stimme, die mich an Gaby denken ließ. Niemand kommt darauf, dass er kein Mann ist, so wie er auftritt. Max tut mir echt leid. Das ist so dermaßen daneben. Im verkehrten Geschlecht gelandet zu sein.

Benni fällt mir ein. Wie der immer den Schwachpunkt findet. Ob die anderen das auch so sehen? Ich, Leander, zu viel weibliche Anteile? Verdammt, was soll das. Solange ich es nicht wirklich mit Frauen gemacht habe, bleibt alles unklar. Das Gefummel mit Ines fühlte sich gut an, meine Hormonlanze reagierte, eigentlich kann ich entspannen. Tue ich aber nicht. Im entscheidenden Moment brach die Verbindung ab. Ekel. Ohne dass sie meinen Schwanz kennt. Ich muss etwas Wichtiges versäumt haben. Vielleicht doch das Küssen. Frauen brauchen das. Warum habe ich nicht daran gedacht? Wie oft will ich mir noch das Hirn darüber zermartern, ob sie sich ein weiteres Mal auf mich einlässt?

Auf meinem Schreibtisch liegt eine Abbildung von Schmetterlingslarven, die grau wie Fledermäuse vom Zweig herunterhängen. Eine der Larven bricht auseinander, und ein ultrageiler Flügel entfaltet sich. Darunter steht:

»Wenn wir lieben, was ist, öffnet sich das, was sein kann.«

Das klingt nach Mama. Vielleicht passiert es bei Schmetterlingen. Die Larve kriegt eine passende Umgebung, damit sie sich gut entwickeln und entfalten kann. Ein gutes Zuhause, die richtige Nahrung, die geeignete Temperatur. Was hat das mit mir zu tun? Mama soll mich damit in Ruhe lassen. Bei mir ist krass viel schief gelaufen, wie soll ich das noch richtig hinbekommen? Seit Generationen weit mehr Scheitern als Glück. Von meinen Urgroßvätern und Großvätern – mit Ausnahme des einen Opas, den ich kannte – weiß ich nichts, sie verschwinden in Halbsätzen über Weltkriege

und 1000-jährigem Reich. Papa gilt als suchtgefährdeter Aussteiger, und an den behinderten Benni wird sich später auch kaum noch einer erinnern. Und was ist mit mir? Die Aussichten sind eher schlecht als recht. Doch ein anderes Leben kriege ich nicht. Alles bleibt offen. Aber ist das nicht immer so? Auch wenn am Anfang alles zu stimmen scheint? »Shit happens« ist einer von Papas altmodischen Sprüchen gewesen, wenn ihm etwas misslang, und er dann doch wieder auf die Füße kam. Für Mama ist das immer schon anders gewesen. Bei ihr gibt es kein Scheitern, ohne dass sie deshalb einen Aufstand macht.

Ich schiebe echt den Depri, als mein Handy surrt. Basti. Cool. Ich nehme das Gespräch an und höre ihn sagen: »Hi. Spiel ist angekommen. Was steht an?«

Mir fällt ein, dass Philipp mit seinen Eltern nach Berlin geflogen ist. Deshalb meldet sich Basti bei mir. Egal. Ihn zu treffen wäre voll gut, doch ich habe Benni an der Backe. »Noch unklar. Vorschlag?«

»Abhängen. Vielleicht am See?«

»Okay, muss vorher noch etwas regeln, aber gegen drei bin ich am Kiosk.«

Bis dahin muss mir etwas einfallen, wo ich Benni parken kann.

Da sagt Basti: »Falls es dein Bruder ist, kein Problem. Er soll ja voll irre sein.«

Was soll das? Wie meint Basti das? Egal. Ich beende das Gespräch, weil ich meinen Bruder sowieso mitnehmen muss. Mama ist längst wieder weg, und Benni klappert in der Küche mit Geschirr.

Als wir am Kiosk unsere Räder abgestellt haben, kommt Basti den Weg vom Bus her gelaufen.

»Reifen platt?«

»Genau, und keinen Bock zum Flicken. Hi, Benni.«

Mein Bruder strahlt Basti an und begrüßt ihn mit einem »Give me five!«

»Ey, du sprichst englisch?«

»Genau.«

Wann endlich kapiere ich, dass ich der einzige bin, dem Bennis Verhalten peinlich ist? Basti scheint meinen Bruder gut zu finden, so normal wie er sich ihm gegenüber verhält. Bin ich hier der Behinderte, der nichts schnallt?

Die Sonne zickt währenddessen hinter ihrer löchrigen Wolkendecke herum, ohne sich zum Durchbruch zu entscheiden. Es lagern nur wenige Badegäste auf Matten und Liegen. Taucher breiten am Ufer ihre Utensilien aus, und Benni ist wild darauf, ihnen dabei zuzusehen. Er lässt mich mit Basti allein.

Gerade als ich den Einstieg in ein Gespräch über Frauen im Allgemeinen und über Ines im Speziellen starte, sagt Basti: »Ich würde gern was loswerden. Muss aber unter uns bleiben. Philipp kann ich das nicht erzählen, der macht sofort eine Riesenblase draus. Hab ich echt Schiss davor, verstehst du?«

Ich nicke, auch wenn ich keine Ahnung habe, wovon Basti redet.

»Okay, folgendes: Ich hab was mit Marie.«

Ich weiß, wen er meint und bin überrascht. »Mit Marie? Die von Max?«

»Ja, die von Gaby sozusagen.«

»Der ist mir heute morgen in München begegnet.«

Basti scheint irgendwie Paranoia zu schieben. »Echt? Und wie war er drauf?«

»Grottenschlecht. Weiß er von euch?«

»Ja, er droht ihr.«

Krass. Ich kann es nicht glauben und frage: »Echt? Schläge?«

Basti schüttelt den Kopf. »So ein Typ ist der nicht. Aber wenn sie nicht bei ihm bleibt, tut er sich was an. Angeblich. Marie glaubt ihm. Sie will sich nicht ihr Leben lang Vorwürfe machen müssen. Kannst du dir das vorstellen? Ätzend. Er meint allen Ernst, dass die Probleme, die die beiden haben, sich auflösen, sobald er seinen Schwanz hat, wobei ihm ja wohl klar sein muss, wie lange das noch dauern kann. Dabei geht's Marie gar nicht darum. Sie will mit mir zusammen sein. Aber sie traut sich nicht, es ihm zu sagen. Endmadig, oder?«

Ich weiß nichts dazu zu sagen. Schon wieder ist Max Thema. Bisher habe ich mir nie Gedanken um ihn gemacht. Für die meisten in der Schule sind er und Marie einfach eng befreundet. Als Gaby war er im Boxclub angeblich jahrelang die Beste im Supermittelgewicht.

Basti sagt noch: »Okay, ist schon klar, dass du dazu keinen Kommentar auf Lager hast. Trotzdem danke fürs Zuhören.«

Er sieht traurig aus. Soll ich ihm den Arm um die Schulter legen, wie es die Mädels machen? Unter Jungs geht das irgendwie nicht so einfach. Eigentlich blöd. Wie trös-

ten sich Freunde? Außer ein Bier zusammen trinken oder ein anderes Thema anfangen fällt mir nichts ein. Da höre ich Basti fragen: »Und du? Was läuft? Von welcher Braut träumst du?«

Ich zucke mit der Achsel. »Keine Ahnung. Ich durchblick's gerade nicht.«

»Wenn du unsicher bist, ist sie's nicht. Das fällt dann unter Erfahrungen sammeln. Ist auch okay, muss auch sein. Nichts ist peinlicher, als wenn du die Traumfrau triffst und es noch nie gemacht hast.«

»Echt?«

»Logisch. Du musst ihr was voraus haben. Deine Bettie dagegen sollte idealerweise noch ungebrettert sein, dann bleibst du ihr Champ.«

Glaube ich Basti, dann kann ich Ines abhaken. Vielleicht hat er echt den Durchblick. Meine Probleme kommen mir plötzlich voll assi vor, und es passt, dass Benni kommt und uns zuschwallt. »Ich lad' euch ein, okay?« Er schaut mir erwartungsvoll ins Gesicht.

Ich verstehe nicht gleich, was er will, weil ich noch am Denken bin. Mit Verzögerung reagiere ich. »Wie bitte? Benni. Hör auf. Dein Geld reicht nicht.«

»Doch, schau.« Benni zieht seinen Geldbeutel aus dem Rucksack und zeigt stolz ein Zweieurostück.

»Dafür kriegst du mit viel Glück einen einzigen Cappuccino, mehr nicht.«

Basti reagiert prompt. »Den Rest darf ich übernehmen, okay?«

„Give me five", antwortet Benni mit einem Strahlen im Gesicht.

Donna (ital.) – mujer (span.) – femme (franz.) –
woman (engl.) – femina (lat.) – Frau

Während die beiden Kaffee holen gehen, checke ich ›Frau‹. Das Ergebnis ist schlecht, und es passt, dass ich für den Tag nichts mehr geplant habe. Nach unserer Rückkehr lege ich mich aufs Bett und schlafe ein. Bis mich mein Bruder am Handy weckt. »Benni?«

»Hobe die Ehre.«

Ich spüre, wie sich meine Mundwinkel heben. Immer wieder neu überrascht mich mein Bruder mit dieser Ansage, die voll ötzimäßig klingt und für Benni gleichzeitig super gut passt. »Was ist? Warum rufst du an?«

»Ich bin bei Amy zu Besuch.«

»Echt? Wie kommst du da hin?«

»Amy hat angeruf, und Mama hat gefahren. Du has geschafen.«

»Ach so. Stimmt. Und jetzt?«

Ich höre Benni Atem holen, bevor er seine Ansage macht. »Bei Amy is super. Sie hat r-hote Bett. Ein Simmer mit S-piegel. Un Musik. Un viele CDs. Ich kieg eine. CD f-reut immer. Amy is echt lieb. Feun-din. Jetz sie mach Kaf-fee.«

Wow. Mein Bruder auf Erfolgsspur. Was läuft da? Ich bin mir nicht sicher, ob ich es wirklich wissen will. Trotzdem sage ich: »Ist ja echt Klasse für dich, dass du Kaffee kriegst.

Aber lass dir keine CDs schenken. Und wieso Freundin?
Was ist mit Dani?«

»Dani is meine Feun-din.«

»Ach so. Du fährst zweigleisig. Wo ist Amy jetzt?«

»In die Küche.«

Das Gespräch beginnt mich zu nerven. »Und was willst
du jetzt von mir, außer bewundert zu werden?«

»Du gehs mit in Kino? Amy will des.«

Ich schiebe mir ein zweites Kissen unter den Kopf, um
besser hören zu können. »Amy will, dass ich mit ins Kino
gehe? Welchen Film schaut ihr?«

»Schiff mit Tiger.«

»Life of Pi?«

»Genau. Du komm?«

Mir fällt ein, dass ich den Film vor Jahren gesehen habe,
und er mir gefiel. Also könnte ich ihn gut noch einmal
anschauen. Doch die Konstellation mit Amy und Benni
gefällt mir nicht. »Nein, Benni. Passt nicht. Geht mal
allein.«

Ich beende das Gespräch und lege mich wieder hin.
Amy ist mit Benni unterwegs. An sie habe ich nicht mehr
gedacht und auf ihre Nachricht auf Insta nicht reagiert.
Ich weiß einfach nicht, was ich von ihr halten soll. Irgend-
wie ist sie kompliziert, glaube ich. Und emotional. Einfach
anstrengend. Gleichzeitig auch interessant mit dem, was
sie erzählt. Ich versuche, mich an ihr Gesicht zu erinnern.
Die Mandelform ihrer Augen wirkt asiatisch. Die blonden
Dreadlocks dazu sind strange, aber auch echt schön. Mein
Handy surrt von neuem und zeigt ›Benni‹ auf dem Display.

»Ey, was ist noch?« Ich weiß, wie genervt ich mich anhöre, aber ich mag es einfach nicht, wenn Benni meine Ansage nicht ernst nimmt. Er ist es nicht.

»Hi, hier ist Amy.«

Diese Stimme. Ist das Natur oder irgendwie antrainiert? Sie redet wie Bennis Glockenspiel.

»Oh, hi. Ich dachte, es ist wieder mein Bruder.«

»Ist er nicht. Und du? Warum hast du nicht auf meine Nachricht reagiert?«

Ich nuschle etwas von: »Sorry. Ich war beschäftigt.«

»In den Ferien? Aber du hast ja Benni am Hals. Heute mach ich was mit ihm. Hast freie Bahn.«

Ich weiß nicht, was ich darauf sagen soll, und Amy fügt hinzu: »Falls deine Freundin keine Zeit für dich hat, kannst ja nachkommen. 18 Uhr im Gloria.«

Ich lege das Handy weg. Warum komme ich mir jetzt irgendwie bescheuert vor? Aber auf cool machen bringt mir nichts. Plötzlich habe ich Lust, die beiden zu treffen und den Tiger im Film wiederzusehen.

Beim Warten vor der Kasse sehe ich im Augenwinkel Bennis rotes Trikot die Kontrolle passieren. Selber schuld. Ich hätte ja zusagen können. Dann wäre ich erwartet worden. Als ich den Kinosaal betrete, ist es dort bereits dunkel. Allein im Kino sitzen will ich garantiert nicht, und ich denke daran umzukehren. »Lala« tönt es in diesem Moment quer durch den Saal. Köpfe drehen sich nach Benni um. Der steht in einer der vorderen Reihen und winkt wie ein Verrückter. »Komm«, ruft er überflüssigerweise zu mir herüber, und ich gehe die volle Länge der Sitze entlang zur anderen Seite.

Pappnase. Hoffentlich kennt mich hier keiner, schießt es mir durch den Kopf. Benni sitzt weit außen, sodass ich mich nur an wenigen Besuchern vorbei drängen muss. Als ich mich auf den freien Sitz fallen lasse, höre ich Amys Stimme. »Hi. Willst du?« Sie hält mir eine 3D-Brille hin.

»Danke. Und du?«

»Ich hab den Film schon mehrmals gesehen.«

Jemand zischt von hinten, und ich setze mir die Brille auf. Der Film beginnt wie ein Märchen. Hollywood in einem Tierpark, den der Vater von Pi besitzt. Heftig, wie ein Pariser Schwimmbad zu heißen. Später die Überfahrt mit den Tieren auf dem Schiff in diesem Wahnsinnssturm. Als Pi wie verpeilt aus der Kabine an Deck stürzt, denke ich sofort wieder: »Mann, mach die Tür zu.«

Zu spät. Das Wasser flutet durch den Gang in den Schiffsbauch hinab. Pi taucht hinunter, um seine Familie zu retten. Das macht mir wie beim ersten Mal Schauen Gänsehaut am ganzen Körper. Ich starre auf die Leinwand, bis ich seltsame Töne neben mir höre. Es klingt wie Schluckauf. Amy. Sie presst die Faust auf den Mund. Weint sie? Ich verfolge nur noch mit halber Aufmerksamkeit den Film und erschrecke heftig, als der Tiger unter der Plane hervorspringt. Von Amy ist nichts mehr zu hören. Gigantische Bilder vom Sonnenaufgang. Als der Wal springt, nehme ich die Brille ab und werfe einen Blick zu Amy hinüber. Im Profil wirkt sie wie ein kleines Mädchen mit Zöpfen. Sie spürt mein Schauen, und unsere Augen treffen sich. »Gefällt's dir?«

Ich nicke, obwohl mir der Film gerade voll gefaket vorkommt. Würde ein halb verhungertes Raubtier real auf

einen leckeren Menschenhappen verzichten? Aus Liebe? Ein Tiger? Wieder höre ich den Schluckauf von Amy. Ihre Schulter berührt mich, und ich höre sie flüstern: »Ich kann nicht hinsehen.« Was meint sie? Soll ich irgendetwas tun? Ich taste nach ihrer Hand. Erleichtert höre ich Amy seufzen, die sich an meine Schulter lehnt.

Benni schaut zu uns herüber und grinst.

Lacrima (ital.) – lágrima (span.) – larme (franz.) –
tear (engl.) – lacrima (lat.) – Träne

Als wir am Ende des Films zum Ausgang gehen, bleibe ich zurück. Das Wort ist kurz und das Ergebnis für ›Träne‹ akzeptabel.

Benni hat auf mich gewartet. »Amy is jetzt deine Feundin?«

Amy hört ihn und dreht sich lachend um. »Ich liebe deinen Bruder.«

Benni grinst breit und richtet sich zu voller Größe auf. »Ich lieb euch auch.«

Daraufhin sagt Amy: »Weißt du, dass ich durch ihn auf Sozialpädagogik gekommen bin?«

Ich bleibe stehen, obwohl der Typ vom Kino winkt. »Krass. Wie denn das?«

»Es ist einfach stark, wie authentisch Behinderte rüber kommen. Können wir echt was davon lernen.«

Auf diese Idee muss man erst mal kommen. Sie meint das ernst. Der Gedanke überfordert mich irgendwie, und ich schlage vor, noch etwas trinken zu gehen. Benni ist

begeistert, und Amy zeigt auf die Milchbar. Wir finden einen freien Tisch mit drei Stühlen, und Amy fragt: »Weißt du eigentlich schon, was du später machst?«

Ich mag das Thema nicht und zucke mit der Schulter. »Keine Ahnung. Erst mal alles hinter mich bringen. Dann abhängen. Vielleicht wegfahren.«

Das vertraute Gefühl, mich rechtfertigen zu müssen, meldet sich zwischen den Schulterblättern. Normalerweise sitzt mir dort Mama im Nacken. Ich will weder mit ihr noch mit Amy darüber reden.

Doch sie sagt: »Aber mit Plan geht das doch auch. Wenn du weißt, wo du später anfängst.«

Was wird das jetzt? Soll sie es doch auf ihre Art machen und ich auf meine.

Sie fügt hinzu: »Sorry, das geht mich echt nichts an. Übrigens«, sie zögert, bevor sie hinzufügt: »Benni erzählte, dass du schreibst.«

»Benni? Was weiß denn der? Der kann doch kein Wort davon lesen.«

Mein Bruder schüttelt heftig den Kopf. »Aber machmal has du gute Laune un mach-mal schech-te Laune. Von Scheiben.«

Amy schaut mich an. »Verstehst du, was er meint?«

Ich verziehe den Mund. »Schon irgendwie. Er merkt, dass die Ergebnisse davon, was ich schreibe, mich beeinflussen. Ist ja logisch, oder?«

Zum Glück fragt Amy nicht weiter. Sie zieht am Strohhalm vom Milchshake und schaut mich dabei voll intensiv an. »Weißt du, dass du fette Haare hast?«

Ich greife mir in den Nacken. Wann habe ich sie zuletzt gewaschen?

Amy lacht. »Nicht fettig. Sie sind einsame Spitze. Warum trägst du keine Dreadlocks? Das muss bei dir mega geil aussehen.«

»Äh, keine Ahnung. Hab nie darüber nachgedacht.«

Sie überfordert mich schon wieder, als sie fragt: »Weißt du, dass Haare Stärke verleihen? Du mit Löwenmähne, perfekt.«

Überrascht schaue ich sie an. »Wie kommst du darauf?«

»Benni nennt dich ›Leo‹, wenn er von dir spricht. Ist das nicht richtig?«

Ich drehe mich zu meinem Bruder. »Du?«

»Genau. Du bis kein ›Lala‹ mehr, jetzt du bis ›Leo‹.«

Beim Verabschieden steht Amy so nah vor mir, dass ihre Nase an meine stößt, und wir beide voll lachen müssen. Ich bin größer als sie, nicht viel, aber genug, um nicht zu ihr aufschauen zu müssen. Der Kuss auf meiner Wange ist feucht, und ich spüre ihn noch, als Amy schon winkend auf der Rolltreppe zur U-Bahn steht. Genau wie ihren Duft nach Jasminblüten, die nicht so viel hermachen, solange man die Hecke nur von weitem anschaut. Sobald man aber im Sommer die Nase in sie reinsteckt, turnen sie einen voll an.

Auf dem Weg nach Hause kommt eine Mail von Mücke. Er erinnert mich an meinen Text und die Signatur mit Leo für den ›Fulmentis‹. Habe ich ihm das echt zugesagt? Egal. Keiner wird erfahren, dass die Geschichte von mir ist. Außer-

dem kennt Mücke den Text noch gar nicht. Vielleicht wird er kein Wort mehr darüber verlieren. Ich lehne mich in den Sitz zurück und checke die ›Veröffentlichung‹. Obwohl die lateinische und die deutsche nicht zu den anderen Übersetzungen passen, stellt das Ergebnis Erfolg in Aussicht.

Pubblicazione (ital.) – publicacion (span.) –
publication (franz.) – publication (engl.) –
divulgatio (lat.) – Veröffentlichung

Daheim blinkt der Anrufbeantworter. »Dieser Anruf ist für Lenni. Hier ist dein Vater. Ich meld mich.« Das hat er noch nie gemacht. Vorsichtshalber nehme ich das Teil mit in mein Zimmer, obwohl Papa den angekündigten Anruf sicher vergisst. Hält das Gerät einem Sprachvergleich stand?

Segreteria (ital.) – contestador (span.) – répondeur (franz.) –
answering machine (engl.) – respondens ad vocem (lat.) –
Anrufbeantworter

Die Übersetzungen bringen nur lächerliche zwei Übereinstimmungen, und das auch nur mit Hilfe der Vorstellung, dass die Römer in Bezug auf Technik ihrer Zeit um 2000 Jahre voraus waren.

Zeitgleich mit Mamas Ankunft läutet der Apparat, und ich nehme das Gespräch entgegen. Als sie fragend in der Tür steht, winke ich ab. »Für mich.« Ich warte, bis sie außer Hörweite ist. »Ja? Um was geht's?«

»Lenni. Ich muss was mit dir besprechen. Wann können wir uns treffen?«

Mein Vater. Er denkt also diesmal tatsächlich an meinen Geburtstag. Logisch, der sechzehnte ist was Besonderes. Trotzdem war ich mir bis eben sicher, dass er ihn wie gewohnt vergessen würde. »Okay, ich kann am Samstag.«

»Gut. Dann gegen Mittag an der U-Bahn. Du kennst ja meinen Standort.«

Den Donnerstag beschloss ich für Homeoffice zu nutzen. Seit Tagen lag der Gutschein für den gewonnenen Segeltörn auf meinem Schreibtisch. Für drei Personen. Allmählich wurde es Zeit, mich beim Anbieter wegen eines Termins zu melden. Aber wer sollte der dritte Mann sein? Als erstes fiel mir Papa dafür ein. Machte das Sinn? Endlich mal wieder was richtig Geiles mit ihm erleben wie früher? Ich spürte den Rest des großen Gefühls, das ich als Kind für ihn hatte. Doch korrekt wäre das nicht. Er verdiente es einfach nicht. Nach dem, was er verbockt hatte. Nur ganz kurz dachte ich an Ines, wirklich nur kurz, weil es geil gewesen wäre, sie stundenlang im Bikini neben mir zu haben. Doch der unberechenbare Benni hätte mir wahrscheinlich bei ihr das Heft aus der Hand genommen. Keine gute Idee. Wer dann? Marco oder Basti? Einer von beiden. Philipp wäre damit raus. Wenigstens für diesen Tag. Außerdem könnte der Törn damit Thema in der Schule sein. Ines würde davon erfahren. Ich nahm mir vor, Benni zwischen den beiden Jungs wählen zu lassen. Als ich mich erhob, um mit ihm darüber zu reden, sah ich ihn durch die offene Tür

vor dem Aquarium sitzen und hörte, wie er laut und langsam mit seinem kuhäugigen Fisch redete. »Ich muss dich was sagen. Ich wohn um su Dani in Heim. Ein Simmer für Benni. Velleich ich daf rot-h. Du daf nich. Su en-g.« Der Ton von Bennis Ansage erinnerte mich an den Walgesang auf Mamas CD. Etwas in seiner Stimme hielt mich zurück. Sie kratzte plötzlich wie mit Sand gespült. »Du gehs zu oran-ge Fischin. Ich hab des vas-pochen. Ich tu dich in See. Aber du vagiss mich nich.« Benni klopfte an die Scheibe, und der Fisch glotzte, ohne mit den Augen zu zwinkern. Sie schienen beide zufrieden zu sein, und ich griff nach meinem Teil, um die ›Lösung‹ einzutippen.

Soluzione (ital.) – solución (span.) – solution (franz.) –
solution (engl.) – solutio (lat.) – Lösung

Das Ergebnis sprach für einen ultimativ guten Tag, was er auch zu werden schien. Bei der theoretischen Mofa-Führerscheinprüfung, die ich anschließend im Netz machte, erreichte ich zwar nur 52 von 69 Punkten, womit ich nicht bestanden hätte, doch ich war motiviert und arbeitete weiter.

Benni war noch in der Nachbarschaft unterwegs gewesen und kam hungrig zurück. »Wir kochen?«, fragte er, und ich entschloss mich, um den Tag richtig rund zu machen, zu einer Gemüselasagne nach Rezept. Weil ich vergaß, das Tomatensugo zu würzen, schmeckte das Essen fad, bis Benni die Idee mit dem Gewürzsalz hatte. Als wir satt vor den geleerten Tellern saßen, fing ich mit dem Segeltörn an.

Benni zog ein ernstes Gesicht. Marco gegen Basti. Er fand beide cool. Weil ich allmählich checkte, dass ich ihn damit überforderte, schlug ich vor: »Vergiss es. Ich biete es beiden an, und einer von ihnen fällt bestimmt aus wegen null Zeit oder null Peil an dem Tag.«

Benni schaute wie ein Vegetarier mit Schmetterlingen im Bauch. Er ertrug keine halben Sachen, er wollte Lösungen und zwar möglichst sofort. Plötzlich glättete sich sein Gesicht wie frisch aus der Wäschemangel, und er kreischte vor Begeisterung. »Ich weiß«, er holte tief Luft. »Wir machen mit Amy.«

Ich ließ mich überzeugen. Mit Benni zusammen würde der Törn gut werden.

Am Freitag weckten mich die Vögel vor dem offenen Fenster. Sie machten ein heftiges Gezeter, gegen das sich die Kirchenglocken von St. Joseph nur schwer durchsetzten. Das Keifen einer nahen Krähe zerriss endgültig mein Traumgeflecht. Ich ließ die Geräusche in meinem Bewusstsein landen, bis mir auffiel, wie still die Wohnung war. Da raffte ich es. Mama hatte eine auswärtige Beerdigung angekündigt. Sie würde nicht vor dem Abend zurück sein, und Benni schien in der Nachbarschaft unterwegs zu sein. Umso besser. Geschenkte Zeit. Wäre topp, wenn Benni den Tag mit einem Freund verbringen würde, der ihn am Abend zu Hause ablieferte. Von mir aus der Pizzamann mit seinen Flaschentricks. »Manche Wünsche gehen in Erfüllung«, dachte ich mir, als der Vormittag verging, und Benni sich nicht blicken ließ. Nur eine Spur Unruhe streifte mei-

nen Bauch. Zu wissen, wo Benni sich aufhielt, wäre perfekt
gewesen. Ich machte einen Schritt hinaus auf die Loggia
und sah einen geparkten beigen Audi, der mir bekannt
vorkam. Luigi aus dem übernächsten Haus schien seine
Familie zu besuchen. Benni war bis vor einiger Zeit sogar
mit Mamas Erlaubnis oft dort gewesen, aber seit Luigis
Trennung von seiner Frau mochte Benni die Familie nicht
mehr aufsuchen. Er hätte mir Bescheid geben können. Ich
würde später mit ihm ernsthaft reden müssen. Doch für
den Moment war mir alles recht. Mit einem dick beleg-
ten Käsebrot machte ich mich wieder über das Buch von
David Levithan. Es war bereits Mittag vorbei, und Benni
saß scheinbar noch immer mit Luigi und dessen Familie
zusammen. Ich könnte einfach dazukommen. Birgit würde
mich einladen, mich zu ihnen zu setzen. Perfekt.

Kurz entschlossen verließ ich die Wohnung und läutete an
der Tür im Nachbarhaus. Birgit öffnete: »Lenni, schön, dich
wieder zu sehen.«

Ich wunderte mich über ihren distanzierten Blick. »Ist
Benni bei euch?«

»Dein Bruder? Wie kommst du darauf?«

»Aber ... Ist das nicht das Auto von Luigi?« Als ich darauf
zeigen wollte, fiel mir auf, dass es nicht mehr vor dem Haus
stand.

Birgit schüttelte den Kopf. »Luigi ist mit seiner neuen
Flamme auf Korsika. Keine Ahnung, wann er zurückkommt.
Entschuldige bitte, ich hab Besuch.«

Ich trat einen Schritt zurück, und Birgit schloss die Tür.

Total madig. Ich ließ den Blick die Straße entlang gleiten. Beim Pizzamann steckten Zeitungen im Briefschlitz. Die alten oder schon neue? Ich läutete bei ›Pfitzmann‹. Schwieriger Name für Benni. Zu viele Konsonanten. Keine Reaktion. Was hieß das? Wo war mein Bruder? Mit wem war er unterwegs? Mein Hirn lieferte Buchstaben für Buchstaben, bis mir klar war: Vielleicht mit einem FREMDEN. Und jetzt? Die Polizei informieren? Wie konnte ich die Situation beschreiben?

»Mein bald 19jähriger Bruder, geistig behindert, knapp 160 groß, der jünger aussieht und komisch redet, aber sonst ganz normal wirkt, ist seit einem ungewissen Zeitraum wahrscheinlich mit einem Fremden in einem eventuell beigen Audi mit unbekanntem Kennzeichen unterwegs.«

Unkonkreter ging es sicher nicht. Sollte ich Mama anrufen? Ihr auf die Mailbox sprechen? Und wenn gar nichts passiert war? Ich kehrte so ruhig wie möglich in die Wohnung zurück, wo ich den Anrufbeantworter und Bennis Sachen kontrollierte. Logisch fand ich keinen Hinweis. Als ich die Handynummer meines Bruders wählte, hörte ich seinen Klingelton, ein Glucksen, von nebenan. Ich setzte mich an den Küchentisch, stellte mir vor, was Benni gerade machte und meinte, ihn zu einem Fremden sagen zu hören: »Des daf du nicht. Ich sag alles die Polisei. Dann komm du in Gefännis.« Verdammt. Warum hatte ich derart detailliert mit Benni darüber gesprochen, was mit den Menschen passierte, die anderen etwas Böses antaten. Mein Bruder hörte mir atemlos zu. Doch das hatte offensichtlich nicht verhindern können, dass Benni mit einem mitging und vielleicht in ein

fremdes Auto stieg. Und was jetzt? Was machte ein Mann, wenn er befürchten musste, wiedererkannt zu werden? Er ließ den Zeugen verschwinden. Wo sollte ich nach Benni suchen? Ich sah die Wälder nördlich vom Starnberger See und die Kiesberge im Münchner Norden vor mir. Auch wenn ich echt nicht scharf auf Paranoia war, ich musste ihn finden, bevor ihm etwas passiert war. Plötzlich bekam ich doch so etwas wie Panik. Ich wollte mich um Benni kümmern, egal was mit ihm geschehen war. Ihn im Rollstuhl herumfahren, ihm die Zeit vertreiben. Alles. Wenn er das nur überlebte. Ich verstand nicht mehr, was mit mir los war. Wieso war ich froh, Benni los zu sein? Diesen Denkzwerg von Bruder. Was konnte ich tun, um meine Birne zu beschäftigen?

Fallacia (ital.) – engano (span.) – tromperie (franz.) –
deception (engl.) – fallacia (lat.) – Täuschung

Das seltene Wort ›Täuschung‹ – war ja klar, dass es mager ausfiel. Logisch. Ein ätzendes Ergebnis. Der Tag war verstrahlt und würde es bleiben. Ich saß da und glotzte den blauen Rahmen von Mamas selbst gemaltem Bild an. In diesem Moment brummte mein Handy. Ich wünschte mir voll, die Stimme meines Bruders zu hören.

Doch es war Marco. »Hi, was treibst du? Lust auf Eisbach? Ohne Philipp?«

Ich schluckte an meiner Enttäuschung. »Nein. Geht nicht. Benni ist vielleicht was passiert, vielleicht ist er ...«

»Echt? Der mit dem Schaden?« Immerhin sagte er nicht Dachschaden.

Trotzdem schnaufte ich laut. »Ja und?«

»Cool down. Ich mein ja nur.«

Marco wusste nicht mehr weiter, und ich erlöste ihn mit einem »Servus«. Steigerte ich mich gerade in etwas hinein? Doch das Karussell in meinem Kopf war nicht mehr anzuhalten. Mir wurde schlecht, und ich ließ mich aufs Bett zurück fallen. Ich musste etwas tun, wusste nur nicht was. Ich stand wieder auf und tigerte durch die Wohnung, suchte nach Bennis Spuren in der Küche und im Bad. Nichts. Der Fisch guckte gewohnt kuhäugig aus seinem Wasser. Wen sollte ich informieren? Mama oder die Polizei? Wen zuerst? Und wenn überhaupt nichts war, und Benni einfach nur bei einem weiteren Nachbarn herumhing? Ich spürte die Zähne knirschen, die Kiefer knacken und die Kehle beim Schlucken schmerzen. Mein Nacken fühlte sich irgendwie steif an. Ich konnte nichts tun. Absolut nichts und sank in den Sessel. Warten. Etwas würde geschehen. Etwas geschah immer. Auch wenn ich gar nichts tat. Dann machte ich wenigstens nichts Falsches. Diese irre lange Rolltreppe am Marienplatz, die lief einfach und nahm dich mit. Konnte man die mittendrin anhalten? Wahrscheinlich schon. Oder auch nicht. Ich hielt das nicht mehr aus. Eine Nummer zu groß. Mamas Nummer. Wie üblich nur die Mailbox. Also musste ich hin. Bisher war ich nur ein einziges Mal dort gewesen, damals nach Opas Tod, mit Mama und Papa.

Als ich aus dem Bus stieg und auf das Gebäude zuging, wunderte ich mich von neuem, wie wenig das Haus nach Leichen aussah. Im Vergleich dazu roch Omas Altenheim

viel mehr danach. Vorbei am Blumenladen durch den Hof in den Raum, wo die Leute ihre Toten anschauen durften. Vielleicht war Mama dort, und ich konnte mir den Gang durchs Büro und die Fragen der Kollegen ersparen. Die Klinke der Eingangstür gab nach, und ich stand in dem hellen Raum mit den bodentiefen Milchglasscheiben. Neben den Rattansesseln sah ich die Palme mit braunen Blattspitzen, auf dem Wandboard gegenüber die Musikanlage und Wasserflaschen neben Gläsern. Der Raum wirkte wie das großzügig angelegte Wartezimmer einer Arztpraxis. Während ich weiter schaute, hörte ich hinter den Türen jemanden schluchzen. Dazu Mamas Stimme. Plötzlich fand ich meine Idee, hierher zu kommen, gar nicht mehr gut. Ich hatte keine Ahnung, wie Mama reagieren würde. Wie konnte ich von Benni reden, wenn hier um Tote geweint wurde? Ich sollte einfach wieder verschwinden, aber dann wäre ich keinen Schritt weiter. Die eine Tür war nur angelehnt. Dort wollte ich warten, bis Mama allein war. Ich öffnete, trat ein und zog die Tür hinter mir zu. Als ich mich auf einen der Korbstühle setzte, knarzte er laut. Erschrocken merkte ich, dass sich drüben etwas veränderte, die Stimmen wurden deutlicher. Stühlerücken. Gut oder auch nicht gut. Das konnte dauern. Mama erwähnte stundenlange Gespräche mit den Angehörigen. Ich dachte an Benni. Mein Handy. Sollte ich es lieber ausschalten? Mama würde es läuten hören und herüberkommen. Unschlüssig sah ich mich im Raum um. Auch hier hohe Milchglasscheiben, die weiches Licht von draußen herein ließen. Eine massive Marmorplatte mit geilen Maserungen verstellte eine

der Wände. Davor steckten Blumen in einer Glasphiole an einer wippenden Metallstange. Auf dem Teppich ein Federkissen. Wozu das denn? Es fehlte das Bett dazu.

Plötzlich ist es wie mit der Gigalupe daheim auf dem Bildschirm. Etwas zoomt sich in mein Bewusstsein, das ich bisher ausblendete. Auf dem Kissen liegt ein roter Luftballon, eigenartig verbeult und halb unter einem bunten Tuch verborgen. Ich checke, was dort prall im milchig einfallenden Sonnenlicht glänzt. Wie unter einer krass engen Folie zeichnet sich das Profil eines winzigen Gesichts ab. Etwas, das mich an eine Ohrmuschel erinnert, liegt eng am Kopf. Voll geschockt stehe ich auf, um das Kind zu betrachten. Irgendwie fehlt ihm die normale Haut. Stattdessen diese durchsichtige Pelle und darunter Blutgefäße. Winzige Hände wie aus Glas. Eine davon hält er unterm Kinn. Warum bin ich mir sicher, dass es ein Junge ist?

Da höre ich Schritte hinter mir. Mir bleibt null Zeit für irgend etwas, deshalb drehe ich mich gar nicht erst um. Es ist jetzt sowieso alles egal. Da höre ich Mamas Stimme. »Darf ich vorstellen? Mein Sohn Leander.«

Eine junge Frau nähert sich. Ihr Blick streift mich. Ich weiche einen Schritt zurück und sehe, wie sie das Kind anschaut. Sie nickt, scheint sich gar nicht zu wundern, dass ich da stehe. Aufatmend meine ich, etwas sagen zu sollen: »Ihr Sohn, es ist doch ...«

»Ja, er heißt Louis.« Sie wirkt trotz ihrer verschnupften Stimme ruhig und freundlich. Deshalb traue ich mich, hinzuzufügen: »Er sieht aus wie Sie.«

Ich höre ihren Atemzug, bevor sie mich anschaut. »Echt? Wie schön.«

Rückwärts gehe ich zur Tür, und Mama kommt mir nach. »Was ist los?«

Mit ihrer Nettigkeit ist es vorbei. Sie ahnt wohl, dass etwas passiert ist.

»Benni ist weg.«

»Wie weg? Seit wann?«

»Schon den ganzen Tag.«

Ihr Gesicht wird starr. Sie greift nach dem mobilen Teil und wählt. »Wir rufen die Polizei an. Du erzählst denen alles.«

Ich weiß doch gar nichts, fällt mir ein. Was soll ich denen sagen? Wann habe ich Benni eigentlich zum letzten Mal gesehen? War das echt schon gestern Abend? Heftig. Werden die mir deswegen einen Vorwurf machen? Mir wird gleichzeitig heiß und kalt. Nachdem Mama Bennis Namen genannt hat, hört sie mehrere Minuten lang schweigend zu. Statt mir das Handy zu geben, verabschiedet sie sich dankend und sagt in meine Richtung: »Sie haben Benni gefunden und bringen ihn gerade heim. Wenn du schnell bist, triffst ...«

Ich höre ihre letzten Worte nicht mehr, so rasch bin ich durch die Tür. Zweimal quer durch den Verkehr, wo ich lautes Gehupe hinter mir lasse. Zuhause ist keiner. Ich tigere von neuem durch die Wohnung. Diesmal ist es leichter. Froh darüber, dass ich mich entschieden habe, suche ich nach den Übersetzungen für das, das mich beschäftigt.

Decisione (ital.) – decisión (span.) – décision (franz.) –
decision (engl.) – decisio (lat.) – Entscheidung

Fünf Übereinstimmungen in sieben Buchstaben. Das Ergebnis gehört zu den richtig geilen. Wenn dieser Tag nicht gut endet, höre ich endgültig mit den Sprachvergleichen auf. Echt? Ich versuche mich an Mamas Worte zu erinnern. War es ein Missverständnis? Sie haben einen anderen aufgegriffen, oder Benni nannte ihnen eine falsche Adresse? Da höre ich ein Auto langsam vorbeifahren und anhalten. Durchs Fenster sehe ich Uniformierte aussteigen und aufs Haus zukommen. Der Klingelton schwappt durch die Wohnung. Es wird wieder still. Plötzlich komme ich mir vor wie am falschen Platz. Muss ich jetzt original dieses Gespräch führen? Warum ist Mama nicht mitgekommen? Wie fremdgesteuert gehe ich zur Tür und öffne. Der Polizist nennt irgendeinen Namen. Hinter ihm steht Benni und winkt wie aufgezogen mit beiden Händen. Da höre ich den Mann sagen: »Dürfen wir hereinkommen?«

»Ja logisch. Entschuldigung.«

»Das ist dein Bruder?«

Ich nicke und sehe einen weiterer Uniformierter vom Nebenhaus herüberkommen. Stumm zeige ich zum Sofa, auf dem die Beamten Platz nehmen. »Wo ist deine Mutter?«

»Sie kann nicht weg von der Arbeit.«

Einer der Polizisten sagt: »Ein Busfahrer rief uns an. Ihm war aufgefallen, dass Benni wiederholt die ganze Strecke von Endstation zu Endstation mitfuhr und nicht aussteigen

wollte. Er schien sich nicht mehr auszukennen. Zum Glück sagte er uns eure Adresse.«

»Hab ich gewuss«, erklärt Benni und rutscht unruhig auf dem Sessel herum. Er sieht blass aus. »Ich hab Hun-ger. War keiner da.«

»Wo warst du eigentlich?«

»Ich bin zu die Fau von Pissamann.«

»Was?« Plötzlich flammt Wut in mir auf. »Der wohrt doch hier im Nebenhaus.«

Mein Bruder sinkt in sich zusammen. »Die Fau wohn beim Soo. Pissamann hat des gesag.«

»Und da bist du hin?«

Er knetet seine Hände. »Der Mann hat nich surück gefaht. Mag nich, sag er.«

»Welcher Mann?« Ich verstehe nichts mehr. Benni wird immer kleiner auf dem Stuhl. Ich kann nicht mehr hin-schauen. Seine Stimme kratzt wie eine Gabel auf Blech. »Nich böse, der Mann.«

»Das weiß man erst, wenn's zu spät ist, du Simpel « Damit beuge ich mich zu Benni, reiße die Augen auf und verzerre das Gesicht.

Die Hand des Uniformierten legt sich auf meine Schul-ter. »Jetzt mach mal langsam. Sag ihm das nicht auf diese Art. Du hast ja Recht. Andererseits hat sich dein Bruder um euren Nachbarn gekümmert. Benni wollte wohl dessen Bekannte benachrichtigen. Weil er uns überzeugend von dem Mann erzählte, haben wir die Tür öffnen lassen. Herr Pfitzmann lag in der Wohnung und wird gerade versorgt.«

»Das heißt?«

Bennis Oberkörper richtet sich zu seiner gewohnten Größe auf, und seine Stimme hat einen triumphierenden Klang bekommen. »Genau. Herr Pissamann is kaputt. Du will nich, dass ich schau.«

»Ich konnte doch nicht wissen, dass ...«

Der ältere Polizist redet wie ein Psycho. »Niemand gibt dir eine Schuld daran. Aber deinem Bruder ist offensichtlich etwas aufgefallen. Zum Glück gibt es Menschen, die auf ihre Nachbarn achten.«

Soll das jetzt ein Vorwurf an mich sein? Ich spüre, dass es mir reicht. Die Bullen sollen uns allein lassen. Doch eine Frage habe ich noch an Benni. »Hat der fremde Mann dich zum Bus gebracht?«

Benni nickt. »Ich s-teig in Bus, aber fal-se Bus. Ich weiß nich, wo.«

Der Polizist reicht ihm die Hand. »Jetzt haben wir alles geklärt. In Zukunft bist du einfach schlauer und meldest dich gleich bei uns. Vor allem fährst du mit keinem Fremden mehr mit.«

Er schaut mich an. »Hier ist meine Karte. Jemand von euren Eltern muss vorbeikommen, um das Protokoll zu unterschreiben.«

Als wir allein sind, mache ich Spaghetti für Benni. Er behauptet, sich nicht wohl zu fühlen und gleich schlafen gehen zu wollen. Als ich kurz darauf in sein Zimmer schaue, ist es dort schon dunkel.

»Kein Lich«, ruft Benni.

Schade. Heute würde ich mich total gerne zu ihm ans Bett setzen. Das Gefühlschaos in mir sortiert sich gerade,

und ich kapiere allmählich, was mein Bruder erlebt hat. Plötzlich vermisse ich sein Volltexten und das Grinsen in seinem Gesicht. Morgen. Ich denke an unser gemeinsames Frühstück. »Schlaf schön«, wünsche ich ihm und ziehe die Tür wie gewohnt halb zu. Seine blauen Nikes mit den Klettverschlüssen liegen staubig am Eingang. Er ist echt wieder da. Ich greife nach meinem Handy. Das Ergebnis von vorhin war korrekt. Also ist vielleicht doch was dran. Zumindest manchmal.

Später höre ich Mama nach Hause kommen und bei mir klopfen. »Und?«

»Was meinst du?«

»Wie war das heute für dich mit dem toten Kind?«

Ich schnaufe. Daran habe ich gar nicht mehr gedacht. »Wie soll es gewesen sein. Es war, was es war. Zuerst dachte ich allerdings, es wäre ein geschrumpfter Luftballon.«

»Interessant.« Mama schweigt.

Mir fällt dann doch noch etwas dazu ein. »Deine Reaktion war übrigens cool. Als wenn ich öfter dort auftauchen würde.«

»Könntest du gerne tun. Für die Mutter hast du genau das Richtige gesagt.«

Ich spüre, wie mir warm wird, und ich wünsche mir, dass sie noch mehr dazu sagt. Doch sie schaut mich nur schweigend an, bevor sie sich abwendet. Beim Hinausgehen höre ich sie sagen: »Wegen Benni reden wir morgen, wenn er dabei ist. Schlaf gut.«

Perdita (ital.) – pérdida (span.) – perte (franz.) –
loss (engl.) – perditum (lat.) – Verlust

Vorletzter Ferientag. Noch im Bett liegend fiel mir das Wort ein. Ich hatte Papa verloren und wiedergefunden. Ich würde nächste Woche Benni an das Wohnheim verlieren. Keine Ahnung, wie das dann war. Die ganze Woche ohne Benni? Vielleicht auch am Wochenende, wenn es ihm dort in seinem neuen Zimmer gut gefiel. Plötzlich mochte ich diese Vorstellung nicht mehr. Ein Leben ohne die schräge Stimme und die Sprüche meines Bruders. Manchmal waren die gar nicht so dämlich gewesen. Und Mama? Früher oder später war ich hier weg. Erwachsen zu werden bedeutet vor allem die Eltern hinter sich zu lassen. War das so? Das Leben schien vor allem aus Verlusten zu bestehen. Wären die Menschen glücklicher ohne? Keine Trennung, kein Tod mehr? Es war jetzt schon viel zu eng an manchen Orten der Erde. Verluste schienen richtig und wichtig zu sein. Der Vergleich mit den anderen Sprachen brachte ein akzeptables Ergebnis für den vorletzten Ferientag. Es war allerdings immer wieder von neuem nervig, dass Englisch zu den germanischen Sprachen gehörte und nur selten Gemeinsamkeiten mit den romanischen Sprachen lieferte.

Ich machte eine Runde durch die Wohnung. Mama schlief offensichtlich noch, und Bennis Tür stand wie gewohnt offen. Als ich einen Blick hineinwarf, lag die Zudecke am Boden. Ich betrat leise das Zimmer und hielt inne. Das Bett war leer. Überflüssigerweise schaute ich ins Bad und öffnete die Küchentür. Wenn Benni da gewesen wäre,

hätte er mich längst begrüßt. Gerade, als ich auf Mamas Zimmertür zugehen wollte, hörte ich ein Geräusch an der Wohnungstür. Ich öffnete vorsichtig, da fiel Benni mir schon in die Arme. Schwer wie ein nasser Sack ließ er sich von mir zu seinem Bett schleppen.

»Was ist los?«, fragte ich, nachdem die Zimmertür hinter uns zugefallen war.

»Ich hab Bubi in See getan.«

»Echt?« Ein Blick zur Glaskugel, in der das Wasser und der Fisch fehlten. Benni drehte sich zur Seite. Ich zog ihm die nassen Schuhe und Strümpfe aus und strich ihm über den kühlen Kopf. »Versuch zu schlafen.«

Als Mama endlich aufstand, erklärte sie, dass sie noch beim Gärtner vorbeifahren musste, weil der für die heutige Bestattung ein Blumenherz nicht geliefert hatte. Sie erwartete besonders viele Trauergäste, war nervöser als sonst und übersah Bennis Spuren auf dem Teppichboden. Ich fragte mich wieder einmal, was bei einer Beerdigung noch groß passieren konnte. Das Schlimmste daran, nämlich dass jemand gestorben war, lag doch bereits hinter einem. Zwischen zwei Telefonaten sagte Mama: »Das Gespräch mit Benni verschieben wir auf später, gut?«

Ich ersparte mir eine Antwort, weil mich die Verabredung mit Papa beschäftigte. Da Benni nicht ohne mich zu Hause blieb, musste ich ihn mitnehmen. Diesmal wäre ich gern mit Papa allein gewesen. Mein Leben lang hatte ich wegen Benni verzichten müssen. Der dumme Zufall, dass Bennis Geburtstag einen Tag nach meinem lag, hatte bisher immer zu Kompromissen auf meine Kosten geführt.

Geburtstagsparty? Natürlich gemeinsam, und logischerweise erst an Bennis Tag. Geschenke? Möglichst für uns beide geeignet wie das aufblasbare Schwimmbassin, und natürlich erst an seinem Geburtstag. Oder der Goldfisch. Ich hatte mir ein Seewasseraquarium mit echten Quallen gewünscht. Jahrelang wollte ich das. Benni bekam seinen dummen Bubi, und ich einen Bildband über Nesseltiere.

Seitdem wir mit Mama allein leben, feiere ich nicht mehr, Benni dagegen schon. Das ist total okay. Auch wenn es strange ist, dass der Ältere die Unterstützung des Jüngeren braucht. Keiner scheint zu verstehen, dass mich das im Laufe der Jahre deprimiert hat. Inzwischen bin ich daran gewöhnt. Doch mit Papa hätte ich gern mal ein Gespräch allein gehabt. Ich kann mich nicht erinnern, dass wir das je hatten. Früher wurde es Papa schnell zu viel mit uns Kindern, und er verschwand einfach. Meist genau dann, wenn ich ihn echt brauchte. Inzwischen ist es wahrscheinlich zu spät, mit ihm so etwas wie Freundschaft zu haben. Ich spüre das Vakuum im Bauch wie eine Faust und ahne bereits, dass mein Translator keine überragenden Erkenntnisse zu der geplanten ›Verabredung‹ liefert.

Appuntamento (ital.) – cita (span.) – rendez-vouz (franz.) – appointment (engl.) – constitutum (lat.) – Verabredung

Prompt ergeben sich dafür nur zwei Übereinstimmungen in immerhin neun Buchstaben. Irgendwie schräg. Doch es passt zu meinem Gefühl.

Mama stellt das schnurlose Telefon zurück auf die Station und kommt dazu, während ich mir Kaffee einschenke. Sie sagt: »Der Gärtner bringt das Blumenherz selbst zum Friedhof. So hab ich noch etwas Zeit, wie schön.«

Kommentarlos will ich an ihr vorbei die Küche verlassen, doch sie hält mich zurück. »Bitte bleib.«

»Wozu?«

Sie wird ja kaum wieder mit einem Sterbefall anfangen. Ihre Stimme klingt schüchtern, als sie sagt: »Entschuldige.«

»Wofür?« Ich bin neugierig geworden.

»Mein Ärger mit Papa. Ich hab kein Recht, dich damit zu belasten.«

»Korrekt.« Meine Stimme klingt schroffer als beabsichtigt.

Sie sagt ungewohnt laut: »Hör nicht auf zu hoffen.«

Meine Stimme hat etwas von einer gezackten Blechschere. »Worauf denn noch? Ich bin durch.« Der alten Frust meldet sich zurück. Mit einer dunkle Wolke daran. Tue ich mir gerade selber leid? Als Kind wäre ich jetzt in Mamas Arme gelaufen. Doch das geht nicht mehr. Meine Hände öffnen sich kurz und schließen sich zu Fäusten, in denen ich meine Fingernägel spüre. Da hält Mama mir einen geöffneten Briefumschlag hin, schätzungsweise den von Papa. »Ich will dir noch was dazu sagen, von einem großen Philosophen. Hör mal: Das Hoffen ist in das Gelingen verliebt. Wie findest du das?«

Unwillkürlich mache ich einen tiefen Atemzug und greife nach dem Brief. »Schon irgendwie geil. ›Verliebt‹ klingt logisch gut. Allerdings hab ich mit Hoffen verdammt

viel Zeit vertan. Ätzend, wenn sie sich zu spät erfüllt.«
Mama schaut mich an, als hätte sie mich lange nicht mehr
gesehen. »Wir reden heute Abend weiter, wenn du magst.
Pass gut auf dich auf.«

Damit ist sie weg. Benni scheint die Tür gehört zu haben,
denn er kommt barfuß in die Küche. »Ich schlaf nich. Ich
muss tauchen.«

Obwohl ich absolut keinen Bock auf eine Auseinander-
setzung mit ihm habe, erinnere ich ihn daran. »Du hast für
heute keinen Termin.«

»Ich muss. Ruf Matte an.«

Hallo? Bin ich hier der Hiwi? Obwohl Benni damit für
einige Zeit beschäftigt wäre, will ich das jetzt nicht machen.
Stattdessen frage ich ihn: »Was war heute Morgen mit dir
los? Erzähl mal. Du siehst nicht gut aus. Bist du krank?«

Er schüttelt den Kopf. »Ich kann nich. Ich muss Bubi
suchen.«

Voll die Benni Idee. »Bubi? Der ist doch längst weg.«

Bennis Augen werden schmal, seine Lippen ein dünner
Strich. »Nein. Velleich is er tot. Ich muss schauen. Ich will
tauchen.«

Seine Stimme ist kaum zu verstehen, und er beginnt zu
zittern. Logisch gebe ich nach. »Okay, ich versuch, Matte
zu erreichen.«

In Bennis Gesicht geht zaghaft eine blasse Wintersonne
auf. Ich höre ihn »Lala« sagen und erinnere mich an die
Geschichte, die ich als Kind von unseren Eltern immer
wieder neu habe hören wollen. Als Kind hat Benni lange
nicht gesprochen. Erst als ich geboren war und die ers-

ten verständlichen Begriffe von mir gab, legte Benni eines Tages die Hände auf meinen Bauch und sprach sein erstes Wort »Lala«. Ab da hieß ich so, weil meine Eltern Benni zum Sprechen motivieren wollten. Ich verstehe, was mein Bruder damit auszudrücken versucht, und wähle die Nummer des Trainers. Überraschend schnell nimmt der das Gespräch an. »Heute? Geht leider nicht. Ich habe mehrere Tauchgänge am See. Benni kann dazukommen, doch zum Tauchen wird die Zeit für ihn nicht ausreichen.«

Benni hat mitgehört und ruft laut: »Ich komm.«

Matte antwortet: »Okay, ich bin ab 11 Uhr am Steg, aber wie gesagt ...«

»Hey, das bringt nichts. Du hast doch gehört, er hat keine Zeit, um mit dir zu tauchen. Außerdem ist es krass neblig heute.«

»Im Wasser is kein Nebel. Ich such Bubi.«

Mir fällt nichts mehr dazu ein. Warum muss ich schon wieder eine bescheuerte Entscheidung treffen, die mich nichts angeht?

Doch Benni ist vollkommen klar. »Du komm mit? Oder ich mach allein.«

„Ich bring dich hin. Heimfahren kannst du selbst.«

Wir brechen auf. Als wir am Parkplatz ankommen, packt Matte gerade die Ausrüstungen aus. Neben ihm wartet der Kunde, ein fülliger Mann im Neoprenanzug, der meinen Gruß knapp erwidert. Auf die Schnelle checke ich ›Parkplatz‹, kann ja nicht schaden, einen Hinweis für heute zu bekommen.

Parcheggio (ital.) – aparcamiento (span.) – parc (franz.) –
parking place (engl.) – locus stativus (lat.) – Parkplatz

Das Ergebnis ist voll in Ordnung und lässt mich in Bezug auf Papa entspannen. Benni steht neben Matte. »Für mich auch?«

„Ja. Schauen wir mal. Es wird heute allerdings eng dafür. Vor dir hab ich noch zwei Kunden. Willst du echt so lange auf dem Boot warten?«

Benni nickt stumm und gibt mir einen überraschend schlaffen High Five. Was ist jetzt plötzlich los mit ihm? Etwas stimmt nicht mit seinen Augen. Soll ich es Matte sagen? Aber ich will los und verabschiede mich rasch. Unterwegs in der Bahn lese ich den in engen Zeilen geschriebenen Brief, dessen Poststempel nicht mehr zu entziffern ist.

Hallo Lenni,
tut mir leid, wie alles gelaufen ist. War mein Fehler. Jetzt bin ich so ziemlich alles los, was mir mal wichtig war. Euch, das Auto, den Job, und die Mama sowieso. Manchmal wundere ich mich, dass ich noch lebe. Stütze und Betteln kommen für mich nicht in Frage. Das Handy hat mir einer geklaut, als ich im Park unter den Büschen schlief. Dort war es lausig kalt und ich am Ende. Ich hatte vor dem Tod weniger Angst als vor dem Leben, und der Fusel meines Kompagnon hat mich auch beinahe umgebracht. War aber meine Chance. Bin in der Klinik aufgewacht. Die Therapie kostete mich die letzten Nerven, ich ging echt durch die Hölle.

Ich hab nichts getan, was man nicht verzeihen kann. Vielleicht nicht gleich, aber doch irgendwann. Du bist sicher viel für Benni da. Werde es wieder gut machen. Versprochen. Ich versuche, auf die Füße zu kommen. Vielleicht sehen wir uns dann mal. Wenn ich Väter mit ihren Kindern treffe, kann ich nicht hinschauen. Es war doch auch gut mit uns, oder? Aber die Zeit ist verloren. Ich weiß nichts mehr von euch. Vielleicht bin ich ja mal ein guter Opa, wenn du selbst Familie hast. Du kriegst es besser hin als ich, garantiert.

Sorry, ich werde sentimental. Ich hab den Brief schon mehrmals geschrieben. Vielleicht schick ich ihn wieder nicht los. Du kannst an das Postfach unten schreiben. Dein Papa. Gib Benni einen Kuss von mir.

Als ich mit der Rolltreppe zum Treffpunkt hinauffahre, sehe ich Papa auf dem Campinghocker sitzen. Daneben steht der billige Einkaufskoffer auf Rädern mit den BISS-Zeitungen drauf. Papa hält den Passanten eines der Exemplare entgegen. Für einen Moment bleibe ich hinter den Leuten stehen und beobachte ihn. Er sieht krass traurig aus, die Augen in dem schmal gewordenen Gesicht liegen in dunklen Höhlen. Während ich noch am Schauen bin, hat Papa mich entdeckt. »Schön, dass du gekommen bist. Ich kann nicht weg, bin heute spät dran und muss verkaufen.«

Ich weiß nicht mehr, was ich erwartet habe. »Und jetzt?«

»Wir reden. Wenn du willst, verkaufst du mit.«

»Mit Sicherheit nicht. Aber sag, was du willst.« Ich habe null Bock, mit ihm zusammen gesehen zu werden.

196

Gerade sagt er zu einer Kundin: »Bitte. Danke. Und noch einen schönen Tag.«

Die Frau hat nach der Zeitschrift gegriffen und ihm mehrere Münzen gereicht. Ich werde mich weigern, mit ihm zu reden, solange er verkauft. Doch ich muss wissen, warum er mich treffen wollte. Also bleibe ich und warte. Während Papa keinen Blick von den Passanten lässt, sagt er: »Ich möchte Benni etwas schenken, etwas, worüber er sich freut. Es darf 50 Euro kosten.«

Ich versuche zu verstehen, was mein Vater gerade sagt. Er will für Benni ein Geschenk kaufen und erwähnt meinen Geburtstag nicht. Macht er das absichtlich, oder hat er inzwischen geistige Ausfälle? Eigentlich wirkt er klar, und er scheint weder alkoholisiert noch bekifft zu sein.

»Und, fällt dir nichts ein?« Er verkauft gerade ein weiteres Exemplar und freut sich über das großzügige Trinkgeld des Kunden.

Also formuliere ich Worte, die sich wie Zahnstocher in meinem Mund anfühlen. »Benni hat angefangen zu tauchen, so richtig mit Sauerstoffflasche. Du kannst ihm eine Trainerstunde bezahlen.«

»Klasse Idee. Er kriegt einen Gutschein. Darf ich beim Tauchen zuschauen?«

»Normal schon. Du siehst nur nichts, wenn er unter Wasser ist.«

»Stimmt. Aber ist das nicht gefährlich für Benni?«

»Nein. Eher nicht. Außerdem ist der Trainer immer dabei.«

Papa schaut mich nicht an und scheint nichts von mei-

ner Anspannung zu bemerken. Gerade hält er seine Zeitung einer Gruppe von Leuten entgegen.

Ich halte es nicht länger aus, auf etwas zu warten, das vielleicht nie kommt. Statt eines Abschieds zische ich in seine Richtung: »War's das? Ich bin dann mal weg.« Ohne auf eine Reaktion zu warten renne ich die Rolltreppe hinunter. Der Druck im Hals nimmt zu, und ich habe Lust, eine über die Fliesen rollende Dose in die Gleise zu kicken. Hat dieser Nullchecker von Vater echt vergessen, dass ich 16 werde? Das kann einfach nicht wahr sein. Er sieht sauber und okay aus. Aber alles, was er von mir will, ist eine Idee für Benni. Was bei mir los ist, geht ihm eindeutig am Arsch vorbei. Es ist wie damals, als all das Ätzende passierte. Meine Zähne knirschen, und ich kicke die Bierdose doch auf die Gleise hinunter, wofür ich einen bösen Blick ernte. Als die U-Bahn einfährt, steige ich ein. Sie fährt nicht los. Ich steige wieder aus. Es reicht. Mund halten war gestern. Benni fällt mir ein. Was würde er jetzt machen? Ich weiß es sofort. »Lala, du sag su Papa, was du will.«

Auf der Rolltreppe nehme ich jeweils zwei Stufen mit einem Schritt und strauchle über die letzte Kante. Mein Knie durchzuckt ein Schmerz, doch ich renne weiter. Papa reißt Mund und Augen auf, als ich vor ihm stehe und ihn anblaffe. »Es geht um mich, verstehst du? Ausnahmsweise mal um mich.« Erschrocken über meine eigenen Worte drehe ich mich zur Rolltreppe um, auf der mir Leute entgegenkommen. Ich weiche aus und renne die Treppenstufen hinunter. Als ich in der Bahn sitze, atemlos mit pochendem Herz und schmerzendem Knie, fällt mir plötzlich Amy ein.

Es wäre irgendwie cool, sie jetzt zu treffen. Sie anzurufen. Sie vielleicht später zu sehen. Ihr beim Zuhören zuzuschauen. Die Erkenntnis, wie gut sie das kann, überfällt mich wie ein warmer Sommerregen. Warum habe ich ihre Nummer nicht gespeichert? Mir bleibt nur der Vergleich für das, was ich gerade geliefert habe.

Coraggio (ital.) – valor (span.) – courage (franz.) – courage (engl.) – audacia (lat.) – Mut

Die Übersetzungen stimmen immerhin in drei Sprachen mit fünf Buchstaben überein. Mehr gut als schlecht. Plötzlich fällt mir Benni ein. Hoffentlich klappt das heute mit seinem Tauchen. Die Unruhe von vorhin kehrt zurück. Obwohl soweit alles klar ist. Diese bescheuerte Idee mit dem Fisch. Doch der ist jetzt weg. Dass Benni auszieht, bedeutet auch weniger Stress in der Wohnung, im Bad, beim Essen. Endlich Zeit für das, was mir wichtig ist. In Ruhe lesen und ernsthaft mit den Sprachvergleichen weitermachen. Vielleicht Leute in die Wohnung einladen. Das habe ich jahrelang nicht gemacht, weil ich immer meinte, dass Benni mit seinem Gequatsche und den blöden Witzen stört. Super peinlich. Nicht er, sondern ich. Dass Benni bei den anderen gut ankommt, habe ich erst jetzt in den Ferien gecheckt. Die Tage mit ihm sind echt cool gewesen. Die anderen sehen das offensichtlich auch so. Ich werde Basti einladen. Einfach so zum Abhängen. Ihm muss ich nichts erklären. Das passt. Oder Marco. Wir sind Freunde gewesen, bis Philipp auftauchte. Vielleicht sogar meinen

Geburtstag wieder feiern. Wenn Benni dabei wäre, könnte es richtig witzig werden. Ich denke an Mama. Nach dem Ende des Urlaubs ihrer Kollegin hat sie wieder weniger Sterbefälle. Hoffentlich will sie dann keine Zeit mit mir verbringen. Das brauche ich endgültig nicht mehr. In eine WG zu ziehen wäre echt angesagt. Aber wo? Mit wem? Und wovon bezahlen? Mein Hirn kommt mir vor wie eine Ameisenkolonie. Ich verpenne fast den Ausstieg und drücke mich an den Leute vorbei, die einsteigen.

Zuhause blinkt der Anrufbeantworter. Zwei Nachrichten. Wahrscheinlich für Mama. Wenn ich sie abhöre, muss ich ihr Notizen hinterlassen, damit sie nichts Wichtiges versäumt. Benni ist noch nicht zurück, und ich habe plötzlich Lust, mit dem Rad zum See zu fahren, um ihn dort zu treffen. Bevor ich nach dem Schlüssel greife, drücke ich doch noch rasch den Knopf zum Abhören. »Dies ist eine Nachricht für Lenni. Ich bin's. Papa. Schade, dass du so schnell wieder weg warst. Du hattest Recht mit dem, was du gebrüllt hast. In normaler Lautstärke wäre es mir allerdings lieber gewesen. Ich hab dich nicht vergessen. Auch deinen Geburtstag nicht. Ich hab mich nur nicht getraut. Wollte mit dir den Tag planen. Wie früher. Dich zu mir einladen. Auch wenn es nicht so toll dort ist. Aber vielleicht willst du ja gar nicht. Würde ich sogar verstehen. Servus.«

Die zweite Nachricht besteht aus Schweigen. Ich habe den Finger schon auf der Löschtaste, als ich dann doch noch jemanden sprechen höre. »Hallo, hier ist Ines. Ich wollte ...« Die Verbindung bricht ab. Ines? Echt Ines? Was ist das für

ein Tag? Das Ergebnis meiner Sprachvergleiche in der Bahn hat nicht unbedingt vermuten lassen, dass heute noch etwas echt Krasses passiert. Ich wähle die Nummer, unter der Ines angerufen hat.

»Lammas«, meldet sich eine fremde Stimme.

»Hier ist Leander. Ist Ines zu sprechen?«

Ich höre den Mann ihren Namen rufen, und kurz darauf ist sie dran. Ihre Stimme hört sich irgendwie klein an, als sei sie total geknickt. »Ich glaube, ich hab einen Fehler gemacht.«

Nichts sagen. Sie reden lassen. Ich sauge ihre Worte auf wie jemand den Regen nach drei Tagen in der Wüste und spüre mein Herz in einer neuen Frequenz schlagen. Ines redet leise weiter. »Ich hab ihn nicht erkannt. Manchmal täuscht man sich, wenn man jemanden nicht richtig kennt.«

Hat sie echt gecheckt, was für ein Kotzbrocken Diego ist? Wenn sie mich das wissen lässt, kommt es einer Liebeserklärung voll nahe. Eindeutig. Warum sagt sie mir das sonst? Vielleicht sollte ich irgendwie reagieren. Damit sie nicht aufhört mit den Zugeständnissen. »Ines. Logisch. Mach dir kein Kopf. Man kann so ziemlich alles wieder gut machen.«

Sie scheint überrascht zu sein. »Im Ernst? Du nimmst es mir nicht übel?«

»Äh. Ich weiß nicht. Vielleicht doch. Aber ...« Ich beeile mich hinzuzufügen: »Wie gesagt, vergiss es, und wir sehen uns.«

Sie schweigt einen Moment zu lang und sagt dann: »Wieso? Kann ich es dir nicht am Telefon erzählen? Wie geht es überhaupt deinem Bruder?«

Ich falle gefühlt drei Meter auf verdammt harten Beton. »Benni? Was hat der damit zu tun?«

»Ähm, was meinst du?«

Etwas stimmt hier garantiert nicht. Es ist so ein Gefühl, wie wenn ich von meinem eigenen Bumerang getroffen werde. Hart trifft der Schlag meinen Kopf, und ich plärre in den Hörer: »Verdammt. Ich kapier' nicht, warum du jetzt von Benni sprichst. Check doch endlich, ich mag dich, und Diego ist ein Arsch!« Ich sollte sicher nicht dermaßen ausflippen, doch dass sie jetzt mit Benni anfängt, ist einfach daneben. Sie schweigt, und mir fällt nichts mehr dazu ein. Ich warte. Meine Wut zerrinnt. Gelöscht wie das Wasser eines auf heißem Asphalt geplatzten Ballons. Die Stille zwischen uns ist nicht schlecht. Ich stelle mir vor, wie die Verbindung abbricht, wenn man zu lange schweigt. Da höre ich sie leise sagen: »Lass uns später darüber reden.«

»Bist du sauer?«

Ihre Stimme klingt nach einem Lächeln. »Sollte ich? Ich muss darüber nachdenken. Ciao.«

Ich lausche dem Tuten des Belegtzeichens hinterher und lasse mich in den Sessel fallen. Krass. Ich fühle mich so etwas von blank, aber auch irgendwie gut. Geil, dass ich das mit Diego rausließ. Einfach so. Aber das mit Benni. Das gefällt mir nicht. Und Papas Ansage? Seine Unsicherheit ist neu. Die könnte von mir sein. Ich checke das Wort, das mir dazu einfällt, und bekomme ein überzeugendes Ergebnis.

Pudore (ital.) – pudor (span.) – pudeur (franz.) –
shame (engl.) – pudor (lat.) – Scham

Als ich endgültig nach dem Fahrradschlüssel greife und losfahre, rotieren meine Gedanken. Der Nebel lässt mich langsam fahren und anhalten, als sich die Whatsapp-Nachricht von Ines meldet. Schade. Ich würde ihr lieber, statt zu lesen, in die Augen schauen und ihre Stimme hören.

»*Hi, Lenni. Das war komisch gerade eben am Telefon. Ich glaub, du hast nicht verstanden, um was es ging. Dein Bruder heute morgen. Ich wusste nicht, was ich tun sollte. Hatte Stress mit Diego, wollte nicht bei ihm bleiben und war unterwegs nach Hause. Total früh. Es war wegen dem Nebel noch nicht richtig hell. Die S-Bahn leer. Die Typen haben deinem Bruder was abgenommen mit was drin. Sah komisch aus. Wie eine Tüte voll Wasser. Schmissen es durch die Gegend. Dein Bruder hat geschrien und geheult. Ich hatte Schiss vor den Männern. War froh, dass sie mich nicht entdeckten, so wie die drauf waren. Als sie endlich ausstiegen, fiel mir ein, wo ich den Kleinen schon mal gesehen hatte. Deinen Bruder. Im Freibad. Ich hoffe, er ist inzwischen gut nach Hause zurück gekommen. Sorry. Ines.*«

Das einzige, was ich auf Anhieb kapiere, ist ihr Stress mit Diego. Und der Rest? Voll peinlich mein Film von ihrem Geständnis. Das kann ich knicken mit ihr. Das wird auch langsam Zeit. Immerhin nimmt sie mich ernst. Sonst würde sie das mit Benni doch nicht schreiben. Das ist voll korrekt von ihr. Bevor ich losfahre, mache ich noch einen Check mit dem Wort ›Geständnis‹.

Confessione (ital.) – confesión (span.) – confession (franz.) –
confession (engl.) – confessio (lat.) – Geständnis

Fünf Übereinstimmungen in neun Buchstaben. Ein irre gutes Ergebnis abgesehen vom Deutschen. Es gehört zu den eindeutigen Überfliegern. Benni fällt mir ein. Hatte er das alles heute morgen erlebt, bevor ich ihn zuhause traf? Der muss total fertig sein. Und jetzt ist er beim Tauchen. Das kann nicht gut gehen. Ich muss schnellstens seinem Trainer Bescheid geben, damit er Benni im Auge behält. Ich schreibe kurz an Matte: »Benni ist fertig.« Kapiert er das? Die Behinderung erwähnen? Die spielt jetzt kaum eine Rolle. „BITTE NICHT tauchen lassen, ich hol ihn ab.« Hoffentlich bekommt Matte die Nachricht beim Tauchen.

Ich trete in die Pedale und erschrecke, als von links ein blaues Blinklicht mit aufheulendem Martinshorn auf mich zukommt. Als ich den Krankenwagen erkenne, steige ich voll in die Bremsen, damit er an mir vorbeifahren kann. Er hält genau da, wo ich auch hin will. An der Tauchstelle. Ich sperre mein Fahrrad sorgfältig ab und kontrolliere die Kette. Ein Teil von mir weiß längst, dass Benni etwas passiert ist. Als ich über die Wiese zum See laufe, kommt mir ein Sanitäter entgegen. »Hier darf jetzt niemand her.«

»Aber vielleicht ist es mein Bruder?«

Der Mann schaut mir ins Gesicht und sagt: »Dein Bruder? Okay, dann warte dort auf der Bank.«

Ewig viel Zeit vergeht, bis Matte endlich vor mir steht. Mich beschäftigt nur die eine Frage. »Was ist mit Benni?«

»Keine Panik. Er schläft. Sie haben ihn stabilisiert. Ich

hatte ein komisches Gefühl, ihn im Boot allein zu lassen. Als dann deine Nachricht kam, bin ich sofort hin. Das war gut so.«

Ich will mehr wissen. »Was genau ist mit ihm?«

»Das weiß ich nicht. Er war diesmal anders drauf als beim letzten Tauchen. Hat ständig aufs Wasser geschaut und gemurmelt. Als ob er was suchte.« Matte hielt inne. »Hat er manchmal Anfälle?«

Ich schüttle den Kopf. Sanitäter tragen eine Trage die Wiese hinauf. Ich kann nicht hinschauen.

»Soll ich dich irgendwohin mitnehmen?«

Außer Kopfschütteln geht nichts.

»Ist dir schlecht? Bleib einfach ruhig sitzen. Das vergeht wieder.«

Ich will, dass er geht. Gleichzeitig fällt mir ein: »Wohin bringen sie ihn?«

»Gleich. Ich sag's dir.«

Ich schaue dem Rettungswagen hinterher. Die Geräusche scheinen plötzlich auf stumm geschaltet zu sein. Wie Opa damals am Friedhof in Richtung Krematorium wegfuhr. Ich muss es wissen und gebe das Wort ›Sterben‹ ein.

Morire (ital.) – morir (span.) – mourir (franz.) –
die (engl.) – mori (lat.) – sterben

Das Ergebnis ist trotz Englisch überzeugend und spricht eindeutig für Benni. Ich atme tief durch. Matte kommt zurück, legt mir seine Hand auf den Rücken und nennt die Klinik am Ort. Ohne ihm zu antworten, renne ich zum

Rad, schließe es auf und fahre los. Ich nehme alle machbaren Abkürzungen und bin kurz darauf an der Pforte. Von dort sehe ich Mama kommen, die mich schweigend umarmt. Zusammen sitzen wir eine Weile in dem langen Gang. Leute gehen an uns vorbei, als wären wir unsichtbar. Endlich kommt eine Ärztin auf uns zu und fordert uns zum Mitkommen in ein Krankenzimmer auf.

Benni schnarcht in seinem Bett laut vor sich hin, und wir stehen und schauen ihm dabei zu. Ich rücke mir einen Stuhl heran und bin froh, als die beiden Frauen uns allein lassen. Bennis linkes Auge öffnet sich einen Moment früher als das rechte. Darunter hängt ihm die Haut wie ausgedrückte Teebeutel im Gesicht. Dazwischen entsteht ein Grinsen, das sich auf mich richtet. »Wo is?«

»Im Krankenhaus.«

»Warum?«

»Du hattest einen Anfall.«

»Rein-fall in Wasser?«

»Ja, Anfall mit Reinfall.«

»Ich mag des nich. An-fall is Seise.«

»Das glaub ich dir sofort. Aber hier bist du unter Beobachtung. Hier passiert dir das nicht.«

»Vas-pochen?«

»Versprochen. Du bist praktisch gedopt. Da kommt jetzt nichts mehr.«

»Ge...?« Bennis Augen fallen von neuem zu.

»Ey, wach bleiben. Die Ärztin kommt gleich zurück. Die ist echt hübsch.«

»Das kann nich jeda«, murmelt Benni, bevor er wieder zu schnarchen beginnt.

»Korrekt.« Ich grinse und tippe das Wort ›Hospital‹ ein.

Ospedale (ital.) – hospital (span.) – hopital (franz.) –
hospital (engl.) – nosocomium (lat.) – Hospital

Der Vergleich bringt ein super gutes Ergebnis. Ich würde gern das lateinische ›hospitium‹ dazunehmen, doch seine Bedeutung hat nichts mit Krankenhaus zu tun, sondern heißt ›Gastfreundschaft‹. Der Gedanke, hier Gast zu sein, passt allerdings auch. Mein Handy meldet eine Nachricht von Marco.

»Hi. Alles klar bei dir? Mücke hat einen Text für die Sommer-
ausgabe geliefert. Ist er von dir? Heißt du jetzt Leo? Man sieht
sich.«

Es klopft. Ich drehe mich zur Tür und beobachte die Klinke, die sich langsam senkt. Im Türrahmen steht Amy und schaut zu mir her.

»Danke, dass du gekommen bist«, will ich sagen, doch meine Stimme macht nur einen komischen Ton.

Amy nickt. »Ich bin gleich los nach deiner Nachricht. Wie geht's ihm?«

»Ganz okay. Er war kurz wach.«

Sie kommt langsam auf mich zu. Über ihrem Yasmin-blütenduft wabert eine Prise Schweiß. Vielleicht ist Amy gerannt.

»Deine Nummer. Benni hatte sie gespeichert.«

»Er bat mich darum.« Sie rückt ihren Stuhl neben den, auf dem ich sitze. Amy. Sie ist wirklich gekommen und fragt leise: »Was ist passiert? War er in Gefahr?« Ihre Stimme. Echt wie die von der Fee mit den drei Wünschen.

»Es war ein epileptischer Anfall. War wohl ziemlich knapp. Ich weiß nicht, wie ich ... wenn ich nicht ... wenn was ...«

Jetzt checke ich es endlich. Amy hat echt etwas, das mich zum Reden bringt.

Sie berührt meine Hand. »Ist ja zum Glück gut ausgegangen. Und sonst?«

Ich hebe die Schultern. »Geht so. Mein Vater ist wieder aufgetaucht.«

Amys Gesichtsausdruck erinnert mich daran, dass sie nichts von Papa weiß. So wie ich nichts von ihrer Mutter, von der sie in der Vergangenheit sprach. Das sind Themen für später, fällt mir ein, und ich spüre, wie es in mir drin warm wird. Später heißt so etwas wie ein Wir in der Zukunft. Unserer Zukunft.

»Sonst ist alles klar, auch wenn sich gerade alles verändert. Vielleicht gehe ich auf die Schule hier am Ort. Ab dem neuen Schuljahr.« Da fällt es mir ein. »Dein Name ...«

»Ja?«

»Er ist schön. In allen Sprachen ist beim Wort ›Freundschaft‹ dein Namen mit drin, weißt du das? Nur im Deutschen nicht.«

Amicizia (ital.) – amistad (span.) – amitié(franz.) –
amity (engl.) – amicitia (lat.) – Freundschaft

Es scheint sie nicht zu überraschen. Sie lächelt. »Und du, weißt du, dass seit gestern Sommer ist?«

Ich werfe einen Blick durchs Fenster. Die tief stehende Sonne spiegelt sich in der Scheibe und wirft funkelndes Licht an die weiße Wand hinter Bennis Bett.

Amys Märchenstimme redet weiter. »Genau genommen war gestern Sommersonnenwende.«

»Wow. Ein irre starkes Wort. Das würde ich normalerweise ...« Ich halte inne, greife nach dem Rucksack und hole den vorbereiteten Postumschlag heraus.

Amy liest die Adresse und fragt neugierig: »Wer ist das?«

»Mein Lehrer.« Statt einer Erklärung ziehe ich das Buch mit dem Einband heraus und streiche ein letztes Mal über das Wort Shigé am unteren linken Rand. Dankbarkeit und ein bisschen Traurigkeit. Es fühlt sich richtig an. Wörter checken war gestern. Amy schaut mich an. Ihre Mundwinkel heben sich zu Grübchen, die ich auf der Stelle küssen will. Ich greife nach ihrer Hand und flüstere: »Er schläft. Kommst du mit zum See?«

Den Gang entlang zum Ausgang gehen wir schweigend nebeneinander her. Draußen empfängt uns orangefarbenes Licht. Auf dem kurzen Weg zum Park tschilpt durchdringend eine einzelne Amsel. Dazu Amys warme Hand in meiner. Ist das das Glück? Nicht darüber nachdenken. Einfach speichern für später, wenn ich es einmal brauchen sollte. Wo die große Wiese beginnt, lassen wir uns ins Gras fallen.

Leise fragt Amy: »Und jetzt?«

»Was meinst du?«

Ihre grünen Augen leuchten hell im blau werdenden Licht. Ich schnuppere an ihrer Haut. Unsere Nasen küssen sich. Amys kleines Lachen perlt. »Die Eskimos. Tun sie's wirklich?«

»Wer weiß.« Ich liege auf dem Bauch und streichle ihre Haut unter dem dünnen Träger zwischen Schlüsselbein und Schulter. Lange. Mein Hirn taktet in den Fingerspitzen. Alphamodus Das Schweigen mit Amy ist ein gutes mit allem drin, was geht. Als ich mich auf den Rücken drehe, sieht der See unter dem türkisfarbenen Himmel dunkel aus, und eine helle Venus strahlt zu uns herüber. Ich erkenne Amys Lächeln auf dem verschatteten Gesicht und frage: »Meinst du, die lassen uns noch mal zu Benni rein?«

»Immer.«

Glossar

Die folgenden Vergleiche und ihre Bewertungen implizieren alle erdenklichen Lautverschiebungen, sind sprachwissenschaftlich ungeprüft und erheben keinen Anspruch auf Richtigkeit.

– ÜB steht für Übereinstimmungen
– BS steht für Buchstaben

Italienisch	Spanisch	Französisch	Englisch	Lateinisch	Deutsch	Bewertung
manto	manto	manteau	mantle	(entfällt)	Mantel	5ÜB/4BS
trasloco	mudanza	déménagement	removal	demigratio	Umzug	2ÜB/3BS
sepoltura	sepelio	enterrement	burial	sepultura	Beerdigung	3ÜB/5BS
danaro	dinero	argent	money	argentum	Geld	2ÜB/6BS+ 2ÜB/6BS
piscina	piscina	piscine	pool	piscina	Schwimmbad	4ÜB/6BS
costume da bagno	traje de bano	maillot de bain	bathing-dress	vestis balnearia	Badeanzug	6ÜB/2BS
posate	cubiertos	couvert	cutlery	instrumenta edendi	Besteck	3ÜB/2BS
madre	madre	mère	mother	mater	Mutter	5ÜB/5BS
telefonino	móbil	mobile	mobile	telephonulum	Telefon	3ÜB/7BS+ 3ÜB/5BS
morto	muerto	mort	dead	mortuus	tot	4ÜB/4BS
nudo	desnudo	nu	naked	nudus	nackt	4ÜB/2BS+ 2ÜB/4BS
stupido	estúpido	stupide	stupid	stupidus	stupid	6ÜB/6BS
seduzione	seducción	séduction	seduction	seductio	Verführung	5ÜB/8BS
amore fraterno	amor fraterno	amour fraternel	love brohterly	amor fraternus	Bruderliebe	4ÜB/11BS
patente di guida	carina de conducir	permis de conduire	driving licence	diploma gubernationis	Führerschein	4ÜB/3BS
magazzino	almacenes	magasin	commercial house	domus negotiationis	Kaufhaus	3ÜB/3BS
gioia	carino	mignon	darling	corculum	Herzlilein	0ÜB/0BS
tombola	tómbola	tombola	tombola	sors	Tombola	5ÜB/7BS
aprilettere	abrecartas	coupe-papier	letter-opener	culter epistularis	Brieföffner	4ÜB/2BS+ 2ÜB/2BS
sbronza	borrachera	ivresse	drunkenness	ebrietas	Suff	0ÜB/0BS
mal di capo	mal de cabeza	mal de tête	headache	malum capitis	Kopfschmerzen	4ÜB/3BS+ 3ÜB/3BS
pesce	pez	poisson	fish	piscis	Fisch	4ÜB/2BS+ 2ÜB/4BS
immersione	inmersión	immersion	immersion	immersum	Tauchen	5ÜB/6BS

Italienisch	Spanisch	Französisch	Englisch	Lateinisch	Deutsch	Bewertung
mancia	propina	pourboire	gratuity	corollarium	Trinkgeld	2ÜB/5BS
barzelletta	chiste	blague	joke	ridiculum	Witz	0ÜB/0BS
bugia	mentira	mensonge	lie	mendacium	Lüge	3ÜB/3BS
erotismo	erotismo	érotisme	eroticism	illecebra	Erotik	5ÜB/6BS
partecipazione di lutto	esquela de defunción	faire-part de décès	obituary	nuntium de morte	Traueranzeige	0ÜB/0BS
politica	política	politique	politics	res publica	Politik	6ÜB/7BS
asilo per i vecchi	residencia de ancianos	asile des vieillards	old-age asylum	gerusia	Altenheim	3ÜB/4BS
funerali	funerales	funérailles	funeral	funus	Beerdigung	5ÜB/3BS
onanismo	masturbación	masturbation	masturbation	onania	Masturbation	4ÜB/12BS+2ÜB/5BS
biglietto	billete	billet	ticket	tessera itineraria	Fahrkarte	3ÜB/6BS
coda di attesa	cola de espera	file d'attente	queue	series exspectantium	Warteschlange	2ÜB/4BS
ippocampo	hipocampo	hippocampe	hippocampus	hippocampus	Seepferdchen	5ÜB/8BS
fuga	fuga	fuite	refuge	fuga	Flucht	6ÜB/2BS
fragola	fresa	fraise	strawberry	fragum	Erdbeere	4ÜB/3BS
fallimento	fracaso	échec	stranding	naufragium	Scheitern	2ÜB/4BS
violenza	violencia	violence	violence	violentia	Wut	5ÜB/7BS
handicappato	incapacitado	handicapé	handicapped	debilis	behindert	4ÜB/4BS
d'accordo	de acuerdo	d'accord	all right	vale	einverstanden	3ÜB/6BS
moscerino	mosquito	moustique	mosquito	culex	Mücke	4ÜB/5BS
scala mobile	escalera mecánica	escalator	escalator	scalae volubiles	Rolltreppe	5ÜB/5BS
petto	pecho	poitrine	breast	pectus	Brust	4ÜB/2BS
gomma	goma	gomme	gum	cummis	Gummi	6ÜB/3BS

Italienisch	Spanisch	Französisch	Englisch	Lateinisch	Deutsch	Bewertung
segreto	*secreto*	*secret*	*secret*	*secreta*	*Geheimnis*	5ÜB/6BS
libero	*libre*	*libre*	*liberal*	*liber*	*frei*	5ÜB/5BS
felicità	*felicidad*	*félicité*	*felicity*	*felicitas*	*Glück*	5ÜB/7BS
gelosia	*celos*	*jalousie*	*jealousy*	*invidia*	*Eifersucht*	4ÜB/5BS
pubblicità	*publicidad*	*publicité*	*publicity*	*publicum*	*Werbung*	5ÜB/6BS
genere	*género*	*genre*	*gender*	*genus*	*Geschlecht*	5ÜB/3BS
donna	*mujer*	*femme*	*woman*	*femina*	*Frau*	2ÜB/3BS
lacrima	*lágrima*	*larme*	*tear*	*lacrima*	*Träne*	4ÜB/4BS
pubblicazione	*publicacion*	*publication*	*publication*	*divulgatio*	*Veröffentlichung*	4ÜB/11BS
segreteria	*contestador*	*répondeur*	*answering machine*	*respondens ad vocem*	*Anrufbeantworter*	2ÜB/7BS
soluzione	*solución*	*solution*	*solution*	*solutio*	*Lösung*	5ÜB/7BS
fallacia	*engaño*	*tromperie*	*deception*	*fallacia*	*Täuschung*	2ÜB/8BS
decisione	*decisión*	*décision*	*decision*	*decisio*	*Entscheidung*	5ÜB/7BS
perdita	*pérdida*	*perte*	*loss*	*perditum*	*Verlust*	4ÜB/4BS
appuntamento	*cita*	*rendez-vouz*	*appointment*	*constitutum*	*Verabredung*	2ÜB/9BS
parcheggio	*aparcamiento*	*parc*	*parking place*	*locus stativus*	*Parkplatz*	5ÜB/4BS
coraggio	*valor*	*courage*	*courage*	*audacia*	*Mut*	3ÜB/5BS
pudore	*pudor*	*pudeur*	*shame*	*pudor*	*Scham*	4ÜB/5BS+ 2ÜB/3BS
confessione	*confesión*	*confession*	*confession*	*confessio*	*Geständnis*	5ÜB/9BS
morire	*morir*	*mourir*	*die*	*mori*	*sterben*	4ÜB/4BS
ospedale	*hospital*	*hopital*	*hospital*	*nosocomium*	*Hospital*	5ÜB/7BS
amicizia	*amistad*	*amitié*	*amity*	*amicitia*	*Freundschaft*	5ÜB/4BS

Fertig.

Dabei geholfen hat mir Michaela Bielawski mit ihrer Firma publish4you, außerdem die Testleserin Juliana von Brühl – Störlein und Ingo S. Anders sowie meine Freundinnen Ursula Roseeu und Helga Wolf. Mein geliebter Mann Sandelan Wirth war für mich da, wenn ich am Gelingen zweifelte.

Danke.